# 短线操盘
# 跟庄关键技术

明 发◎编著

中国宇航出版社

·北京·

# 内 容 提 要

本书以短线操盘跟庄关键技术为核心，从基础技术分析入手，对股票基本趋势及反转的预判、操盘跟庄策略、识别和规避主力机构的陷阱、短线实战选股等进行了详细阐述。着重从实战操盘跟庄的角度出发，对短线买卖点的研判及关键技术细节，展开了深入分析，并运用了大量案例，希望对普通投资者把握买卖点起到一定的指导作用。

**图书在版编目（CIP）数据**

短线操盘跟庄关键技术 / 明发编著. -- 北京 ：中国宇航出版社，2024.6
ISBN 978-7-5159-2392-5

Ⅰ．①短… Ⅱ．①明… Ⅲ．①股票投资－基本知识 Ⅳ．①F830.91

中国国家版本馆CIP数据核字(2024)第106866号

| | | | |
|---|---|---|---|
| **策划编辑** | 田芳卿 | **封面设计** | 王晓武 |
| **责任编辑** | 谭　颖 | **责任校对** | 吴媛媛 |

**出　版**
**发　行** 　**中国宇航出版社**

| | | | | |
|---|---|---|---|---|
| **社　址** | 北京市阜成路8号 | **邮　编** 100830 | **版　次** | 2024年6月第1版 |
| | （010）68768548 | | | 2024年6月第1次印刷 |
| **网　址** | www.caphbook.com | | **规　格** | 787×1092 |
| **经　销** | 新华书店 | | **开　本** | 1/16 |
| **发行部** | （010）68767386 | （010）68371900 | **印　张** | 17.5 |
| | （010）68767382 | （010）88100613（传真） | **字　数** | 338千字 |
| **零售店** | 读者服务部 | （010）68371105 | **书　号** | ISBN 978-7-5159-2392-5 |
| **承　印** | 北京天顺鸿彩印有限公司 | | **定　价** | 69.00元 |

**本书如有印装质量问题，可与发行部联系调换**

# 前　言

股票技术分析的种类很多，也是投资者做好交易的重要手段。从交易的角度来说，技术分析作为股票短期买卖时机选择的重要参考方法之一，是非常实用的，不仅可以帮助投资者更好地把握市场趋势、预判股价走势，还能更加理性地进行买卖交易。

市场交易的经验和教训告诉投资者，在实战操盘跟庄和交易过程中，应该顺应市场，做上升趋势强势股。趋势到来时，积极参与，没有趋势时，冷静观察，等待趋势最终明朗后，再跟庄进场交易。投资者的操盘目的必须与市场保持一致，顺应市场的趋势，如果看错了趋势，买错了股票，就应该马上止损出局，快速认赔，免得越套越深。

股票投资交易其实是一件非常艰苦的事情，看似一买一卖的简单表象下面，蕴藏着对投资者极高的技术要求，这种技术要求就是技术分析能力。技术分析的优点在于具有可操作性，最终目的是精准确认买卖点。通过技术分析获得明确的买卖信号，据此进行短线操盘跟庄，投资者的交易就不会陷入盲目性。比如突破压力位买入、跌破支撑位卖出；底背离买入、顶背离卖出；金叉买入、死叉卖出；均线黏合（交叉）向上发散买入、均线黏合（交叉）向下发散卖出等。当然，技术分析中的许多细节，需要投资者不断精益求精，同时也需要投资者在实战操盘跟庄和交易过程中，不断体会和领悟。

股市总是充满变数，并伴随着风险和不确定性，这就要求投资者在实战操盘跟庄交易中要保持谨慎态度，关注市场风险，将技术分析方法与大盘大势、政策面、基本面的分析结合起来，以便做出更加明智的交易决策，提高交易成功率，实现盈利最大化。

市场机会无处不在，却是留给有准备的人，投资者做不好股票，主要是投资者自己的技术水平不高、心态不稳。要想正确认识和了解市场，跟上主力机构操盘节奏，掌握跟庄盈利要领，没有捷径可走，只有不断学习、实战、总结，再学习、再实战、再总结，真实感悟市场，不断累积实战经验和独特见解，形成自己的操盘思路、操盘风格和操盘模式，才不会被市场淘汰。

本书以基础技术理论为牵引，主要对短线操盘跟庄的关键技术展开深度分析和研究，注重操盘跟庄实战分析，突出关键技术实盘运用技巧，力求最大可能地提高普通投资者的技术分析预判能力和操盘跟庄交易水平。

笔者虽然长期从事证券投资，但在证券专业知识结构、投资理念风格、操盘风险控制等方面还有薄弱环节，必然导致本书会有一些缺失和不足，还请读者批评雅正。

真心希望本书对读者有所启发和帮助。

# 目　录

# 第一章　基础技术及实战运用

许多人认为，炒股是投机，其实并非如此。准确地说，炒股是个技术活，专业性强，是要讲究技术操作的。普通投资者若想在市场上盈利，需要有扎实的理论功底和娴熟的技术支持。

## 一、技术分析的原理及特点

### 1. 技术分析的意义

技术分析是除了对政策指导方面、股票基本面以及股市消息面等基本分析之外的一种市场分析方法。通过对市场行为的历史记录来预测股价后期走势，并决定投资交易的行为。技术分析主要以股票市场过去和现在的走势作为研究对象，从中总结出市场运行的规律（行为），从而对市场的未来做出预测。

技术分析的优点是贴近市场，研判问题比较直接。与基本的分析相比较，通过技术分析后展开市场交易见效较快，获利周期较短，适用于短期操盘。缺点是研判问题的范围相对较窄，对市场长远的趋势不能进行有效的判断，且技术分析研判出的是一种建议性的结论。

### 2. 技术分析的内容

技术分析从量价、时空等方面对股价的走势展开分析并预测后市短期走向。目前常用的技术分析有：分时盘口分析、K线分析、均线分析、切线分析、形态分析、波浪分析、指标分析等多种方法。

（1）分时盘口分析。分时盘口分析重点是分析盘口数据，主要有分时走势、委比、委差、量比、五挡买卖盘、开盘价、收盘价、内盘、外盘、换手率、市盈率、每笔成交量等。对投资者来说，掌握了盘口数据的变化，就能及时应对盘中股价的快速变化。

如图1-1所示，从该股当日分时走势分析，各项技术指标比较强势，如委比100%，外盘103518手，内盘66344手，外盘比内盘大很多，说明买盘踊跃。换手率16.61%，换手率适中。涨幅达到6.99%，整个分时盘口强势特征比较明显。

（2）K线分析。K线分析主要是通过K线及K线的组合形态，来研判个股多空双方力量的对比变化，进而预测个股后市走势和涨跌。

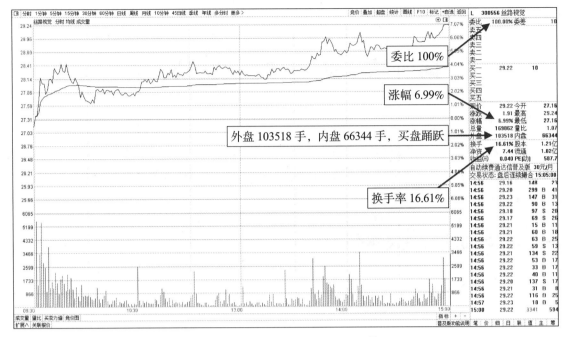

图 1-1　丝路视觉（300556）分时走势图

　　如图 1-2 所示，从该股 K 线走势分析，此时该股走势已经形成双重底（W 底）K 线形态，截图当日收出一个大阳线涨停板，突破前高，成交量较前一交易日放大两倍以上，盘口强势特征明显，后市看涨。

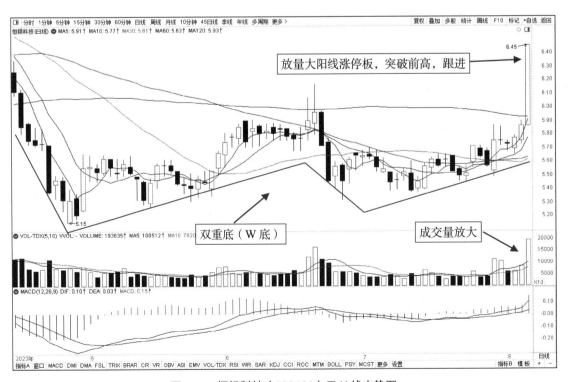

图 1-2　恒银科技（603106）日 K 线走势图

（3）均线分析。均线分析主要是通过均线的支撑压力、助涨助跌特性和均线形态等，来研判个股后市走势和涨跌。可通过后面章节的精选案例进行学习。

（4）切线分析。切线分析是指按一定的规则和方法，在个股K线走势图中画出一条直线，然后根据这些直线的情况，推测个股后市走势，这些直线称为切线。切线主要起支撑和压力的作用，支撑线和压力线向后的延伸位置可以对价格波动起到一定的制约作用。常用的切线有趋势线、通道线、黄金分割线等。

如图1-3所示，从该股K线走势看，此时该股走势处于上升趋势和上升通道之中。

图1-3　惠城环保（300779）日K线走势图

（5）形态分析。形态分析是根据K线走势图中过去一段时间的运行轨迹形态来研判个股后市走势的方法。在技术分析中，K线图（分时图）涵盖一切市场信息，股价走过的轨迹是形态分析的重要依据。

从股价运行轨迹的形态，可以推测出市场处于什么样的大环境中，对之后的操盘给予一定的指导。股价运行轨迹的形态有W底、M头、头肩底、头肩顶、圆弧底、圆弧顶等。详解见后面章节的案例分析。

（6）波浪分析。波浪分析是指股价的波动过程遵循波浪起伏所体现出的周期规律，这个过程就是8浪结构，即8浪一个周期，其中上升是5浪，下降是3浪（a、b、c浪）。

波浪理论属于周期理论的分支，看重的是形态，在实战操盘中主要用于已经形成上升趋势的个股中，其中第3浪不能是最短的一浪，各浪的长度比率遵循黄金比率，1、3、5推动浪都有可能发生延长浪。波浪理论最大的优点就是能提前很长时间预测个股底部和顶部。同时波浪理论又是公认的最难掌握的技术分析方法。

如图1-4所示，从该股K线走势看，此时该股已经完成上升5浪和下跌（回调）3浪走势。

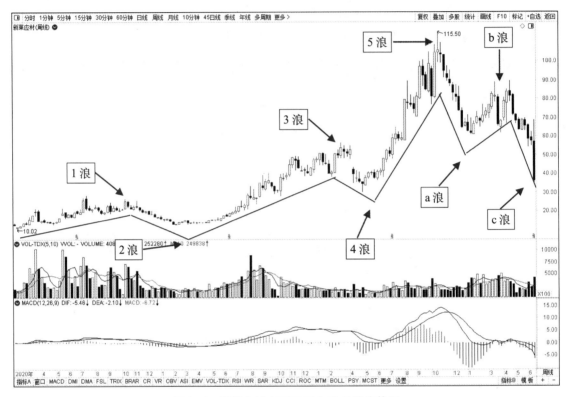

图1-4　新莱应材（300260）日K线走势图

（7）指标分析。考虑市场行为的各方因素，通过建立一个数学模型，给出数学上的计算公式，得到一个体现股票市场某个方面内在实质的数字，这个数字叫作技术指标值。

指标分析是根据技术指标值的具体数值和相互间的关系，直接反映股票市场的所处状态，为后续操盘提供方向。常见的指标有平滑异同移动平均线（MACD）、随机指标（KDJ）、相对强弱指标（RSI）、趋向指标（DMI）、能量潮指标OBV、布林线指标BOLL等。后面章节将会对以上指标用精选案例来分析讲解。

### 3. 技术分析的特点

技术分析得以发挥作用的基础，是市场行为痕迹及其趋势性，所以技术分析具有以下特点。

（1）直观现实性。盘口语言反应涵盖了一切，且保持了图表的原始性和客观性。

（2）趋势性。股价的走势具有趋势性，技术分析的目的就是要求投资者顺势而为。

（3）规律性。股价涨跌互换、牛熊更替是根本性的规律，历史会重演但并不是简单的重复，要求投资者在实战操盘中要遵循市场规律，切勿冲动操作。

## 二、分时盘口分析

分时盘口主要由分时走势线（分时价格线和分时均价线）、量比、换手率、委比、委差、振幅、分时成交、买卖挂单、内外盘以及其他技术数据等盘口要素构成。

### 1. 分时价格线和分时均价线

简单地说，在分时走势中，分时价格线就是当前的股票价格，一般由白色曲线体现；分时均价线就是当天开盘后的平均交易价格，一般由黄色曲线体现。

在分时价格线和分时均价线即白色和黄色曲线下方，排列着红绿柱线，代表的是分时成交量，一根柱线代表一分钟的成交量，其中红色柱线为买入成交量，绿色柱线为卖出成交量。

投资者通过对当天实时分时走势的分析，可以判断出当日多空力量的强弱对比以及后期股价发展趋势。比如，当天分时价格线（股价）始终在分时均价线（平均交易价格）的上方运行，说明当天投资者愿意以更高的价格买入该个股筹码，则该个股走势应该处于强势或较强势状态，投资者对该个股可以短期内展开跟踪关注。但如果当天分时价格线（股价）一直（或大部分时间）在分时均价线（平均交易价格）下方运行的话，则说明市场抛盘仍比较沉重，后市基本看跌。

通过对当天分时走势的分析，可以识别主力机构的做盘意图或骗线行为。比如，个股跳空高开之后，分时价格线（股价）走低，全天基本在分时均价线（平均交易价格）的下方运行，分时形态不大好看，但分时价格线（股价）走低过程中成交量并没有放大甚至无量，买盘位置有大单托着，当日股价一直没有回落至前一交易日的收盘价位置（当日向上跳空缺口没有被封闭），那么可以肯定，这是主力机构的技术骗线行为，操盘目的应该是强势调整洗盘吸筹。

对于主力机构的操盘骗线行为，投资者要特别关注分时走势尾盘的拉升与打压，这其中一定隐藏着主力机构不可告人的操盘目的和意图。在分时走势尾盘的研判方面，投资者可以结合大盘走势、股价在个股K线走势中所处的位置以及成交量等因素进行综合分析判断。

如图1-5所示，从该股当日分时走势看，分时价格线全天几乎在分时均价线上方运行，分时均价线支撑分时价格线起到了很好的助涨作用。从分时走势图底部分布的红绿柱状线也可以看出，红多绿少、红长绿短，表明当天买盘踊跃，多方力量占主导地位，当日该股分时走势还是相当强势的。

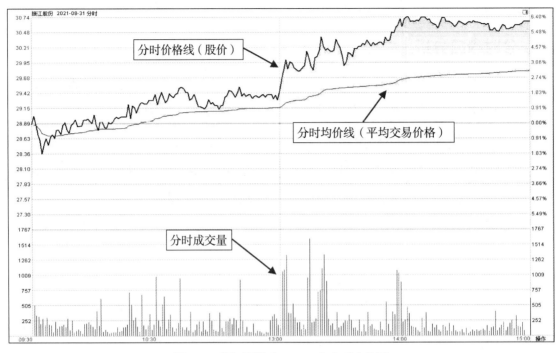

分时价格线（股价）

分时均价线（平均交易价格）

分时成交量

图1–5　振江股份（603507）分时走势图

## 2. 量比

量比是衡量相对成交量的指标。它是开盘后平均每分钟的成交量与过去五个交易日平均每分钟成交量之比。量比计算公式为：

量比 = 现成交总手 /（过去五日平均每分钟成交量 × 当日累计开市时间）

量是价的先导，量比的大小体现出股票的活跃程度。量比大，交易活跃；量比小，交易清淡。通过对量比的分析，投资者可以了解掌握主力机构的建仓、洗盘以及拉升行为。

量比的基本分类为：量比在 0.5 以下表示无量，0.5～0.8 表示缩量，0.8～1.5 表示成交量正常，1.6～2.5 表示温和放量，2.6～5 表示明显放量，6～10 表示放大量，10～20 表示放巨量。涨停板时量比在 1 以下的个股，上涨空间广阔，次日开盘继续封涨停的希望极大。如果是跌停板，量比越小则说明杀跌不到位，后市仍将持续下跌。投资者在关注量比的同时，还要重点关注股价在 K 线走势中所处的位置，低位放量值得乐观，高位放量就需要小心了。

投资者通过分时盘口运用量比指标，一般应遵守以下原则。

（1）量比指标线趋势向上时不要卖出，直到量比指标线拐头向下再卖出。

（2）量比指标线趋势向下时不要买入，不管股价是上行还是回落。

（3）个股涨停后量比指标理应快速向下拐头，若涨停后量比指标仍然趋势向上，应该是主力机构利用涨停板出货。

（4）量比指标线向上时可积极操作，股价创新高，量比指标也同步上涨，表明股价上涨是受到了成交量放大的支撑，可积极跟庄进场买进筹码。

（5）若股价下跌时量比指标上升，应赶快离场，量比指标上升说明股价是放量下跌。

（6）对于初次放量上涨的个股，可以将量比指标确定为 2.5～5，也就是说，个股温和放量或明显放量，投资者可以短线跟庄进场参与。

（7）要注意量比数值相对成交量变化的滞后性。

量比的实战运用问题总结如下。

（1）放量上涨。在股价上涨的同时，量比指标同步上升，则表明成交量放大，支撑股价上涨，投资者短线可跟庄进场或持股待涨。

如图 1-6 所示，从该股当日的分时走势可以看出，开盘后随着成交量的温和放大，股价稳步上涨，量比指标同步上升，短线可以看多做多。

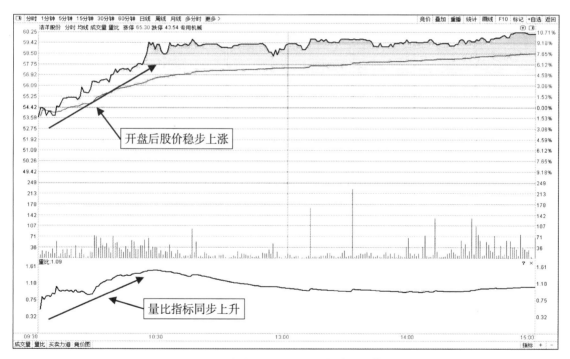

图 1-6　浩洋股份（300833）分时走势图

（2）缩量上涨。如果在股价上涨时，量比指标反而下降，则意味着股价短线可能回调，可继续跟踪观察。

如图 1-7 所示，从该股当日的分时走势可以看出，开盘后股价急速上涨，但量比指标却下降，意味着股价要展开短线回调。

图 1-7　华设集团（603018）分时走势图

（3）放量下跌。如果量比指标上升，而股价却持续下跌，说明主力机构有派发筹码的嫌疑，短线回调压力较大，不能盲目跟进。

如图 1-8 所示，从该个股当日的分时走势可以看出，开盘后股价急速下跌，成交量放大，而量比指标却上升，主力机构有派发筹码的嫌疑，短线回调压力较大，投资者不能盲目跟进。

图 1-8　赛科希德（688338）分时走势图

（4）缩量下跌。如果股价小幅下跌，量比指标同时下降，说明量能暂时不济，若量比指标再次上升，推动股价再次上涨，则可继续持股。

如图1-9所示，从该个股当日分时走势可以看出，当日高开后，股价缩量小幅回调，量比指标同步下降，之后随着成交量的放大，股价急速上涨，量比指标跟随股价同步上升，已跟庄进场的投资者可继续持股。

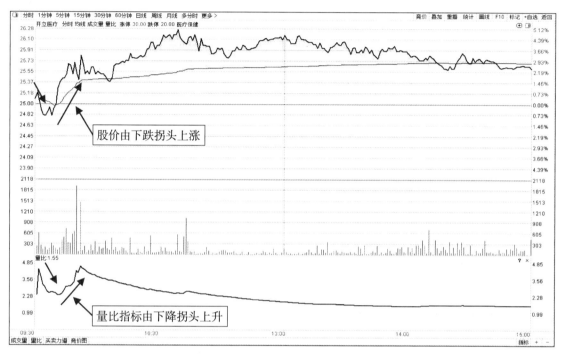

图1-9　开立医疗（300633）分时走势图

（5）缩量横盘。如果股价呈横盘整理走势，量比指标持续下降，只要股价没有有效跌破分时均价线，短线可继续持股。若量比指标再次上升，可继续持股，若量比指标继续下降，短线可先卖出。

如图1-10所示，从该个股当日分时走势可以看出，当日低开后股价小幅急速上涨，即展开横盘振荡整理行情，量比指标由上升拐头下降。股价结束横盘振荡整理状态拐头上涨，成交量放大，量比指标由下降翘头向上，已跟进的投资者可继续持股。

## 3. 换手率

换手率是指单位时间内，某个股累计成交量与可交易量之间的比率。计算公式为：

换手率 = 成交总手数 × 100 ÷ 流通股本

换手率的基本分类为：换手率在1%以下表示成交特别低迷（即相当于无量），1%～2%表示成交低迷（即地量），2%～3%表示成交温和（即微量），3%～5%表示成交相对活跃（即温和放量），5%～8%表示成交活跃（即带量），8%～15%表示成交高度活跃

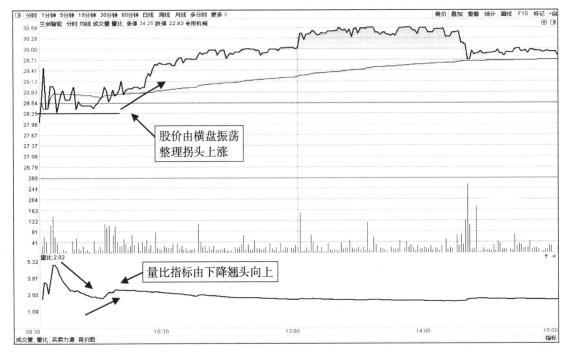

图 1-10　兰剑智能（688557）分时走势图

（即放量），15%～25% 表示成交特别活跃（即放巨量），在25% 以上表示成交量过大（即放量可能过头）。

实战操盘中，投资者判断换手率的高低，要通过目标股票的流通盘和股价所处的位置来分析确定。当然，一般情况下，股票的换手率越高，意味着该个股的成交越活跃，人气越旺，人们购买该个股筹码的意愿也就越强烈。反之，个股的换手率低，表明该个股关注的人少，显得死气沉沉。但如果股价到了高位出现高换手率，同时成交量有效放大，就要注意安全了。若个股长时间成交低迷，换手率极低，量能出现地量，物极必反，机会可能就要来了。判断个股是否到达底部、是否启动拉升以及是否到达顶部等，还要综合其他技术指标一起研判。

换手率的实战运用问题总结如下。

（1）关注高换手率个股。

前面对换手率进行了基本分类，实战操盘中，投资者对市场中换手率在3% 以下的个股，不用多关注，因为这些个股基本属于冷清股，一般主力机构的持仓量比较低，可待到该个股放量时再认真分析研究。

对市场中换手率为 3%～7% 的个股，属于主力机构正在运作的个股，可以结合个股前期走势和股价所处的位置以及其他技术指标，综合分析判断主力机构的操盘意图和目的，确定是否跟庄进场分批买入筹码。

对市场中换手率大于7%或超过10%的个股，属于主力机构正在操控的个股，可高度关注，重点看股价所处的位置，是处于突破阶段还是处于出货阶段，如处于初期或中期突破环节，则可寻机跟庄进场买进筹码，如处于高位出货阶段，就不能盲目跟庄进场了。

如图1-11所示，从该股分时走势可以看出，当日低开后股价小幅回调振荡整理，然后展开振荡上涨行情，成交量放大，至收盘股价基本都在分时均价线上方运行，当日换手率达到15.40%，成交量较前一交易日有效放大，已经跟庄进场的投资者可以继续持股。

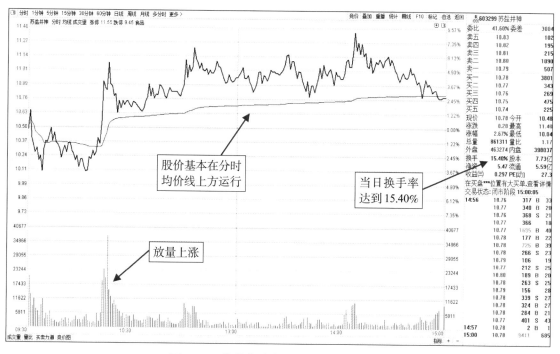

图1-11　苏盐井神（603299）分时走势图

（2）运用换手率判断个股趋势。

运用换手率判断个股趋势，投资者要将换手率与个股股价所处的位置结合起来，才能大概预测和判断个股的后市走势，但要排除大盘政策面、消息面和个股基本面等可能出现的突发因素。

股价在K线走势中处于底部或相对低位，换手率一直较低，突然连续两天以上出现高换手率，有可能是主力机构资金大幅进场，个股后期发展趋势至少有一波较大幅度的反弹，投资者可择机跟庄进场逢低买入筹码。另外，如果政策面或消息面利空出来，股价处于底部或相对低位的个股出现高换手率，应该是主力机构利用利空消息趁机大量收集筹码，透露出利空过后个股上涨的可能性。

股价在K线走势中处于上涨中期或相对高位横盘振荡整理状态，成交量萎缩、换手率较低，应该是主力机构正在展开振荡洗盘吸筹行情，洗盘吸筹行情结束后，很可能会有一波较大幅度的拉升,投资者要重点关注,在主力机构启动拉升之时,及时跟庄进场买入筹码。

股价在K线走势中处于高位的个股,尤其是主力机构急速或加速拉升后,股价处于高位的个股,出现高换手率,投资者要提高警惕,逐步减仓或清仓,很大可能是主力机构高位派发出货。另外,如果消息面或个股基本面出现利好,股价处于高位的个股出现高换手率,应该是主力机构利用利好消息高位出货,投资者要及时卖出手中筹码。

对于换手率过高或过低的个股,如果该股前期有过一波或多波幅度较大的上涨,投资者要谨慎对待,不能盲目跟进。

在分析判断个股后期发展趋势或后期走势上,投资者不能光看换手率的高低,还要结合K线、成交量、均线等主要技术指标,综合分析判断后再做出买卖决策。

如图1-12所示,为利用换手率跟庄买进和卖出。

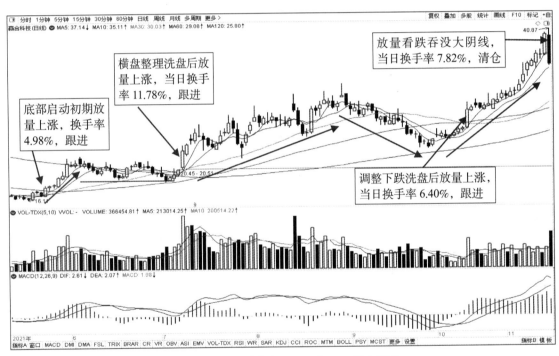

图1-12 赢合科技(300457)日K线走势图

### 4. 其他盘口要素

委比、委差是衡量一段时间内市场买卖盘强弱的技术指标。当委比为正并且委比数大时,说明市场买盘强劲。反之,若委比为负时,则说明卖盘力量强,下跌的可能性大。同理,委差为正时,买方力量较强,为负时则抛压较重。在使用委比和委差指标时,最好与其他技术指标配合使用,这样准确性才会更高。

振幅是指开盘后最高价与最低价之差的绝对值跟股价的百分比。振幅可以从侧面反映出某一只股票的强弱情况。个股在一定时间内的最低价与最高价之间的振荡幅度，一定程度上反映出该个股的活跃程度。如果一只股票的振幅较小，说明该股不够活跃，反之则说明该股比较活跃。股票振幅分析有日振幅分析、周振幅分析和月振幅分析等。

分时成交一般显示的数据格式为在几分几秒以多少价格成交了多少手。在盘面的右下方为成交明细显示，显示动态每笔成交的价格和手数。单独的成交数据是毫无意义的，但如果观察的是一些连续的数据或者对全天的成交明细进行分析，就会自然而然地发现主力机构的一些蛛丝马迹。一般来说，成交笔数越少，金额越大，说明越有主力机构活动的迹象。尤其是成交笔数较大而又集中的时候，表示有大资金活动迹象，该股出现价格异动的概率就大，应该引起投资者的注意。

如图 1-13 所示，为强势涨停盘口分时图。

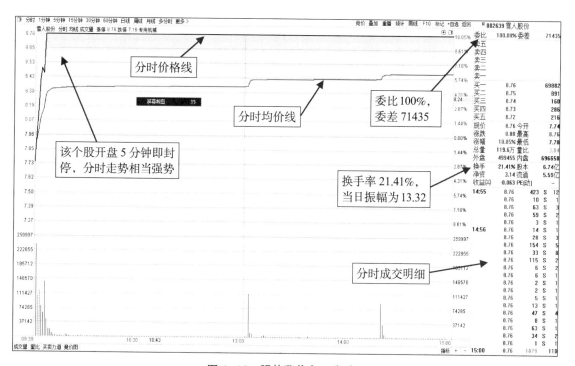

图 1-13　强势涨停盘口分时图

## 三、K 线的组成与分类

### 1. 单根 K 线的组成

K 线，是记录单位时间内大盘指数或个股等价格变化情况的一种柱状线。K 线是市场技术指标中重要的指标之一，是投资者常用的关键技术分析工具。它是一定时间周期内个股价格与趋势的反映。

通过 K 线，可以比较直观地看到过去一段时间区间内个股价格的总体变化运行情况，对后市实战操盘跟庄具有重要的指导意义。但投资者在研判个股发展趋势或在实战操盘跟庄时，还应该结合其他技术指标，综合分析判断。

依据单根 K 线的组成要素划分，可将其分为上影线、实体、下影线三个组成部分（不是每一根 K 线都必须由三个要素组成，比如光头光脚阳线或光头光脚阴线就没有上下影线两个部分）。单根 K 线一般代表当日（当周或当月）市场多空力量的对比，上下影线和 K 线实体反映的是多空力量。上下影线分别代表了当日（当周或当月）的最高价和最低价，实体两端表示开盘价和收盘价。

在实战操盘跟庄中，投资者一定要认真分析研究目标股票的开盘价和收盘价，因为它们在实战技术分析中具有非常重要的作用。也就是说，实体的开收盘价（高开、平开、低开、收涨、收平和收跌）具有重要的研判价值，股价的冲高回落（上影线）和股价的回落再走高（下影线），都应该通过实体高低点的对比来得出该股当日（当周或当月）走势是否强势的结论，而不是以影线的最高点和最低点来认定该股当日（当周或当月）走势是否强势。

### 2. K 线的基本分类

依据量价时空等不同要素，可以将 K 线分为五大类，不同种类的 K 线有着不同的含义，代表不同的市场信号。

（1）依据单根 K 线的组成要素划分，可将其分为上影线、实体、下影线三个组成部分。单根 K 线代表当日市场多空力量的对比。上下影线和 K 线实体反映的是多空力量。

（2）依据股价涨跌划分，可将 K 线分为阳线（即红色 K 线，代表单位时间内股价上涨）和阴线（即绿色 K 线，代表单位时间内股价下跌）。阳线代表多方市场占优势，阴线代表空方市场占优势（实战操盘中，要注意辨别假阴真阳和假阳真阴 K 线）。

（3）依据时间周期划分，可将 K 线分为分钟 K 线（如一分钟 K 线或五分钟 K 线等）、日 K 线、周 K 线、月 K 线、年 K 线。主要用以分析个股短、中、长期趋势。

（4）依据 K 线实体大小划分，可将 K 线分为星 K 线、小 K 线、中 K 线和大 K 线。星 K 线的波动范围一般在 0.1%～0.5%；小阳线和小阴线的波动范围一般在 0.6%～1.5%；中阳线和中阴线的波动范围一般在 1.6%～3.5%；大阳线和大阴线的波动范围一般在 3.6%～9.9%（创业板、科创板和新三板由于涨跌幅限制不同，按照涨跌幅比例计算类推）。实体大小代表多空力量的强弱。

（5）依据单根 K 线形态（实体和影线的不同）划分，可将 K 线分为光头光脚 K 线、带上影线的 K 线、带下影线的 K 线、带上下影线的 K 线和十字线 K 线五种类型。

①光头光脚 K 线，表明买卖双方中有一方占据绝对优势。

②带上影线的 K 线，表明市场抛压比较沉重，卖方在当天高位成功狙击了买方的进攻。

③带下影线的 K 线，下影线的长短表示承接力量的强弱，下影线越长，承接力量越强。

④带上下影线的 K 线，表明当日股价上有阻力，下有承接，上影线越长，表示阻力越大；下影线越长，表示承接力度越强。

⑤十字线 K 线，是开盘价几乎等于收盘价的 K 线，上影线越长，表示卖压越沉重；下影线越长，表明买盘越活跃。

## 四、K 线在短线操盘跟庄中的实战运用

不同形态的 K 线有其不同的市场信号和实战意义。这里主要分析不同形态单根 K 线的实战运用，共有五个类别 32 种 K 线形态，下面逐一进行实战运用分析。

### 1. 光头光脚 K 线

光头光脚 K 线，可以分为光头光脚大阳线和光头光脚大阴线、光头光脚中阳线和光头光脚中阴线、光头光脚小阳线和光头光脚小阴线、一字线（一字涨停板和一字跌停板）八种 K 线形态。阳线实体的大小长短不同，表明多空双方力量对比程度的差异。投资者要根据不同形态光头光脚 K 线在股价趋势（上涨途中或下跌途中）中所处的位置，来决定是否买进或卖出筹码。

（1）光头光脚大阳线，是开盘价和最低价相同，收盘价和最高价相同，没有上下影线的大阳线实体，涨幅波动范围超过 5% 以上。大多出现在股市上涨走势中，开盘后股价持续上扬，即使股价在分时走势中有回调但很快拐头上行，以最高价收盘，体现出买方力量强大且占据主导地位。

（2）光头光脚大阴线，是开盘价和最高价相同，收盘价和最低价相同，没有上下影线的大阴线实体，跌幅波动范围超过 5% 以上。大多出现在股市的下跌走势中，开盘后股价持续走低，即使股价在分时走势中有反弹但很快会拐头下行，以最低价收盘，体现出卖方力量强大且占据主导地位。

如图 1-14 所示，图中上涨过程中收出放量大阳线涨停板，体现出多方力量的强大，投资者可以在当日或次日跟庄进场买进筹码，短线持有。图中下跌过程中收出的光头光脚大阴线跌停板，体现出空方力量仍很强大，下跌还将持续，投资者不可盲目跟庄进场。

（3）光头光脚中阳线，是开盘价和最低价相同，收盘价和最高价相同，没有上下影线的中阳线实体，涨幅波动范围在 5% 以下 3% 以上。说明股价处于多头，多方力量仍占据主导地位，这种中阳线多数出现在股价的初期上涨行情或反弹行情中。若是出现在向上跳空突破缺口上方时，则此中阳线实战意义重大，或将开启一波上涨行情。

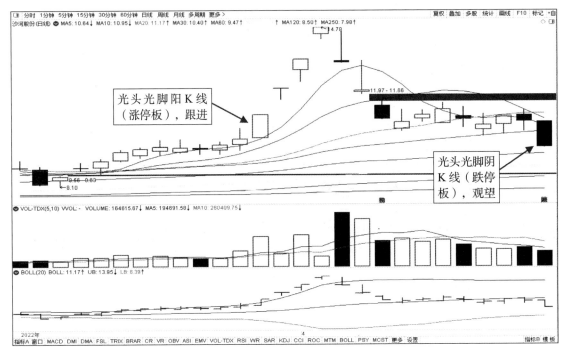

图 1-14　沙河股份（000014）日 K 线走势图

（4）光头光脚中阴线，是开盘价和最高价相同，收盘价和最低价相同，没有上下影线的中阴线实体，跌幅波动范围在 5% 以下 3% 以上。说明股价处于弱市，空方力量仍占据主导地位，这种中阴线多数出现在股价下跌行情的末期。若是出现在向下跳空缺口的下方时，则此中阴线实战意义重大，或将展开一波下跌行情。

（5）光头光脚小阳线，是开盘价和最低价相同，收盘价和最高价相同，没有上下影线的小阳线实体，涨幅波动范围不超过 3%。说明股价虽然处于多头，但多方力量只略占上风，这种小阳线多数出现在股价横盘振荡整理行情中。若是出现在向上跳空突破缺口上方时，则此小阳线实战意义重大，或将开启一波上涨行情。

（6）光头光脚小阴线，是开盘价和最高价相同，收盘价和最低价相同，没有上下影线的小阴线实体，跌幅波动范围不超过 3%。说明股价虽处于弱市，但空方力量不是太强，这种小阴线多数出现在股价横盘振荡整理行情中。若是出现在向下跳空缺口的下方时，则此小阴线实战意义重大，或将展开一波下跌行情。

（7）只有一条横线的一字 K 线，分为上涨中的一字涨停板和下跌中的一字跌停板两种 K 线形态，是集开盘价、最高价、最低价和收盘价于一线的一字板。个股运行中出现一字涨停板，表明主力机构筹码集中度较高，控盘比较到位，股价或将出现强势上涨。个股运行中出现一字跌停板，股价或将出现急速下跌。不管是一字涨停板还是一字跌停板，都是主力机构为实现其操盘目的而有意为之的。

如图 1-15 所示，为光头光脚中阳线、中阴线、小阳线、小阴线以及只有一条横线的一字 K 线的实战运用。

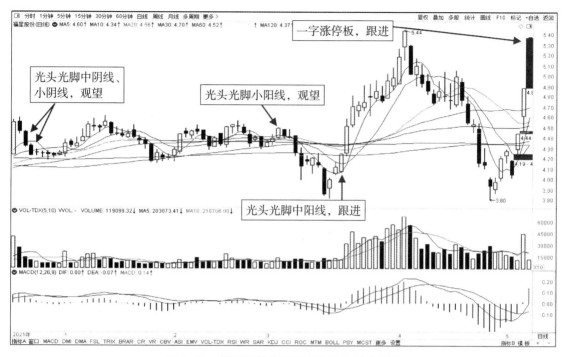

图 1-15　福星股份（000926）日 K 线走势图

## 2. 带上影线无下影线 K 线

带上影线无下影线的 K 线，也称光脚 K 线，可分为带上影线的阳线和带上影线的阴线两大类。一般情况下，带上影线的 K 线，是指股价冲高到某一价位，遇阻回落，表明市场抛压较重。投资者依据上影线及 K 线实体的长短、形态和当日的成交量，大致可以判断出抛压的程度。根据股价所处的位置，也可以大致判断出主力机构当日的操盘意图，是利用上影线出货、试盘、洗盘还是诱多骗线等。投资者要根据不同形态上影线 K 线及其在股价趋势（上涨途中或下跌途中）中所处的位置，来决定是否跟庄进场买入或卖出筹码。

（1）上影线比实体短的阳线。表明虽然当日股价在上涨中略有回落，但多方实力仍然强大。

（2）上影线与实体长度基本相等的阳线。表明当日股价上涨回落幅度较大，股价继续上行的压力增大。

（3）长上影线阳线。当日股价冲高回落幅度很大，虽然勉强收阳，但空方实力强大。这种 K 线一般出现在个股上涨的高位或从高位下跌途中，是主力机构出货的信号。

如图 1-16 所示，为上影线比实体短的阳线、上影线与实体长度基本相等的阳线和长上影线阳线的实战运用。

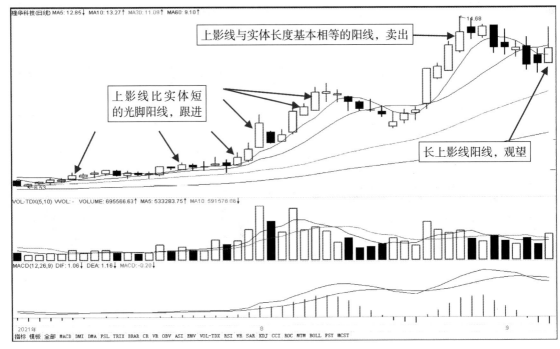

图 1-16　隆华科技（300263）日 K 线走势图

（4）上影线很长且实体为一条横线的 K 线，又称倒 T 字线或下跌转折线，表明当日的开盘价、收盘价与最低价基本相同，当日多空双方力量对比，多方力量在空方力量的打压下，基本无法将股价继续推升，空方力量强大，股价或将形成反转走势。这种 K 线大多出现在个股上涨的高位，是一种转势信号。

（5）长上影线阴线。这种阴线表明当日多方力量一度非常强大，股价大幅上涨，但随着空方力量的加强，股价大幅回落，且收盘价收在前一交易日收盘价的下方。长上影线阴线若出现在高位，且成交量同步放大，是主力机构出货的信号，下跌调整已经展开。长上影线阴线若出现在低位，应该是主力机构试盘，长上影线阴线若出现在中低位，则主力机构洗盘的可能性比较大。

（6）上影线与实体长度基本相等的阴线。表明空方占据上风，多方较弱，这种 K 线一般出现在振荡整理过程中，不必太关注。

（7）上影线比实体短的阴线。表明空方力量强大，多方后继无力，这种 K 线在个股的下跌途中较为多见。

如图 1-17 所示，为上影线很长且实体为一条横线的 K 线（又称倒 T 字线或下跌转折线）、长上影线阴线、上影线与实体长度基本相等的阴线和上影线比实体短的阴线的实战运用。

### 3. 带下影线无上影线 K 线

带下影线无上影线的 K 线，也称光头 K 线，可分为带下影线的阳线和带下影线的阴

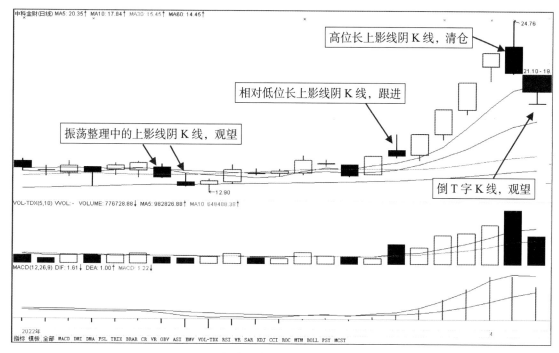

图 1-17 中科金财（002657）日 K 线走势图

线两大类。一般情况下，带下影线的 K 线，是指个股开盘后，股价回落至某一价位后止跌回升，股价收于低点之上，下影线越长，下方承接力量越强。

投资者依据下影线及 K 线的形态和当日的成交量，大致可以判断出下方承接力量的强弱。根据股价所处的位置，也可以大致判断出主力机构当日的操盘意图，如低位或相对低位出现长下影线 K 线，很大可能是主力机构最后一次打压洗盘吸筹，是股价见底的信号，也是投资者比较可靠的跟庄进场买入信号。而出现在高位或相对高位的长下影线 K 线，则可能是主力机构高位出货后再拉回，意图在次日高开继续逢高出货，是一种骗线行为，是股价下跌的确认信号。投资者要根据不同形态下影线 K 线、在股价趋势（上涨途中或下跌途中）所处的位置，来决定是否买进或卖出筹码。

（1）下影线比实体短的阳线。虽然个股当日股价有所回落，但回落的幅度不大，表明多方上涨愿望强烈，实力很强。个股收盘后的 K 线实体越长，说明多方力量越强，股价上涨的力度越大。

（2）下影线与实体长度基本相等的阳线。当日股价受到空方力量的打压，回落幅度较大，回落至一定价位遭到多方力量的阻击，止跌回升，收出下影线与实体长度基本相等的阳 K 线。表明多方力量仍占有一定的优势，但股价的后期走势还要看其所处的位置和成交量的变化。

（3）长下影线阳线，又称为锤头阳 K 线。当日股价受到空方力量打压，回落幅度较深，回落至一定价位遭到多方力量的阻击，止跌后大幅回升，收出长下影线阳 K 线。股价出现长下影线阳 K 线之后的走势要看股价所处的位置。若出现在个股的底部或较低位置时，应该是主力机构打压洗盘吸筹后拉升，预示多方力量已经占据优势和主动，股价将上涨，这是投资者跟庄进场的买入信号。若出现在高位或顶部时，则是主力机构高位派发后再拉回的一种骗线，目的在于诱骗投资者跟风进场买入筹码（出现在高位的锤头线，如果实体部分很小，其下影线超过实体的两倍以上，则可称为上吊线或吊颈线），投资者千万要警惕，切勿盲目跟庄进场。

（4）下影线很长且实体为一条横线的 K 线，又称为 T 字线或上升转折线，表明当日开盘价、收盘价和最高价相同，是多空双方力量开始转变的信号。T 字线信号强弱与下影线成正比，下影线越长，则信号越强。这种 K 线大多出现在个股的底部或低位，是一种见底转势信号。但如果这种 K 线出现在个股走势的顶部或高位，则是股价见顶信号。

如图 1-18 所示，为下影线比实体短的阳线、下影线与实体长度基本相等的阳线、长下影线阳线（又称为锤头阳 K 线）和下影线很长且实体为一条横线的 K 线（又称为 T 字线或上升转折线）的实战运用。

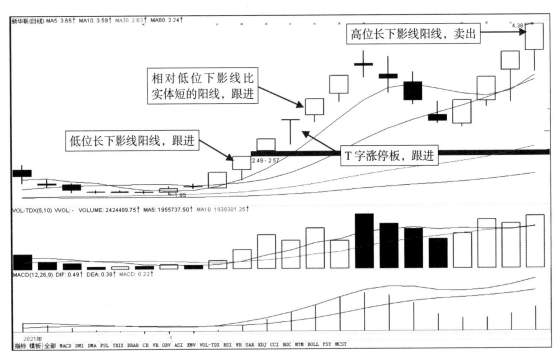

图 1-18　新华联（000620）日 K 线走势图

（5）长下影线阴线，又称为锤头阴 K 线，和长下影线阳线类似。当日股价受到空方力量打压，下跌幅度深，后遭到多方力量的阻击，止跌后大幅回升，收出长下影线阴 K 线。股价出现长下影线阴 K 线之后的走势同样要看股价所处的位置。若出现在个股的底部或较低位置时，预示多方力量已经占据优势和主动，股价将上涨，是投资者跟庄进场的买入信号。若出现在高位或顶部时，则是主力机构高位派发后再拉回形成的一种骗线，目的在于诱骗投资者跟风进场买入筹码，投资者切勿盲目跟进。

（6）下影线与实体长度基本相等的阴线。就单根K线来说，当日多方略占上风。这种K线多数出现在股价振荡整理或下跌期间。如出现在中低位振荡整理过程中，则不必太关注。若出现在高位振荡整理或下跌初期，则要十分警惕，很可能是主力机构高位振荡出货，意味着下跌即将或已经开始。

如图1-19所示，图中平台振荡整理过程中收出的下影线与实体长度基本相等的阴K线，就K线本身来说，没有多少实战意义，投资者以观望为主。图中高位收出的长下影线阴K线，应该是主力机构高开之后在盘中拉高出货，投资者可以在当日或次日逢高清仓。

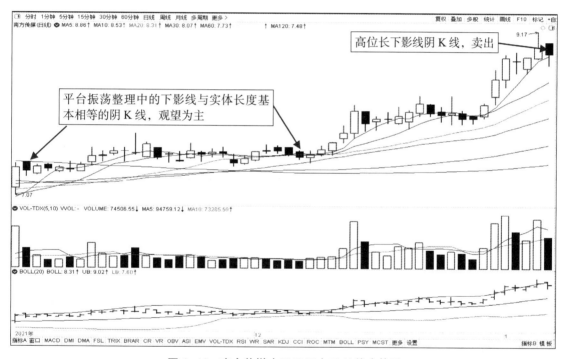

图1-19 南方传媒（601900）日K线走势图

## 4. 带上下影线的K线

带上下影线的K线，是指K线带有长短不一的上影线和下影线。一般情况下，上影线越长，表示阻力越大；下影线越长，表示承接力越强。但有时主力机构会通过对敲做盘，改变上下影线的幅度用于骗线。投资者在分析判断上下影线的阻力和承接力时，要把股价所处的位置作为重要参考。

带上下影线的K线，在K线走势中出现频率高，且出现在振荡整理过程中居多，是市场常见的一种K线形态。有些带上下影线的K线在个股走势中起着关键作用，比如高位螺旋桨 K 线，有时起着转势变盘、改天换地的重大转折作用，必须认真分析研究并予以高度重视。

（1）实体比影线长的阳 K 线。显示股价上涨阻力不大，下方承接力也不是太弱，总体上多方力量暂时占据优势。

（2）上影线比实体及下影线长的阳 K 线。显示股价盘中上涨严重受阻，多方力量虽然还有一定的优势，但难改短线调整的趋势。

（3）实体比影线长且下影线长于上影线的阳 K 线。显示股价盘中回落后下方承接力尚可，短期多方力量占据优势。

（4）下影线比实体及上影线长的阳 K 线。显示股价盘中回落后下方承接力较强，股价上涨阻力不是很大，多方力量短期内仍占据优势。

如图 1-20 所示，为实体比影线长的阳 K 线、上影线比实体及下影线长的阳 K 线、实体比影线长且下影线长于上影线的阳 K 线和下影线比实体及上影线长的阳 K 线的实战运用。

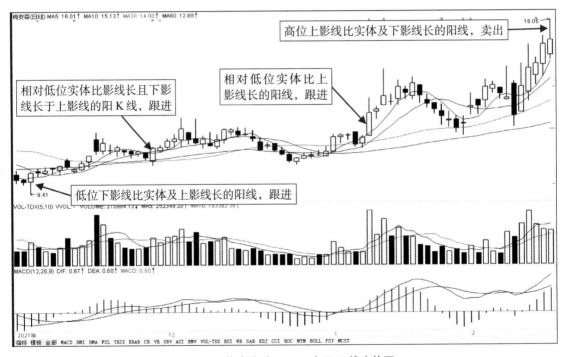

图 1-20　梅安森（300275）日 K 线走势图

（5）实体比影线长的阴 K 线。当日股价盘中有所上涨但遇阻回落，回落后下方承接力也不是太强，总体上空方力量占据优势。

（6）上影线比实体及下影线长的阴 K 线。当日股价盘中上涨严重受阻，股价弱势特征明显，空方力量占据主导地位。

（7）实体比影线长且下影线长于上影线的阴 K 线。当日股价盘中回落后下方承接力尚可，但股价盘中上涨严重受阻，弱势特征明显。

（8）下影线比实体及上影线长的阴 K 线。当日股价盘中回落后下方承接力较强，股价盘中上涨遇阻回落，空方力量仍占据优势。

如图 1-21 所示，为实体比影线长的阴 K 线、上影线比实体及下影线长的阴 K 线、实体比影线长且下影线长于上影线的阴 K 线和下影线比实体及上影线长的阴 K 线的实战运用。

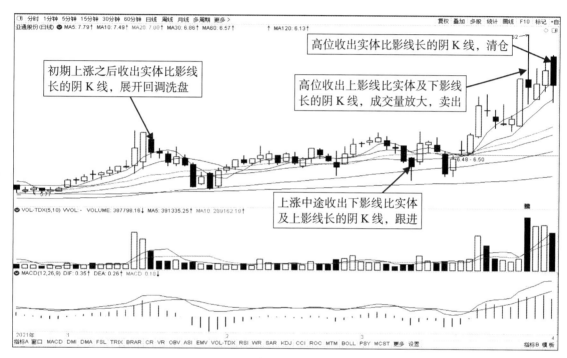

图 1-21　亚通股份（600692）日 K 线走势图

## 5.十字线

十字线是开盘价几乎接近甚至等于收盘价的 K 线形态。十字线上下影线的长度代表多空双方力量对比程度。上影线越长，表示卖压越重；下影线越长，表示买盘越活跃。

十字线在 K 线走势中出现的频率也比较高，出现在振荡整理行情中的十字线实战意义不是太大，但出现在低位或高位的十字线，值得投资者重点研究和关注。出现在低位或高位的十字线，也称为转势线，意味着趋势即将出现反转。投资者在操盘中要重点关注低位和高位出现的十字线，可跟踪观察一两个交易日，待趋势初步形成后再做出买进或卖出的决策（若高位出现向下跳空十字线，则应马上清仓）。

（1）上下影线长度基本相等的十字线。表明当日多空双方力量在盘中激烈争夺，至收盘势均力敌，战了个平局，需要观察盘中的趋势。

（2）上影线比下影线长的十字线。表明当日股价盘中上涨严重受阻，多空双方力量对比，空方力量占据主导地位。

长上影线十字线若出现在上升趋势中，股价短暂调整后将继续上行；若出现在高位，则转势下跌的可能性大；若出现在股价下跌趋势途中，则短期跌势不会改变。

（3）下影线比上影线长的十字线。表明当日股价盘中回落后下方承接力较强，多空双方力量对比，多方力量暂时占据优势。

长下影线十字线若出现在上升趋势中，股价短暂调整后将继续上行；若出现在持续下跌之后的底部或相对低位，则暗示转势的时机即将出现；若出现在高位，则转势下跌的可能性大。

如图1-22所示，为上下影线长度基本相等的十字线、上影线比下影线长的十字线和下影线比上影线长的十字线的实战运用。

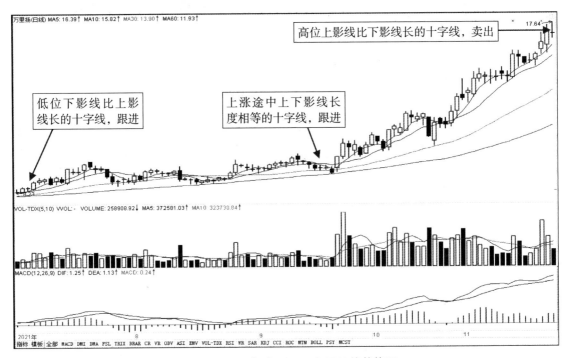

图1-22　万里扬（002434）日K线趋势图

# 五、成交量分析

## 1.成交量

成交量是指一定时间内的具体交易数量。成交量的变化反映了资金进出市场的情况，是判断市场走势的重要指标。一般情况下，成交量放大且价格上涨的股票，趋势向好；成交量持续低迷的股票，说明交易清淡，正处于下跌调整或横盘整理行情之中。

成交量是判断个股走势的重要依据，为分析主力机构操盘目的和意图提供了重要依据。

虽然主力机构和庄家大户资金雄厚，但他们的操盘意图和目的都要通过交易来实现，有交易就有成交量，分析成交量就是投资者观察主力机构操盘动态以及是否跟庄进场买卖股票的有效方法。

与成交量相关的一个重要的要素是成交额。成交额就是某只个股在一定时期内所成交的金额，即某只个股每笔成交股数乘以成交价格的金额总和。成交额在市场中所起的作用与成交量是一样的，所不同的是成交额较之于成交量更符合市场现状。在成交量相同的情况下，因个股股价的不同会导致成交额不同，用成交额指标比用成交量指标更能准确把握市场行情。但成交额这一要素更多地运用于大盘的分析，以期通过前后交易时间内市场参与资金量的多少，判断出大盘的趋势和发展方向。

如图1-23所示，为操盘跟庄过程中成交量的实战运用。

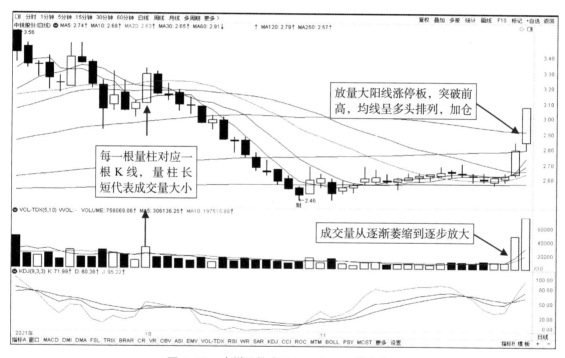

图1-23　中锐股份（002374）日K线走势图

## 2. 成交量组成要素

成交量组成要素主要包括以下六个方面。

（1）成交手数。成交手数是反映股票交易数量的一种形式，是二级市场交易中每笔买卖的数量。

（2）柱体成交量。柱体成交量显示的是每根K线对应时间段里的成交量。K线周期不同，代表的含义也不同。比如，日K线代表一个交易日的成交量，周K线代表一个交易周的成交量，以此类推。成交量越大，柱体越长。一般情况下，一个交易日内红色的量柱表示当日收阳，绿色的量柱表示当日收阴（但有时也会出现假阳真阴或假阴真阳量柱和K线），阳线或阴线的判断要根据交易日内收盘价与开盘价相比较而得出，如果收盘价比开盘价高，则为阳线，反之为阴线。柱体成交量非常直观地表现出了资金的进出情况，对股价走势有着重要的研判意义。

（3）即时量比。即时量比，是即时每分钟平均成交量与之前连续五个交易日每分钟平均成交量的比较，而不是随意抽取某一交易日的成交量所进行的比较。即时量比能够客观真实地反映盘口成交情况，是发现成交量异动的重要指标。

（4）换手率。换手率是指单位时间内，某只个股累计成交量与可交易量之间的比率。换手率的大小能较好地揭示短线买卖信号，对投资者准确把握买卖点有重要的帮助作用。

（5）成交金额。股票成交金额是指在进行股票交易过程中，买卖双方根据有关交易规则买入或卖出股票时所达成的交易金额，是成交量和价格的综合表现。交易过程中，会产生各种有关股票交易的参数，这些参数，涉及投资者的投资成本、盈亏、证券交易所以及证券公司的收费和国家税费等。

（6）均量线。均量线是一种反映一定交易时期内市场平均成交情况的技术性指标，是成交量和时间的综合表现。通常情况下，均量线参数分别设置为5日、10日和40日。一般来说，如果5日、10日与40日均量线均向上运行，特别是40日均量线刚刚从止跌企稳状态中拐头向上，则表明上涨行情开始启动。

如图1-24所示，为操盘跟庄过程中成交量各组成要素的实战运用。

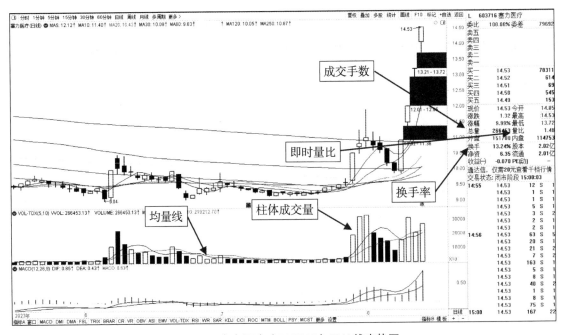

图1-24 塞力医疗（603716）日K线走势图

### 3.成交量变化的表现形式

成交量被称为市场中不会说谎的指标。成交量表示市场资金参与的意愿和参与的深度，表示个股或大盘的活跃程度。成交量和价格有背离和同步的两种关系，放量发生在趋势转折的拐点上，缩量发生在明显的上涨或下跌趋势中。一般有五种表现形式。

（1）缩量。缩量是指市场成交较为清淡，大部分投资者对市场后期走势认同程度较高。一般是指与此前的成交量对比而得出的一个缩减概念，包括横向缩量、纵向缩量、单日缩量和阶段性缩量等。

缩量一般发生在股价趋势发展的中期。主要有下跌缩量、上涨缩量和横盘振荡整理缩量三种情况。

下跌缩量又有两种情况：一是主力机构打压股价，洗盘吸筹，股价下跌，成交量萎缩。量缩到一定程度，且股价回调到位止跌企稳时，就是投资者短线跟庄进场买入筹码的大好时机，待股价出现明显见顶信号时再卖出。二是个股步入下跌通道或下跌趋势中，股价出现缩量阴跌，跌跌无期，此时投资者不能盲目跟庄进场。

上涨缩量是指股价在上涨的过程中，成交量较此前交易日有明显萎缩的现象。这种现象说明主力机构对目标股票控盘程度较高，股价处于拉升过程中，且多数收出缩量一字涨停板、缩量小阳线涨停板或缩量 T 字涨停板。

横盘振荡整理缩量，是指主力机构通过横盘振荡整理展开洗盘吸筹行情（多数发生在初期或中期上涨行情之后），成交量呈萎缩或间断性萎缩状态。

如图 1-25 所示，为操盘跟庄过程中成交量萎缩的实战运用。

（2）放量。放量是指市场开始活跃，成交量较此前一段时间明显放大。放量可分为相对放量和持续放量。相对放量是指当日与上一交易日对比、本周与上一交易周对比等。持续放量是指最近几个交易日和前一段交易时间的某个交易日或某几个交易日成交量的对比。

放量一般发生在个股走势底部（相对低位）、洗盘调整之后、股价即将见顶之时和下跌初期。主要有放量上涨、放量滞涨和放量下跌三种情况。

放量上涨一般是指股价已下跌至底部（相对低位）、回调洗盘或横盘振荡洗盘结束，主力机构采取对倒或对敲的操盘手法推升股价，吸引市场眼球，成交量同步放大的现象。多数情况下，主力机构会利用消息启动上涨行情。

放量滞涨是指成交量连续放大，而股价却不上涨或上涨缓慢的现象。多数情况下是股价已至高位或即将到达顶部区域，主力机构为了派发手中筹码，采取对倒做量的操盘手法，吸引眼球，引诱跟风盘进场接盘，说明主力机构退意已决，此时投资者要尽快卖出手中筹码。

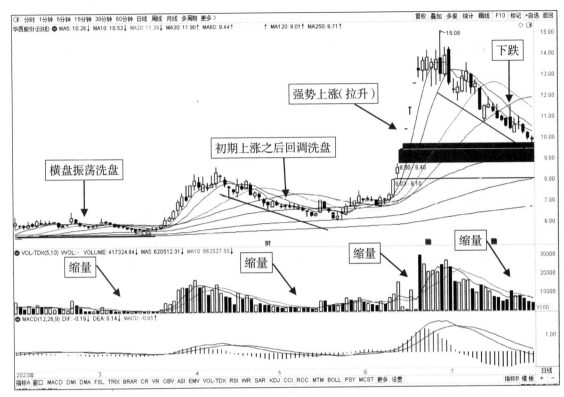

图 1-25　华西股份（000936）日 K 线走势图

放量下跌是股价转弱的一种信号，一般出现在下跌初期，投资者要及时出局止损。

如图 1-26 所示，为操盘跟庄过程中成交量放大的实战运用。

（3）地量。地量就是成交量极低的意思。地量是一种极端的缩量现象，表明市场成交量稀少清淡且创出较长时段内的最低水平，形成的原因是市场上很少有人愿意卖出股票，也很少有人愿意买入股票，行情处于极度低迷的情形之下。抑或是目标股票被主力机构高度控盘。地量可分为近期地量、阶段性地量和历史地量，股市有地量见地价的说法。

股价经过长期振荡下跌即将止跌企稳时，以及股价下跌调整后横盘振荡洗盘末期，多数会出现地量。主力机构在对目标股票股价拉升之前的整理阶段会有间断的地量出现。

如图 1-27 所示，为操盘跟庄过程中成交量逐渐萎缩到地量的实战运用。

（4）天量。天量也称为巨量，是指个股成交量突然巨额放大的现象，即个股某个交易日成交量较前一交易日明显放大。由于个股的实际流通盘各不相同，成交量较前期放大多少才算是天量，没有统一的标准，一般放出较前一交易日两倍以上的成交量可称为天量。天量可分为近期天量、阶段性天量和历史天量。

出现在个股不同位置的天量，所对应的股价走势也不相同。高位出现的天量和下跌途中出现的天量，一般是主力机构在派发出货，投资者在实战操盘中要回避。

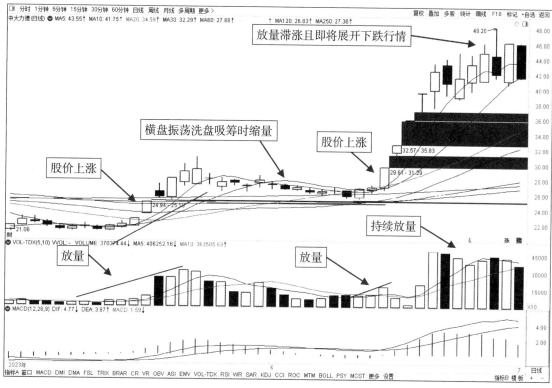

图 1-26 中大力德（002896）日 K 线走势图

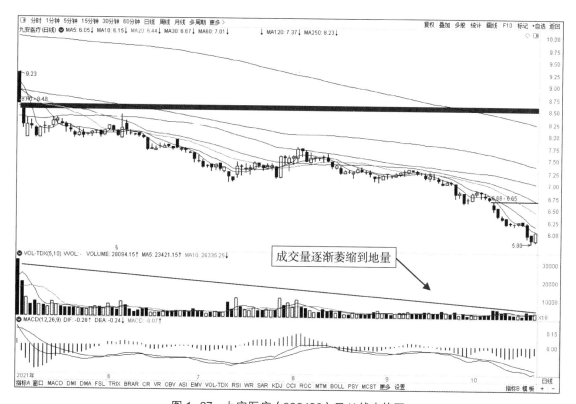

图 1-27 九安医疗（002432）日 K 线走势图

个股下跌至底部区域、个股长期横盘振荡（挖坑）洗盘调整之后，出现天量且股价同步上涨，是股价启动的迹象，此时投资者可以跟庄进场买进筹码，短线持有。

如图 1-28 所示，为操盘跟庄过程中成交量呈天量的实战运用。

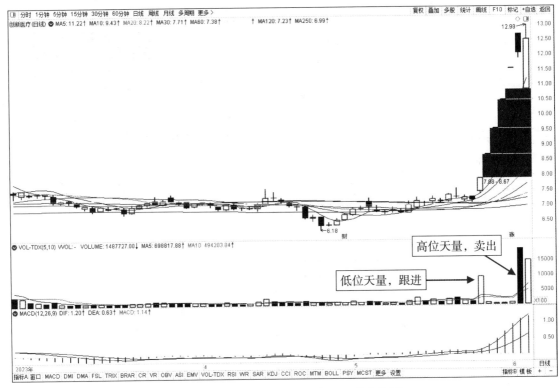

图 1-28　创新医疗（002173）日 K 线走势图

（5）堆量。堆量是成交量放大的一种特殊情况，是指成交量像一个堆出的土堆，高出两边的成交量。堆量一般出现在股价底部、拉升初期和顶部区域。

多数情况下，底部出现堆量之后，且股价同步上涨，投资者可以及时跟庄进场买进筹码，短线持有。初期或中期上涨之后出现堆量，且成交量呈萎缩状态，应该是主力机构在回调洗盘，投资者可以先卖出手中筹码，待股价回调到位后再将筹码接回来。高位出现堆量，预示顶部即将出现，投资者要及时逢高卖出手中筹码。

如图 1-29 所示，为操盘跟庄过程中成交量呈堆量的实战运用。

# 六、均线分析

## 1. 均线

均线，全称为移动平均线，英文简称为 MA，是指一定交易时间内的算术均线。即以收盘价为数据，利用加权平均算法推算出的一根曲线，用来显示股价或指数的历史波动情

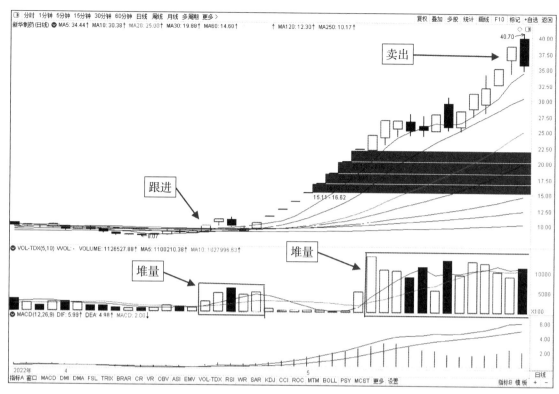

图 1-29 新华制药（000756）日 K 线走势图

况。比如某只股票的 5 日均线，就是该个股五个交易日的收盘价再除于 5，形成 5 日均点，然后依次连接成线即形成 5 日均线。

均线又可称为成本线，它代表一定时间内买入股票的平均成本，反映了股价在一定时期内的强弱和运行趋势。所以，均线也可称为趋势线，既可以用来追踪既往股价或指数的走势变化情况，又可以根据过去股价或指数的走势变化情况，预测后市的发展趋势，为广大投资者提供操盘和决策依据。

## 2. 均线的本质

简单地说，均线就是将一个时间区间内每天的收盘价统计平均，然后将各均点连接成线。不论短期均线、中期均线还是长期均线，其本质意义都是反映股价不同周期的平均成本，是平均成本平滑运行的趋势。其主要作用是消除股价随机波动的影响，寻找股价波动的趋势或方向。均线主要有以下五个方面的含义。

（1）均线实质上是持股成本，或者说是市场的成本趋势。

（2）不是均线改变了股价的运行方向，而是股价方向的改变牵引均线移动。

（3）单条均线没有太大意义，三条以上均线之间的交叉（黏合）或发散才是需要把握的重点。

（4）数条均线之间距离收窄，交叉（黏合）在一起，说明市场成本趋于一致，一旦产生向上或向下的趋势，这种趋势会延续很长时间。

（5）均线和其他技术指标一样，是对过去价格走势的反映，明显缺陷是滞后性。

如图 1-30 所示，为操盘跟庄过程中 5 日、10 日、20 日、30 日、60 日、90 日、120 日和 250 日均线，呈多头排列的强势均线形态的实战运用。

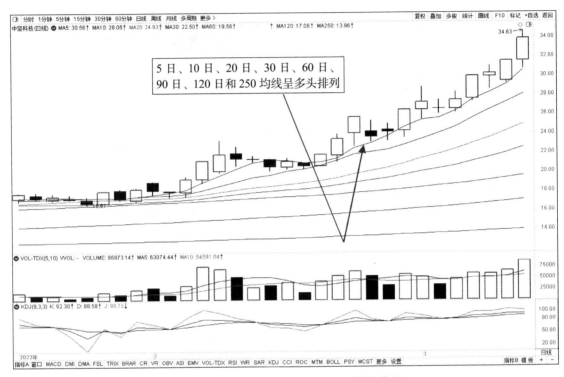

图 1-30　中坚科技（002779）日 K 线走势图

### 3. 均线的方向性和角度性

均线既然是趋势线，那么，其运行就具有方向性和角度性。

方向性是指，当均线向上运行时，股价或指数整体趋势应该是向上的；当均线黏合或平行运行时，股价或指数的整体趋势应该是横盘振荡整理状态；当均线向下倾斜时，股价或指数的整体趋势应该是趋于下跌的。

角度性是指均线向上或向下的倾斜程度，即股价或指数运行方向的强弱程度。投资者可以根据均线的运行方向和角度，来研判股价或指数运行的发展趋势以及这种趋势的强弱程度。当然，均线的运行方向和角度是不断变化的，这是由股价或指数运行（涨跌）的发展趋势所决定的。

如图 1-31 所示，为操盘跟庄过程中均线的方向性和角度性的实战运用。

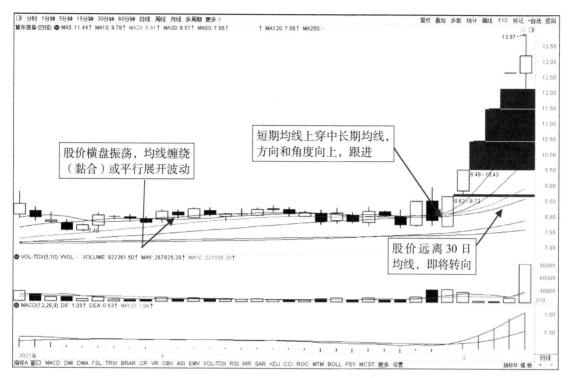

图 1-31　冀东装备（000856）日 K 线走势图

## 4. 均线的技术特性

（1）成本性。将某一段时间内每天的收盘价统计进行平均，然后将各均点连接形成均线。这条各均点连成的线就是市场的平均成本，这是客观存在的，投资者可以根据市场成本来分析研判大盘和个股的走势，展开跟庄操盘和买卖决策。

（2）趋势性。由于均线代表市场成本，所以能够反映出股价在一定时间区间内的强弱和运行趋势，比如上升趋势、下降趋势、横盘振荡洗盘吸筹趋势。投资者可以依据均线所表现出来的趋势，对大盘和目标股票进行分析研究，指导跟庄操盘和买卖决策。

（3）稳定性。严格来说，均线的稳定性是一种相对的稳定性。相对 K 线而言，K 线每一天都有不同的变化，而均线的变化是多个交易日的平均，变化相对较小，从而显示出一定的稳定性。这种稳定性既有其优点也有其缺点，优点是趋势牵引，缺点是相对滞后。

（4）支撑和压力的特性。有的观点认为，均线没有支撑和压力作用的特性，主要依据是股价先于均线、股价牵引均线。但是，如果从均线本质出发去分析，它应该是具备支撑和压力作用特性的。

均线代表的是市场成本，包括短期成本、中期成本和长期成本。股价回调或下跌至任一成本区（即某一均线上方或附近）之后，会产生止跌企稳回升或振荡横盘整理走势，这就是均线的支撑作用。至于压力作用和支撑作用是同样的道理，当股价上涨至前期成本区或前期下跌密集成交区（即某一均线下方或附近）之后，股价就会遇到阻力展开回调、整理或下跌，这就是均线的压力作用。

（5）助涨助跌性。助涨助跌性和支撑压力性的原理基本一致。股价上涨突破前期成本区或前期下跌密集成交区（即某一均线上方或附近）之后，均线呈多头排列或黄金交叉或黏合向上发散等均线形态时，投资者都倾向于做多不做空，均线就体现出了其助涨特性。股价下跌穿破前期成本区或前期上涨密集成交区（即某一均线下方或附近）之后，均线呈空头排列或死叉或黏合向下发散等均线形态时，投资者都倾向于做空不做多，均线就体现出了其助跌特性。

（6）滞后性。均线是某一时间区间平均成本的本质，决定了均线是滞后于股价的。这种滞后性尤其是在股价反转或转向时，表现得更为突出一些。比如，股价反转或转向的幅度已经很大了，均线才跟上或才发出扭转或转向信号。

如图1-32所示，为操盘跟庄过程中均线技术特性的实战运用。

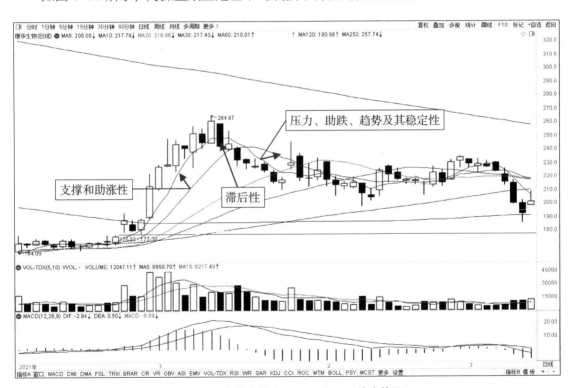

图1-32　康华生物（300841）日K线走势图

## 5. 均线的买卖信号

美国著名投资家约瑟夫·葛兰威尔（Joseph E.Granville）提出了均线交易八大法则，其中前四条为买入法则（信号），后四条为卖出法则（信号），准确度比较高，很值得投资者学习参考。在实战操盘中，还要根据股市特点，把握目标股票的买卖点和发展趋势。

（1）四大买进法则（信号）。

①移动平均线从下降逐渐走平转为上升，而股价从移动平均线的下方向上突破移动平均线时，为买进信号。

在实战操盘中运用这条法则时，股价处于蓄势突破之初。5日均线由走平到拐头向上穿过10日均线，形成金叉，股价站上5日或10日均线，其他均线逐渐走平或拐头向上，呈多头排列之势，向上突破确立。投资者即可跟庄进场买入筹码，积极做多。

②股价位于移动平均线之上运行，回调时未跌破移动平均线，后又再度上升时为跟庄进场买进时机。

在实战操盘中运用这条法则时，股价已处于上升趋势。主力机构为了清洗获利盘，展开强势调整洗盘，由于均线的支撑作用，股价没有跌破均线，5日均线与10日均线交叉纠缠，洗盘结束，股价突破盘整区，5日、10日、30日均线再次呈多头排列之势。投资者即可跟庄进场买入筹码。

③股价位于移动平均线之上运行，回调时跌破移动平均线，但不久短期移动平均线拐头向上穿过长期移动平均线形成金叉，此时为跟庄进场买进时机。

在实战操盘中运用这条法则时，股价仍处于上升趋势，主力机构展开较大幅度的回调洗盘，股价跌破5日或10日均线，甚至下穿30日均线但马上拉回，30日均线仍向上移动，这是主力机构为了清洗获利盘有意展开的深度回调，或者说是一种趋势背离。只要30日均线向上运行，投资者就可以跟庄进场适当买入筹码。

④股价位于移动平均线之下运行，股价突然暴跌，远离移动平均线。此时，股价极有可能向移动平均线靠拢，产生一波强劲的反弹，短期均线拐头向上时，为跟庄进场买进时机。

在实战操盘中运用这条法则时，股价处于急速下跌之势。股价在5日、10日均线之下运行，恐慌性抛盘较多，成交量放大，且下跌幅度较深，乖离率增大，此时是比较激进的投资者抢反弹的大好时机。这种情况属于乖离反弹，因为大势已弱，不能过度追高，要适可而止。

如图1-33所示，为四大买进法则（信号）的实战运用。

（2）四大卖出法则（信号）。

第一，移动平均线从向上移动到逐渐走平转为下行，而股价从移动平均线的上方往下跌破移动平均线时，为卖出信号。

在实战操盘中运用这条法则时，股价处于上涨行情的末期或下跌行情的初期。股价由上向下跌破5日、10日均线，且5日均线下穿10日均线形成死亡交叉，30日移动平均线有走平的迹象，此时下跌趋势基本形成，投资者应立即卖出手中筹码。其实在实战操盘中，

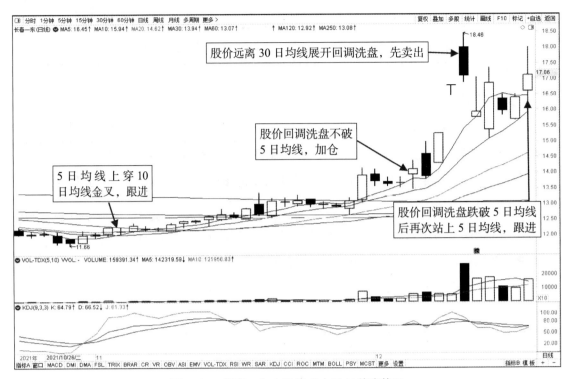

图 1-33 长春一东（600148）日 K 线走势图

股价远离 30 日均线或 5 日均线开始走平时，就可以逐步减仓或卖出。

第二，股价在移动平均线下方运行，然后反弹至移动平均线附近，但未突破移动平均线即受阻回落，为卖出信号。

在实战操盘中运用这条法则时，股价处于下跌行情中。股价经过快速下跌之后反弹，无力突破 10 日均线的压力或突破后无功而返，属于受到均线压制，反弹受阻，股价将继续下跌，手中还有筹码没有卖出的投资者应该立马清仓。

第三，股价反弹突破移动平均线，但不久又跌回移动平均线之下，此时移动平均线仍向下运行，为卖出信号。

在实战操盘中运用这条法则时，股价处于下跌行情中。股价先后跌破 5 日、10 日均线甚至跌破 30 日均线，然后股价依托 30 日均线展开反弹，突破 10 日均线后无功而返，属于趋势背离现象，股价将继续下跌，跌幅会更深。此时投资者手中如果还有筹码不及时卖出的话，可能就要被套牢了。

第四，股价反弹后远离移动平均线展开整理，而移动平均线却继续向下移动，为卖出信号。

在实战操盘中运用这条法则时，股价仍处于下跌行情中。由于反弹无果，股价下跌一定幅度后展开整理，属于趋势背离现象，整理之后，股价将继续下跌。整理期间仍属于卖出时机，但此时股价基本回到原点，也即出发时的位置。

如图 1-34 所示，为四大卖出法则（信号）的实战运用。

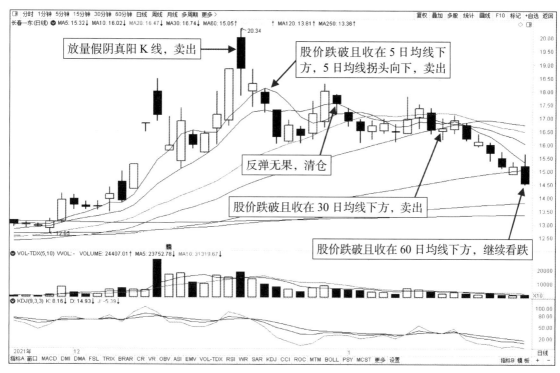

图 1-34 长春一东（600148）日 K 线走势图

## 七、开盘价分析

### 1. 开盘价

在 A 股市场中，股票的开盘价是由集合竞价买卖双方撮合（由投资者按照自己所能接受的心理价格自由地进行买卖申请，由电脑交易处理系统对全部申报按照价格优先、时间优先的原则排序进行集合定价），股票价格在有效价格范围内选取成交量最大的价位所产生，也是证券交易所每个交易日开市后的第一笔每股买卖成交价格。

如果集合竞价时间内股票没有买卖或没有成交，则股票前一交易日的收盘价作为当日股票的开盘价。每个交易日的集合竞价时间为上午 9 : 15 至 9 : 25，在 9 : 15 至 9 : 20 这段时间内交易所只接受申报，不进行撮合，但是可以撤单，而 9 : 20 至 9 : 25 则不可以撤单。9 : 25 至 9 : 30 之间这 5 分钟只接受申报，不对买卖委托做出处理，9 : 25 由集合竞价产生开盘价，9 : 30 开始进入连续竞价阶段。

### 2. 开盘后股价走势实战分析

根据当日的开盘价与前一交易日收盘价的对比，开盘价分为高开、低开和平开三种情况。虽然开盘价不能作为判断股价走势的唯一依据，但投资者可以将其作为一种参考，并依据对股价在 K 线走势中所处位置、均线形态、成交量等因素的研判，做出是否跟庄进场买卖股票的决策。

高开是指当天第一笔撮合的价格高于前一个交易日的收盘价，它一般意味着市场对该股未来的走势有所期待，属于看好该股后市的开盘。平开是指开盘价与前一个交易日收盘价持平，它表明看好和看空该股后市的力量是持平的，市场处于一种相对平衡的状态。低开则是指开盘交易的第一笔成交价低于前一个交易日的收盘价，一般表明市场对于该股后市缺乏信心。实战操盘中，投资者要根据高开或低开的幅度以及其他因素进一步分析判断个股后期的走势。

最具实战意义的是个股的大幅高开高走或低开低走。大幅高开或低开一般指幅度至少在 3% 以上，有的甚至是 5% 以上。如果以这种幅度高开或低开，且持续保持，就可以判断出该个股是有明确的趋势性的。大幅高开或者低开，大都是受到重大利好或利空消息影响而出现的，所以，投资者平时要注重关注和分析政策面、基本面和消息面的情况，结合技术面分析研判，考虑是否跟庄参与短线操作。

如图 1-35 所示，为大幅高开和大幅低开的实战运用。

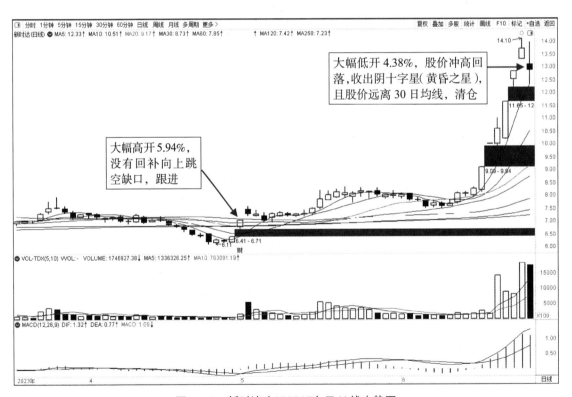

图 1-35　新时达（002527）日 K 线走势图

### 3. 盘口集合竞价透露主力机构的操盘目的

集合竞价阶段隐含着主力资金当日的操盘目的和意图，如果能认真分析集合竞价各类情况，熟悉了解最新的交易信息，就有可能发现并抓住集合竞价中出现的某些稍纵即逝的机会，提高捕获强势股的概率。

一般情况下，如果某只个股前一交易日强势上涨且涨幅大，当天盘口集合竞价时跳空高开，挂单量大，那么这只个股涨停的概率就很大，投资者可以快速浏览该股股价在K线走势中所处的位置，结合均线等指标进行综合分析，在确认该股具备涨停的某些特征后，果断挂买单参与竞价买进。

投资者还可以根据当天集合竞价时的即时排行榜进行选择，以便捕获极具潜力的强势股，获得满意的投资收益。另外，在对重点关注的自选股（尤其是涨停板个股）进行集合竞价情况分析时，一定要结合该个股在前一交易日收盘时所滞留的买单量，尤其是在买一位置所滞留的买单量，这对当天捕获强势股（甚至涨停板）能起到积极的助推作用。强势盘口集合竞价分为以下两种情况。

第一，涨停价挂单的个股盘口。处于上升趋势主力机构不得不拉升拔高以及有重大利好消息刺激的个股，在当日集合竞价时是直奔涨停的。如果想追，就看谁的速度快了。投资者最好在当天集合竞价一开始，就提前挂买单排队等候买进。

第二，集合竞价开始涨幅在3%左右或挂单上推、竞价向上一直持续到开盘的个股盘口。这类个股应该是已经走出底部启动升势或正处于上升趋势比较强势的个股，挂单比较踊跃，尤其是买卖盘挂单都比较大，往往意味着该个股当日和后市看好。

投资者需要注意的是，在上午9:15至9:20集合竞价第一阶段，主力机构会依据其操盘目的和意图，利用此阶段可随意撤换单的机会，经常在盘口频繁挂单撤单。通常是利用大单将某个股的股价拉至涨停或打至跌停，以达到引诱投资者买进或卖出筹码的目的。

在集合竞价的第二阶段，投资者还要提防主力机构利用其资金和筹码量大的优势，在临近9:25打压做盘造假。比如，某主力机构可以在集合竞价时适量下单，将股价封停或推升到一定涨幅，然后继续慢慢增单以吸引投资者的眼球，引诱跟风盘进场。快到9:25时一笔大卖单将股价大幅砸下来，集合竞价时原本涨停或大涨的股价被砸到平盘附近开盘。

主力机构在集合竞价做盘交易中的这种自买自卖行为，是一种对倒交易，在集合竞价涨停或大涨的诱多下，挂买单排队准备买入的投资者的买单，在9:25竞价结束（产生开盘价）时极易被主力机构的大卖单全部砸掉。

## 八、收盘价分析

### 1.收盘价

收盘价是指每个交易日的最后一笔成交价格，也即日收盘价。沪市收盘价为当日该证券最后一笔交易前一分钟所有交易的成交量加权平均价（含最后一笔交易），当日无成交的，以前收盘价为当日收盘价。深市的收盘价通过集合竞价的方式产生，收盘集合竞价不能产生收盘价的，以当日该证券最后一笔交易前一分钟所有交易的成交量加权平均价（含最后一笔交易）为收盘价，当日无成交的，以前一交易日收盘价为当日收盘价。根据国家证券交易所规则，收盘价通过收盘集合竞价方式产生，收盘集合竞价不能产生收盘价或未进行收盘集合竞价的，以该交易日最后一笔成交价为收盘价。

### 2.从收盘价预判后市涨跌

收盘价是几乎所有技术指标的核心参数，也是市场对交易周期内的一种最终心理认可价位，所以收盘价的变动会直接影响市场对趋势的判断。

对于短线操盘跟庄来说，收盘价往往能作为下一个交易日开盘价的参考依据，具有较好的指导作用。作为一个交易日中最具观察意义的价位，收盘价的高低往往反映出市场资金对某只个股的关注程度，有预示下一个交易日股价走向的功能，所以收盘价是值得投资者重点关注的。比如，当日收盘价为放量收阳且呈上涨态势，股价以当天最高价或较高价收盘，下一交易日往往会出现高开，短期收涨的概率大；如当日收盘价为放量收阴且呈下跌态势，股价以当天最低价或较低价收盘，下一交易日往往会出现低开，短期收跌的概率大。

当然有人可能会说，主力机构可以凭借雄厚的资金实力做出收盘价（做盘），股市中也确实有这种情况。所以，投资者在研判个股后市短期涨跌（走势）时，不能仅看收盘价的阴阳高低，还要综合分析股价在K线走势中所处的位置、均线形态、成交量甚至周线、月线的收盘价等因素后，再做出买卖决策。

### 3.区别对待拉尾盘的个股

拉尾盘是指个股在即将收盘时出现大单拉升，股价突然上涨的现象。从分时盘口看，在接近收盘时，股价突然上冲至收盘，分时价格线形成一条特殊（冲高）的分时交易曲线，但这种拉尾盘的现象在日K线上是看不出来的。从本质上说，拉尾盘是主力机构通过对倒的操盘手法进行的，但由于主力机构拉尾盘的操盘目的和意图不同，对拉尾盘的个股要区别对待。

对于股价处于底部（相对低位）或回调洗盘到位后，尾盘拉出涨停板的个股，应该是主力机构对该股后市看好，坚决做多所导致，也可能是主力机构或游资提前知道该个股短期内会出现重大利好消息，提前抢筹，导致股价在尾盘出现快速拉升，拉出涨停板。对于这类个股，投资者可以在尾盘股价出现拉升时，及时跟庄进场买入筹码，持股待涨。

对于前期股价涨幅较大或者在构筑顶部的个股，主力机构通过拉尾盘拉出涨停板，其目的应该是吸引投资者的眼球，引诱跟风盘进场接盘，同时也是便于下一个交易日（高开）更好地继续出货。对于这类个股，投资者在尾盘股价出现拉升时，不能盲目跟进买入，防止被高位套牢。

对于其他通过拉尾盘上涨的个股，如果股价处于底部（相对低位）或回调洗盘到位后，投资者可以在尾盘股价出现拉升时，及时跟庄进场，适当买入筹码，短线持有。对于股价处于高位或者已经在构筑顶部的个股，切勿盲目跟进，手中有筹码的投资者要及时逢高出局。

图1-36是中国卫通（601698）2023年3月13日星期一下午收盘时的分时走势图，该股当日尾盘（下午14:18）拉出涨停板，由于此时股价在K线走势上已经处于高位，投资者切勿在主力机构尾盘拉升时盲目跟进，手中有筹码的投资者可以趁当日涨停板卖出手中筹码或在次日逢高清仓。

图1-36 中国卫通（601698）分时走势图

图 1-37 是中国卫通（601698）2023 年 3 月 13 日星期一下午收盘时的 K 线走势图，当日收出大阳线涨停板，但此时股价已高，投资者切勿盲目跟进，手中有筹码的投资者应该逢高卖出。

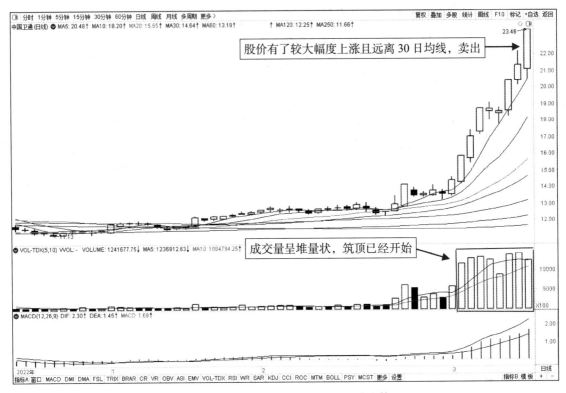

图 1-37　中国卫通（601698）日 K 线走势图

# 第二章 基本趋势及操盘策略

## 一、股票基本趋势判断与反转

### 1.股票基本趋势的分类

这里所说的股票基本趋势，以 K 线走势为基础，指的是个股运行的整体态势，是个股在长期走势中形成的单边行情，不管是从日 K 线还是从周 K 线或月 K 线甚至年 K 线来看，都是运行较长时间的一种趋势，这种趋势就是基本趋势。股票的基本趋势可以分为上涨趋势、下跌趋势和横盘振荡整理趋势三种情况。当然，大盘的基本趋势也可以同样分类。

图 2-1 是西安饮食（000721）2022 年 12 月收盘时的月 K 线走势图。从 K 线走势可以看出，该股从 2018 年 6 月开始展开横盘振荡整理走势，至 2022 年 10 月展开上涨行情，横盘振荡整理时间长达四年零四个月。主力机构从 2022 年 10 月开始拉升股价，至 2022 年 12 月底股价见顶，拉升时间（在拉升过程中，主力机构有洗盘、补仓、出货等操

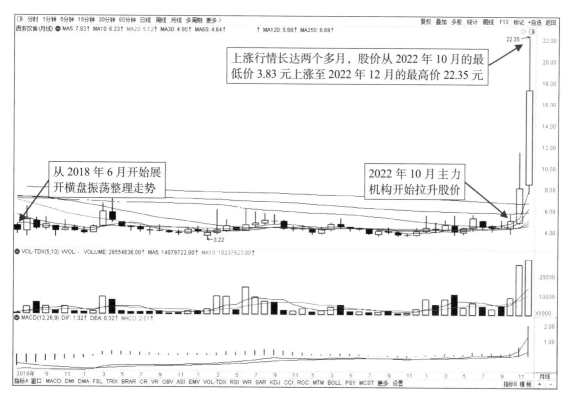

图 2-1　西安饮食（000721）日 K 线走势图

盘过程）持续两个多月，股价从 2022 年 10 月的最低价 3.83 元上涨至 2022 年 12 月的最高价 22.35 元，涨幅十分可观。

### 2. 股票基本趋势的判断

实战操盘跟庄过程中，首先要判断大盘和个股的趋势，即后市走向。正常情况下，大盘和个股都不会朝任何方向直线延伸，指数或股价运行的特征就是曲折向前，就像一条蜿蜒的小路，有山谷、有陡坡，也有坦途。

从指数和个股股价的 K 线走势看，上升趋势就是这些波浪状的 K 线向上运行，一浪比一浪高，每一浪的高点比前一浪高，低点也是一个比一个高。如果将每一浪的高点和低点分别画出两条直线，就形成了一条上升通道。下降趋势则相反，指数和个股股价的 K 线波浪向下运行，一浪比一浪低，每一浪的高点一个比一个低，低点也是一个比一个低。如果将每一浪的高点和低点分别画出两条直线，就形成了一条下跌通道。而指数和个股股价横盘振荡整理趋势的 K 线波浪是横向振荡向前，浪不大，每一浪的高低点参差不齐，如果将每一浪的高点和低点分别画出两条直线，就形成了一个振荡整理平台。

图 2-2 是中央商场（600280）2023 年 8 月 1 日星期二下午收盘时的 K 线走势图。从 K 线走势可以看出，该股从 2023 年 4 月 19 日开始展开下跌走势，至 2023 年 5 月 17 日收

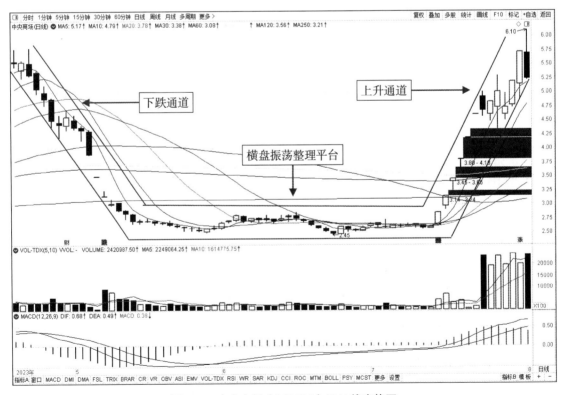

图 2-2　中央商场（600280）日 K 线走势图

出一颗阳十字星开始止跌，形成下跌通道。之后股价展开横盘振荡整理走势，至 2023 年
7 月 14 日收出一个大阳线涨停板，启动上涨行情，其间形成横盘振荡整理平台。主力机构
从 2023 年 7 月 14 日启动拉升行情，股价快速上涨，至 2023 年 8 月 1 日股价见顶，形成
上升通道。

个股股价上升趋势的开始可能由个股的底部开始，也可能是初中期上涨后洗盘回调企
稳之后的中继。底部启动的形态，通常有 V 形底、W 底或三重底以及圆弧底等。V 形底
是股价大幅下跌之后的反转形态，而 W 底或三重底以及圆弧底则是股价下跌之后经过较
长时间筑底形成的。

对投资者来说，目前 A 股市场可操作的区间只有上升趋势，因为横盘振荡整理趋势做
高抛低吸难度较大，且没多少获利空间，做下跌趋势的反弹，危险系数更大。所以，炒股
就炒强势股，积极把握上升趋势，少做横盘振荡整理趋势的高抛低吸，不做下跌趋势的反弹。

图 2-3 是中国卫通（601698）2023 年 2 月 22 日星期三下午收盘时的 K 线走势图。这
是一个股价初期上涨过程中回调洗盘形成 W 底 K 线形态的实战案例。在软件上将该股整
个 K 线走势图缩小后可以看出，股价从前期高位，即 2020 年 8 月 4 日的最高价 27.30 元
振荡下跌，至 2022 年 4 月 27 日的最低价 8.70 元止跌企稳，下跌时间长，跌幅大。

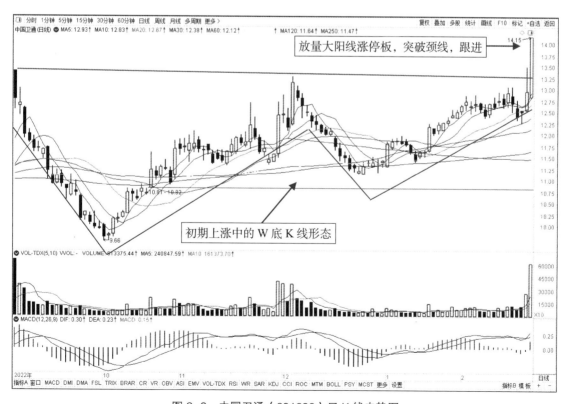

图 2-3　中国卫通（601698）日 K 线走势图

2022 年 4 月 27 日股价止跌企稳后，主力机构开始推升股价，收集筹码。9 月 5 日该股大幅高开（13.38 元开盘），股价回落展开调整洗盘，成交量呈萎缩状态，回落至 10 月 10 日最低价 9.66 元形成第一个底部。之后主力机构开始推升股价，继续收集筹码，12 月 6 日该股低开（当日最高价为 13.07 元），股价冲高回落再次展开回调洗盘，成交量呈逐步萎缩状态，回落至 12 月 23 日最低价 11.13 元再次止跌企稳，形成第二个底部。此时胆子稍大一些的投资者，可以跟庄进场买入部分筹码建仓。随着成交量开始缓慢放大，股价逐步上涨，于 2023 年 2 月 22 日收出一个大阳线涨停板，突破前期高点（颈线），成交量较前一交易日放大两倍以上，W 底 K 线形态成立。此时，均线呈多头排列，均线量、MACD、KDJ、RSI 等各项技术指标走强，股价的强势特征已经十分明显。像这种情况，投资者可以在当日跟庄抢板或在次日跟庄进场加仓买进筹码。

### 3. 及时发现和把握股票趋势的反转

（1）趋势反转。趋势反转标志着当前趋势的结束和新趋势的开始。就大势（大盘指数）来说，朝原趋势的相反方向反转，分为向上反转和向下反转，即由空头行情转为多头行情，由熊市转变为牛市，或由多头行情转为空头行情，由牛市转变为熊市。

从个股股价来讲，由下跌趋势转向上升趋势，股价启动上涨行情，投资者应该积极参与。由上升趋势转为下跌趋势，股价开始下跌走势，投资者应尽快出局观望。趋势反转可以发生在任何时间段内，投资者要及时把握可能产生反转的各类因素。

（2）趋势反转的因素。趋势反转的因素较多，这里分析几种实战操盘中常见的也是非常重要的趋势反转因素。

①技术背离。

技术背离主要指技术面上的一些指标的背离形态，如均线、MACD、KDJ、RSI 等技术指标形态的背离。技术背离分为底背离和顶背离，底背离出现在价格的低位，是买入信号，顶背离出现在价格的高位，是卖出信号。

当个股出现底背离形态时，说明个股即将结束下跌趋势，开启上涨趋势，比如均线、MACD、KDJ、RSI 等技术指标出现底背离。

图 2-4 是青木股份（301110）2022 年 10 月 13 日星期四下午收盘时的 K 线走势图。这是一个均线底背离形态实战案例（均线背离是指个股的股价走势与均线的走势短期内呈相反关系的形态）。在软件上将该股整个 K 线走势图缩小后可以看出，该股 2022 年 3 月 11 日上市，由于大盘连续下跌，当日该股 85.00 元开盘（当日最高上冲至 85.20 元开始回落，79.00 元收盘），然后一路振荡下跌，至 2022 年 10 月 11 日的最低价 32.90 元止跌企稳，下跌时间较长，跌幅大，尤其是下跌后期的几个交易日，主力机构借助大盘下跌之势，加

速杀跌洗盘，此时均线呈空头排列形态。

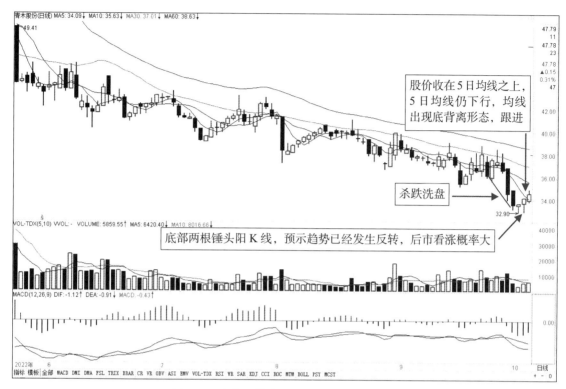

图 2-4　青木股份（301110）日 K 线走势图

2022 年 10 月 11 日股价止跌企稳当日及次日（10 月 12 日）该股连续收出两根小锤头阳 K 线，成交量逐步放大，预示趋势已经发生反转，后市看涨概率大。

10 月 13 日截图当日，该股低开，收出一根小阳线，成交量较前一交易日放大，股价向上突破 5 日均线，且收在 5 日均线上方，突破有效。但此时 5 日均线仍向下移动，股价收盘收在 5 日均线之上，形成了股价与 5 日均线的底背离形态。均线底背离形态形成后，预示该股即将展开一波上涨或反弹行情，投资者可以在当日股价突破 5 日均线之后或在次日跟庄进场买进筹码，买入筹码后要注意盯盘，跟踪观察股价的变化。

当个股出现顶背离形态时，说明个股即将结束上涨趋势，开启下跌趋势，比如均线、MACD、KDJ、RSI 等技术指标出现顶背离。

图 2-5 是深科技（000021）2023 年 7 月 18 日星期二下午收盘时的 K 线走势图。这是一个 MACD 指标顶背离形态实战案例。在软件上将该股整个 K 线走势图缩小后可以看出，股价从前期相对高位，即 2020 年 7 月 13 日的最高价 28.88 元，一路振荡下跌，至 2022 年 4 月 27 日的最低价 8.67 元止跌企稳，下跌时间长，跌幅大。

2022 年 4 月 27 日股价止跌企稳后，主力机构开始推升股价，股价曲折上行，至 2023 年 6 月 1 日最高价 23.52 元开始盘整下跌（当日股价比前期高点即 2023 年 4 月 11 日的最高价 22.24 元要高）。此时，MACD 指标形成顶背离形态（MACD 顶背离指的是股价创出了新高，而 MACD 指标却没有创出新高），并且从 K 线、量能、均线、资金流等指标均可判断是顶背离形态。2023 年 7 月 18 日，股价跌破 5 日均线且 5 日均线走平，下跌行情正式开启。

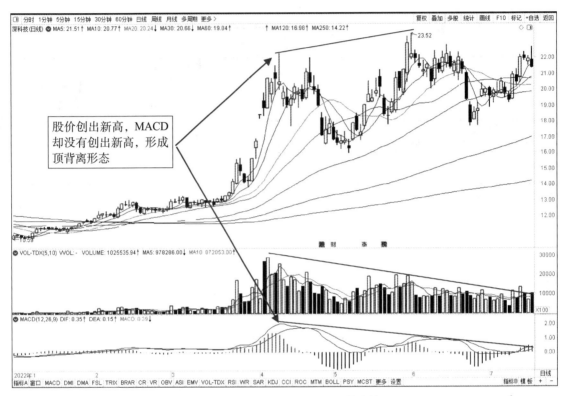

图 2-5　深科技（000021）日 K 线走势图

值得投资者注意的是，指标背离的情况一般出现在强势行情中比较可靠，就是价格在高位时，一般只需要出现一次顶背离形态，即可确认为反转形态，而价格在低位时，一般要反复出现多次底背离才可以确认反转形态。比如 MACD 指标顶背离，股价在高价位时，通常只要出现一次顶背离形态即可确认股价即将反转。而股价在低位时的底背离，一般要反复出现几次底背离后才能确认。所以，MACD 指标顶背离研判的准确性和可靠性要高于底背离。

另外，各种技术指标的有效性、滞后性不尽相同，进行技术指标分析时，要结合 K 线、均线、量能、资金流等指标进行综合研判，对判断行情反转的可靠性要高一些。

②反转形态。

个股趋势的反转可以通过 K 线形态表现出来。比如个股底部区域走出 V 形底、W 底、三重底、圆弧底、头肩底、岛形底、箱体底等底部 K 线形态时，就预示底部反转信号已经出现，个股即将展开一波上涨行情（或反弹行情），投资者可结合均线、成交量、MACD等指标进行分析，在股价放量突破颈线后或在突破颈线回抽确认后跟庄进场买进筹码，买入筹码后要注意盯盘。

图 2-6 是金智科技（002090）2022 年 7 月 4 日星期一下午收盘时的 K 线走势图。这是一个 V 形底反转 K 线形态实战案例。在软件上将该股整个 K 线走势图缩小后可以看出，股价从前期相对高位，即 2021 年 11 月 5 日的最高价 11.31 元，一路振荡下跌。由于受当时大盘下跌调整的影响，在该股下跌的后期，主力机构大幅打压股价，连续收出五根阴线，均线呈空头排列状态，V 形底 K 线形态左侧部分形成。2022 年 4 月 27 日，该股低开收出一根中阳线，股价下探至当日最低价 6.29 元止跌企稳，成交量较前一交易日明显放大，底部反转信号已经出现，该股即将展开一波上涨行情，至少应该有一波反弹行情，激进的投资者可以开始分批买进筹码，此后股价振荡上行。

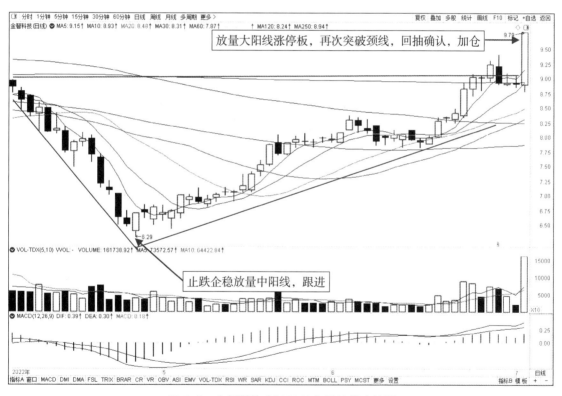

图 2-6 金智科技（002090）日 K 线走势图

2022 年 6 月 28 日，该股平开收出一根中阳线，股价突破前高（颈线），成交量较前一交易日放大。6 月 29 日，该股低开收出一根大阴线，成交量较前一交易日萎缩，主力机构回调洗盘，成交量呈萎缩状态。

2022 年 7 月 4 日截图当日，该股低开收出一个大阳线涨停板，吞没之前三根阴阳 K 线，再次突破颈线，形成大阳线涨停 K 线形态，成交量较前一交易日放大，回抽确认。像这种情况，投资者可以在当日跟庄抢板或在次日择机跟庄进场买入筹码。

图 2-7 是恒大高新（002591）2022 年 7 月 20 日星期三下午收盘时的 K 线走势图。这是一个底部箱体反转 K 线形态实战案例。在软件上将该股整个 K 线走势图缩小后可以看出，股价经过前期大幅横盘振荡然后挖坑，至 2022 年 4 月 27 日最低价 4.06 元止跌企稳后，主力机构快速向上推升股价，继续收集筹码。

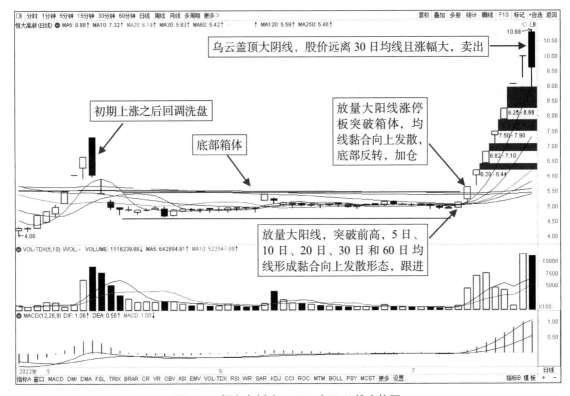

图 2-7　恒大高新（002591）日 K 线走势图

2022 年 5 月 12 日，该股涨停开盘，股价回落（从分时走势看，当日下午 13:30 涨停板第二次被砸开，股价振荡下跌），收出一根几乎跌停的大阴线（收盘涨幅 -9.16%），成交量较前一交易日明显放大，主力机构回调洗盘，成交量呈逐渐萎缩状态。

2022 年 5 月 17 日，该股高开收出一根小锤头阴 K 线，成交量较前一交易日萎缩，之后主力机构再次展开横盘振荡洗盘吸筹行情，构筑底部箱体，成交量呈间断性放（缩）量状态。

2022 年 7 月 8 日，底部箱体构筑两个多月后，当日该股平开，收出一根大阳线，突破前高，成交量较前一交易日放大，当日 5 日、10 日、20 日、30 日和 60 日均线形成均线黏合向上发散形态，预示底部反转信号即将出现。像这种情况，投资者可以在当日跟庄进场逢低买入筹码。

2022年7月11日，该股高开，收出一个大阳线涨停板，突破前高（箱体），成交量较前一交易日放大，形成大阳线涨停K线形态，当日股价突破由5日、10日、20日、30日和60日均线形成的均线黏合向上发散形态，底部反转信号已经出现。像这种情况，投资者可以在当日跟庄抢板或在次日择机跟庄进场买入筹码。之后，主力机构快速向上拉升股价。

当个股在高位出现头尖顶（急跌）、M顶、圆弧顶、头肩顶、箱体顶（高位振荡盘整出货）、岛形顶等顶部K线形态时，是一种明确的见顶信号（也要结合均线、成交量、MACD等指标进行综合分析），个股将结束上涨趋势，开启下跌趋势，投资者要及时卖出手中筹码，落袋为安。

图2-8是通达动力（002576）2023年1月31日星期二下午收盘时的K线走势图。这是一个头尖顶反转K线形态实战案例。在软件上将该股整个K线走势图缩小后可以看出，该股从前期相对低位，即2018年10月19日的最低价7.53元，展开大幅振荡盘升行情，主力机构高抛低吸赚取差价盈利与洗盘吸筹并举，成交量呈间断性放（缩）量状态。

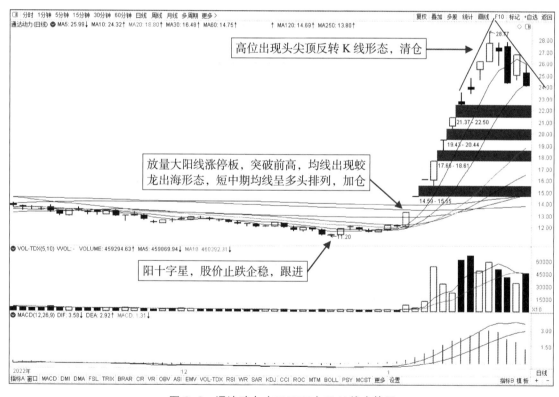

图2-8　通达动力（002576）日K线走势图

2022年8月10日（大幅振荡盘升3年9个多月后），当日该股平开，股价冲高至当日最高价21.14元回落，展开回调洗盘行情，成交量呈萎缩状态。

2022年12月23日，该股低开，收出一颗阳十字星，股价探至当日最低价11.20元止跌企稳，成交量较前一交易日萎缩，当日换手率只有 0.97%。此时，投资者可以跟庄进场，逢低分批买入筹码。

2023 年 1 月 5 日，该股低开，收出一个大阳线涨停板，突破前高，成交量较前一交易日放大四倍以上，形成大阳线涨停 K 线形态。当日股价向上突破 5 日、10 日、20 日、30 日、60 日和 90 日均线（一阳穿六线），120 日和 250 日均线在股价上方下行，均线蛟龙出海形态形成。此时，短中期均线呈多头排列，MACD、KDJ 等各项技术指标走强，股价的强势特征已经十分明显，底部反转信号已经出现。像这种情况，投资者可以在当日跟庄抢板或在次日择机跟庄进场买入筹码。之后，主力机构快速向上拉升股价。

2023 年 1 月 18 日，此时股价已大幅上涨，当日该股平开，股价冲高回落（从当日分时走势看，盘中股价一度触及涨停板），收出一根长上影线阳 K 线，成交量较前一交易日明显放大，加上前一交易日收出的长下影线锤头阳 K 线涨停板，预示股价即将结束上涨行情，开启下跌趋势，投资者要在当日或次日及时卖出手中筹码，落袋为安。

2023 年 1 月 19 日，该股低开，收出一颗阴十字星，成交量较前一交易日萎缩。1 月 20 日，该股高开，股价回落跌停，收出一根看跌吞没跌停大阴线，成交量较前一交易日萎缩，下跌趋势基本形成。像这种情况，投资者如果手中还有筹码没有出完的，次日一定要逢高清仓。

2023 年 1 月 31 日截图当日，该股大幅低开（向下跳空 5.72% 开盘），股价回落跌停，收出一根带上影线的跌停大阴线，成交量较前一交易日明显放大，至此，头尖顶反转 K 线形态（也称倒 V 形反转 K 线形态）形成，趋势反转确认。

图 2-9 是光明地产（600708）2023 年 8 月 7 日星期一下午收盘时的 K 线走势图。这是一个顶部箱体反转 K 线形态实战案例。在软件上将该股整个 K 线走势图缩小后可以看出，股价从前期相对高位，即 2022 年 11 月 30 日的最高价 2.81 元，一路振荡下跌，至 2023 年 6 月 27 日的最低价 2.04 元止跌企稳，下跌时间较长，跌幅较大，下跌期间有过多次较大幅度的反弹。

2023 年 6 月 27 日股价止跌企稳后，主力机构开始向上推升股价，收集筹码，然后展开横盘整理洗盘吸筹行情。

2023 年 7 月 19 日，该股高开，收出一个大阳线，突破平台和前高，成交量较前一交易日明显放大，当日股价向上突破 5 日、10 日、20 日、30 日和 60 日均线（一阳穿五线），90 日、120 日和 250 日均线在股价上方下行，均线蛟龙出海形态形成。此时，短期均线呈多头排列，MACD、KDJ 等各项技术指标走强，股价的强势特征已经相当明显，底部反转信号已经出现。像这种情况，投资者可以在当日或次日跟庄进场逢低买进筹码。之后，主力机构快速向上推升股价。

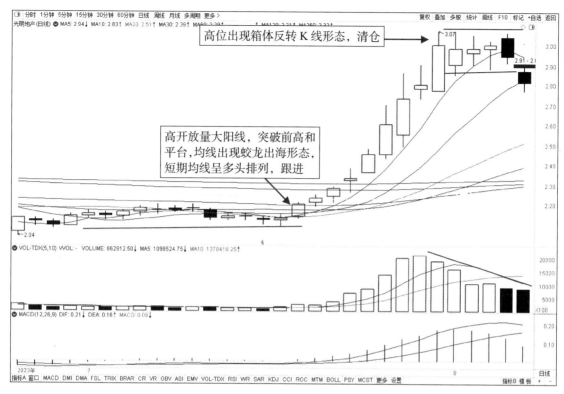

图 2-9　光明地产（600708）日 K 线走势图

2023 年 8 月 1 日，此时股价已大幅上涨，当日该股大幅低开（向下跳空 3.33% 开盘），股价冲高回落收出一根假阳真阴螺旋桨 K 线（高位的螺旋桨 K 线又称为变盘线或转势线，高位假阳真阴，千万小心），成交量较前一交易日萎缩，预示顶部信号出现。8 月 2 日、3 日，该股连续收出两颗阳十字星，成交量大幅萎缩，明显是主力机构在高位通过横盘整理出货，构筑顶部箱体。

2023 年 8 月 4 日，该股高开，股价冲高回落收出一根中阴线，成交量较前一交易日萎缩，当日股价跌破且收在 5 日均线的下方，5 日均线拐头向下，顶部箱体反转 K 线形态出现。像这种情况，投资者如果手中还有筹码当日没有出完的，次日一定要逢高清仓，换成其他强势个股。

2023 年 8 月 7 日截图当日，该股大幅低开（向下跳空 2.38% 开盘），股价冲高回落，收出一根略带上下影线的大阴线，成交量较前一交易日萎缩，留下向下突破缺口，当日股价跌破且收在 10 日均线的下方，均量线、MACD、KDJ 等各项技术指标走弱，股价的弱势特征已经十分明显。至此，顶部箱体反转 K 线形态形成，趋势反转确认。

③标志性反转 K 线。

这里所说的标志性反转 K 线，主要是指单根标志性反转 K 线，但在分析个股反转趋势时，要耐心等待下一个时间单位的看涨（跌）信号对它加以验证，比如早晨之星（黄昏之星）K线组合等。一些典型的K线或K线组合，会不断地重复出现，如果掌握了这些规律，将在很大程度上提高操盘跟庄的胜算。

当个股底部或相对低位出现放量大阳线涨停板、放量大阳线、锤头线、十字星（早晨之星）、T形线（蜻蜓线）等标志性K线时，预示股价见底，反转上升，投资者要结合均线、成交量、MACD、KDJ等指标进行综合分析，对趋势反转信号加以验证确认后，再跟庄进场买进筹码，买入筹码后要注意盯盘。

图2-10是国缆检测（301289）2023年8月1日星期二下午收盘时的K线走势图。这是一个巨量大阳线涨停板启动底部反转行情的实战案例。在软件上将该股整个K线走势图缩小后可以看出，该股2022年6月22日上市，开盘价54.00元（当日股价冲高至最高价54.88元回落），以48.57元收盘，此后该股展开大幅振荡整理行情。2023年5月31日，该股有过一次每10股派现金5.00元、每10股送转股比例3股的除权除息，之后主力机构再次展开小幅横盘整理行情，洗盘吸筹，K线走势呈红多绿少态势，底部逐渐抬高。

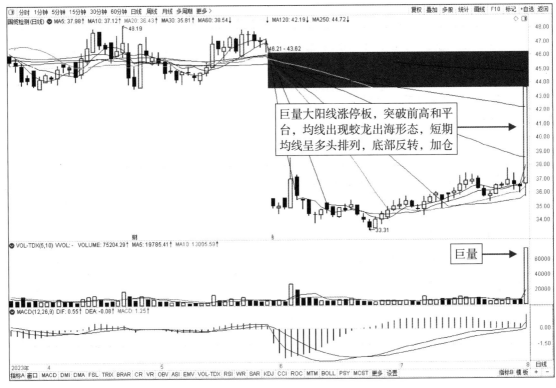

图2-10　国缆检测（301289）日K线走势图

2023年8月1日截图当日，该股高开，收出一个大阳线涨停板（涨幅20%），突破前高和平台，成交量较前一交易日放大，形成大阳线涨停K线形态。当日股价向上突破5日、10日、20日、30日、60日、90日和120日均线（一阳穿七线），250日均线在股价上方下行，均线蛟龙出海形态形成。此时，短期均线呈多头排列，均量线、MACD、KDJ、RSI 等各项技术指标走强，股价的强势特征已经相当明显，底部反转信号已经出现。像这种情况，投资者可以在当日跟庄抢板或在次日择机跟庄进场买入筹码。之后，主力机构快速向上拉升股价。

　　图 2-11 是大华股份（002236）2023 年 1 月 16 日星期一下午收盘时的 K 线走势图。这是一根巨量大阳线启动底部反转行情的实战案例。在软件上将该股整个 K 线走势图缩小后可以看出，股价从前期相对高位，即 2021 年 12 月 14 日的最高价 26.65 元，一路振荡下跌，至 2022 年 10 月 11 日的最低价 11.13 元止跌企稳，下跌时间较长，跌幅大。

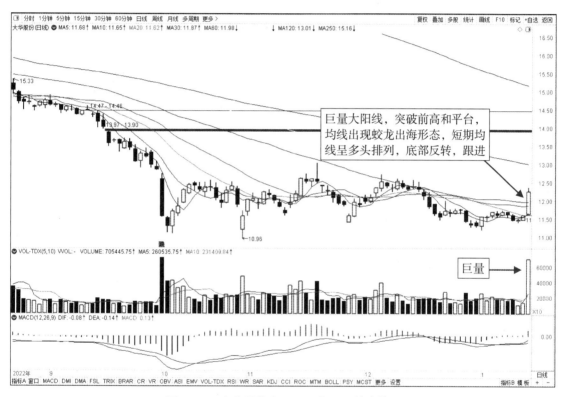

图 2-11　大华股份（002236）日 K 线走势图

　　2022 年 10 月 11 日股价止跌企稳后，主力机构开始向上推升股价，收集筹码，然后展开横盘整理洗盘吸筹行情，成交量呈间断性放（缩）量状态。

　　2023 年 1 月 16 日截图当日，该股高开，收出一根大阳线（涨幅 5.69%），突破前高和平台，成交量较前一交易日放大五倍以上，当日股价向上突破 5 日、10 日、20 日、30 日和 60 日均线（一阳穿五线），90 日、120 日和 250 日均线在股价上方下行，均线蛟龙出海形态形成。此时，短期均线呈多头排列，均量线、MACD、KDJ、RSI 等各项技术指标走强，股价的强势特征已经相当明显，底部反转信号已经出现。像这种情况，投资者可以在当日或次日跟庄进场逢低买入筹码。之后，主力机构开始向上推升股价。

当个股走势在高位出现乌云盖顶大阴线、看跌吞没大阴线、十字星（黄昏之星）、锤头K线（吊颈线或上吊线）、倒锤头K线（射击之星）、螺旋桨K线（变盘线或转势线）、T形线（蜻蜓线）等标志性K线时，说明股价已经见顶，上涨乏力，个股行情即将反转，开启下跌走势，投资者要结合均线、成交量、MACD、KDJ等指标进行综合分析，对趋势反转信号加以验证确认后，及时卖出手中筹码，换成其他强势股。

图2-12是新华文轩（601811）2023年5月5日星期五下午收盘时的K线走势图。这是一根阴十字星（黄昏之星）显现见顶信号开启下跌趋势的实战案例。在软件上将该股整个K线走势图缩小后可以看出，股价从前期相对高位，即2019年3月13日的最高价16.99元，一路振荡下跌，至2021年7月30日的最低价8.07元止跌企稳，下跌时间长，跌幅大。之后，主力机构展开大幅振荡盘升和快速拉升行情。

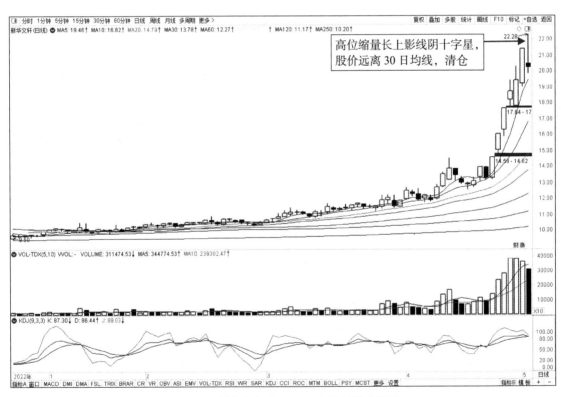

图2-12 新华文轩（601811）日K线走势图

2023年5月5日截图当日，该股大幅低开（向下跳空4.21%开盘），股价冲高至当日最高价22.28元回落，收出一颗长上影线阴十字星，成交量较前一交易日萎缩。此时，股价远离30日均线，均量线、KDJ等部分技术指标开始走弱，股价的弱势特征已经显现，顶部反转信号出现。像这种情况，投资者如果手中还有筹码当日没有出完的，次日一定要逢高清仓，换成其他强势个股。

图 2-13 是山东出版（601019）2023 年 5 月 5 日星期五下午收盘时的 K 线走势图。这是一根螺旋桨阴 K 线显现见顶信号开启下跌趋势的实战案例。在软件上将该股整个 K 线走势图缩小后可以看出，股价从前期相对高位，即 2019 年 4 月 17 日的最高价 9.77 元，一路振荡下跌，至 2021 年 7 月 29 日的最低价 5.18 元止跌企稳，下跌时间长，跌幅大。之后，主力机构展开大幅振荡盘升和快速拉升行情。

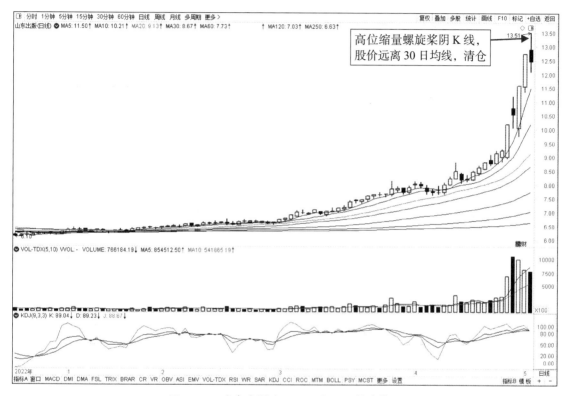

图 2-13　山东出版（601019）日 K 线走势图

2023 年 5 月 5 日截图当日，该股高开，股价冲高至当日最高价 13.51 元回落，收出一根螺旋桨阴 K 线，成交量较前一交易日萎缩。此时，股价远离 30 日均线，均量线、KDJ 等部分技术指标开始走弱，股价的弱势特征已经显现，顶部反转信号出现。像这种情况，投资者如果手中还有筹码当日没有出完的，次日一定要逢高清仓，换成其他强势个股。

## 二、个股上涨态势操盘策略

### 1.上涨态势

上涨态势由波浪（段）组成。个股上涨态势的形成至少需要两个实体低点，并且这次的实体低点要比前一次的低点高，两个实体低点的连线即为上升趋势线，也就是上升通道的下轨。

个股股价在此后的运行过程中还会通过出现高点和低点（主力机构行为），对上涨趋势的角度进行修正。对于某一段趋势本身来说，角度具有单一性，但对于整个上涨过程来说它又包含多个不同角度的上涨趋势（即多浪组成）。每一次上涨趋势的低点（即回调），都为投资者提供了一次跟庄进场逢低买入筹码的机会。

### 2. 标准上涨态势和非标准上涨态势

（1）标准上涨态势。标准上涨态势是指底部抬高的同时高点再创出新高，或突破前期下跌阻力位（高点），没有突破前期下跌阻力位（高点）的为非标准上涨态势。

图 2-14 是游族网络（002174）2023 年 1 月 10 日星期二下午收盘时的 K 线走势图。在软件上将该股整个 K 线走势图缩小后可以看出，股价从前期相对高位，即 2022 年 1 月 7 日的最高价 15.88 元，一路振荡下跌，至 2022 年 10 月 11 日的最低价 7.15 元止跌企稳，下跌时间较长，跌幅大。

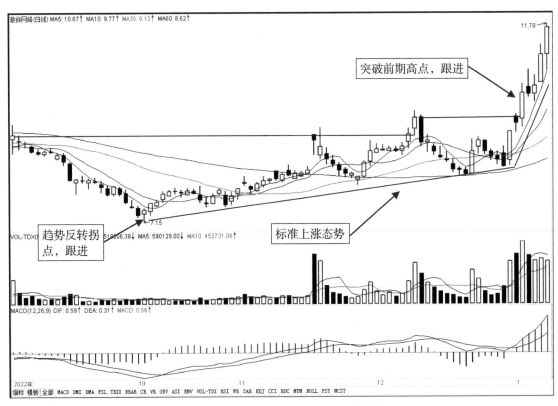

图 2-14　游族网络（002174）日 K 线走势图

2022 年 10 月 11 日股价止跌企稳后，主力机构开始向上推升股价，收集筹码，K 线走势呈红多绿少态势，底部逐渐抬高。

2022 年 11 月 17 日，该股以涨停开盘，股价突破前期高点回落（从当日分时走势看，上午 9:50 涨停板被砸开），主力机构回调洗盘。

2022 年 12 月 9 日，该股高开，股价冲高回落（再次突破前期高点），收出一根螺旋桨阳 K 线，主力机构再次回调洗盘。

2023 年 1 月 4 日，该股高开，收出一根大阳线（收盘涨幅 7.63%），突破前高，成交量较前一交易日明显放大。此时，均线（除 250 日均线外）呈多头排列，均量线、MACD、KDJ、RSI 等技术指标走强，股价的强势特征已经相当明显，标准上涨态势确立。像这种情况，投资者可以在当日或次日跟庄进场逢低买入筹码。

值得投资者注意的是，拉升过程中，主力机构采取的是突破阻力位（前期高点）后回调洗盘的方式，来消化前期获利盘和套牢盘的，每次回调到位后（比如 2022 年 11 月 29 日、12 月 22 日和 12 月 30 日），都是跟庄进场的好时机。

（2）非标准上涨态势。非标准上涨态势，即没有突破前期下跌阻力位（前期高点）的上涨态势。对于非标准上涨态势，一般情况下，投资者最好先跟踪观察股价走势，待突破前期下跌阻力位（前期高点）之后，再逢低跟庄进场买入筹码。当然，激进型投资者也可以在非标准上涨态势确立后，逢低跟进。

图 2-15 是中航电测（300114）2022 年 11 月 14 日星期一下午收盘时的 K 线走势图。在软件上将该股整个 K 线走势图缩小后可以看出，股价从前期相对高位，即 2022 年 8 月

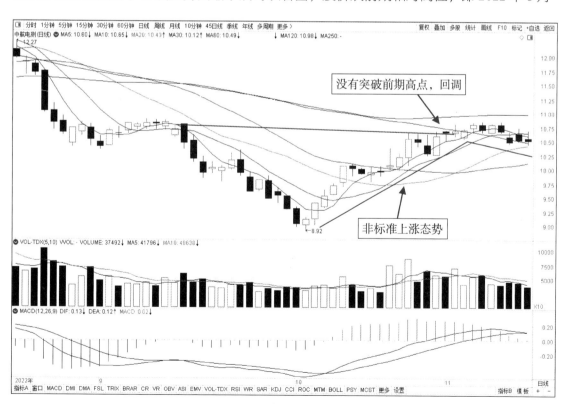

图 2-15　中航电测（300114）日 K 线走势图

10 日的最高价 12.52 元，一路下跌，至 2022 年 10 月 11 日的最低价 8.92 元止跌企稳，下跌时间虽然不长，但跌幅较大。

2022 年 10 月 11 日股价止跌企稳后，主力机构开始向上推升股价，收集筹码，K 线走势呈红多绿少态势，底部逐渐抬高。

2022 年 11 月 4 日，该股高开，股价冲高回落收出一根小阳线（当日收盘价 10.80 元，没有突破前期高点即 2022 年 9 月 13 日的收盘价 10.83 元），主力机构回调洗盘。像这种情况，投资者可以待回调结束，股价止跌企稳之后再跟庄进场逢低买入筹码。

### 3. 用趋势线把握上升趋势中出现的买点

个股底部趋势反转，即股价止跌上涨后，可以采用画趋势线的方法，来把握上升趋势中出现的买点。

上升趋势线的画法简单，即找两个回调低点（波谷），连成一条直线，要求除了两个低点外，这段行情中的其他 K 线（股价），原则上都不能跌破这条上升趋势线。如果股价跌破上升趋势线，就意味着上升行情可能结束，接下来可能是下跌，也可能是盘整，但不管怎样，此时应该考虑卖出手中筹码。

一般情况下，刚开始的初期上涨行情比较缓慢，中继行情速度会变快，等到股价快见顶时，主力机构一般会有一个快速拉升的过程。从趋势线来看，就是刚开始的趋势线比较平缓，然后慢慢变陡，最后可能会非常陡峭。

所以，在画趋势线跟踪股价时，也要根据上升行情的发展变化进行调整，尽可能贴近股价的实际走势，这样对短线实战跟庄操盘才有益处。

图 2-16 是南天信息（000948）2022 年 10 月 19 日星期三下午收盘时的 K 线走势图。在软件上将该股整个 K 线走势图缩小后可以看出，股价从前期相对高位，即 2022 年 1 月 25 日的最高价 19.71 元，振荡下跌（调整），至 2022 年 4 月 27 日的最低价 9.60 元止跌企稳，下跌时间虽然不长，但跌幅大。

2022 年 4 月 27 日股价止跌企稳当日，该股收出一根大阳线（收盘涨幅 5.70%），成交量较前一交易日明显放大，意味着趋势反转。之后，主力机构开始向上推升股价，收集筹码。从 K 线走势看，整个上升趋势可以分为初期上涨、加速上涨和快速拉升三个阶段，前两个阶段伴随着回调洗盘吸筹，拉升阶段后期伴随着主力机构边拉边出，直至股价见顶。

上升趋势中，股价每次回调结束，重新收在 5 日均线之上时，都是跟庄进场买入筹码的好时机，如 2022 年 7 月 19 日、8 月 5 日、9 月 2 日、9 月 15 日、9 月 29 日和 10 月 11 日。

2022 年 10 月 19 日截图当日，该股大幅高开（向上跳空 4.01% 开盘），股价略冲高后即回落，收出一根乌云盖顶大阴线（高位乌云盖顶大阴线为见顶信号），收盘涨幅 -8.24%，

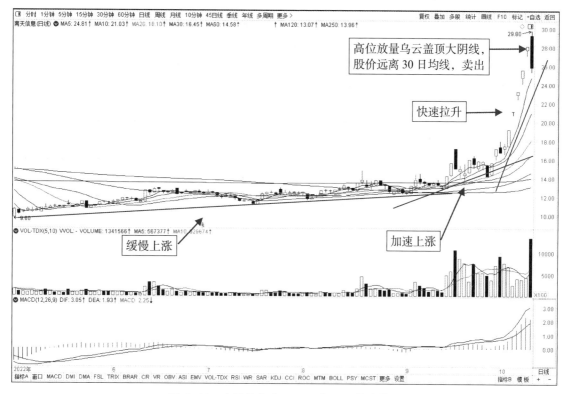

图 2-16　南天信息（000948）日 K 线走势图

成交量较前一交易日放大三倍以上。此时，股价远离 30 日均线且涨幅大，MACD、KDJ、RSI 等技术指标开始走弱，盘口的弱势特征已经显现。像这种情况，投资者如果手中还有筹码当天没有出完的，次日应该逢高卖出。

### 4. 上涨初中期个股的操盘策略

个股股价前期下跌时间较长，且跌幅较大，止跌企稳（出现标志性反转 K 线或横盘振荡整理过程中走出标志性反转 K 线形态）后，出现温和放量、阳多阴少、红多绿少，底部逐渐抬高的走势，表明初期上涨行情已经展开。初期上涨行情之后，主力机构一般会展开回调洗盘吸筹（或横盘振荡整理洗盘吸筹）行情，回调不破上升趋势线（或跌破马上拉回），且每次回调低点一个比一个高，中期上升趋势形成。上涨初中期，投资者应该采取以下操盘策略。

（1）上涨初期温和放量，阳多阴少，投资者可以在此过程中适量买入筹码，轻仓跟进，短线操盘。

（2）波段操盘时短线卖出筹码后要逢低回补，以防踏空。

图 2-17 是坚朗五金（002791）2019 年 2 月 14 日星期四下午收盘时的 K 线走势图。在软件上将该股整个 K 线走势图缩小后可以看出，股价从前期高位，即 2016 年 12 月 1 日

的最高价72.93元，一路振荡下跌，至2018年10月15日的最低价8.56元止跌企稳，下跌时间长，跌幅大，其间有过多次较大幅度的反弹行情。

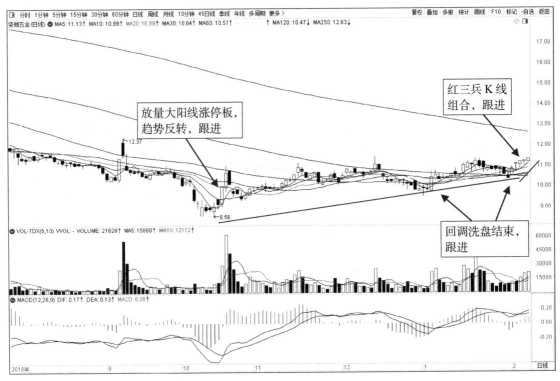

图2-17 坚朗五金（002791）日K线走势图

2018年10月15日股价止跌企稳后，该股展开小幅整理，继续洗盘吸筹。10月22日，该股低开，收出一个大阳线涨停板，成交量较前一交易日放大两倍以上，趋势反转确认，投资者可以开始逢低分批买入筹码，短线操盘。之后，主力机构开始向上推升股价，收集筹码，展开初期上涨行情。初期上涨过程中，主力机构展开了两次回调洗盘吸筹行情，第二次低点比第一次低点高，股价没有跌破上升趋势线，两次回调结束，股价重新收在5日均线之上时，都是跟庄进场买入筹码的好时机。

2019年2月12日、13日、14日三根股价连续创出新高的小阳线形成红三兵K线组合，三根小阳线依次上涨，每一根小阳线的收盘价都高于前一交易日的收盘价，且开盘价在前一交易日的阳线实体内，形成稳步上升态势，成交量呈温和放大状态，股价的强势特征已经相当明显。像这种情况，投资者可以在当日或次日跟庄进场逢低加仓买进筹码。

（3）对于股价有效突破前高（比如前期下跌密集成交区）且站稳在60日均线之上，短中期均线呈多头排列的个股，投资者可以加仓买入筹码。

（4）在上涨初中期，因研判失误错过行情时，也可以在后面的操盘过程中，采取补仓的方式来补救。

图 2-18 是坚朗五金（002791）2019 年 9 月 5 日星期四下午收盘时的 K 线走势图。从该股 K 线走势可以看出，2019 年 2 月 12 日、13 日、14 日三根股价连续创出新高的小阳线形成红三兵 K 线组合之后，股价继续振荡上行，但回调洗盘幅度越来越深，浪形越来越大，说明主力机构洗盘力度大，做多决心大，便于后市继续拉升。

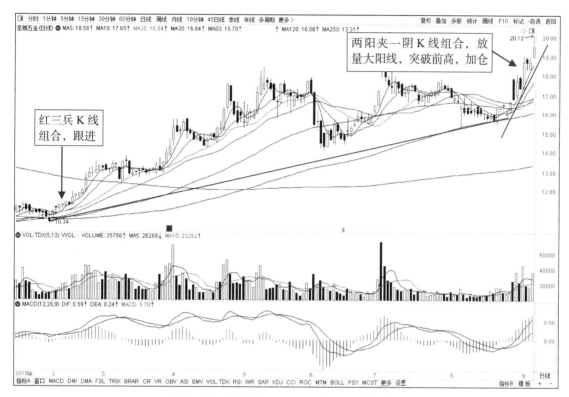

图 2-18  坚朗五金（002791）日 K 线走势图

投资者可以在股价每上涨一个波段之后，出现如长上影线 K 线、螺旋桨 K 线、高开回落中小阴线时，先卖出手中筹码，待股价缩量回调到位时再将筹码接回来。

2019 年 8 月 29 日、30 日和 9 月 2 日三根 K 线形成两阳夹一阴 K 线组合，9 月 3 日、9 月 4 日股价小幅整理了两个交易日。

2019 年 9 月 5 日截图当日，该股高开，收出一根长上影线大阳线，突破前高，成交量较前一交易日放大近两倍。此时，均线呈多头排列，MACD、KDJ、RSI 等技术指标走强，股价的强势特征已经非常明显，后市持续快速上涨的概率大。像这种情况，投资者可以在当日或次日跟庄进场逢低买入筹码。

（5）中继行情后期，如果出现跳空高开大阳线涨停板或一字涨停板（T 字板），应该是主力机构即将或已经开启快速拉升行情，投资者可以积极追涨买入。

图 2-19 是工业富联（601138）2023 年 6 月 20 日星期二下午收盘时的 K 线走势图。

在软件上将该股整个K线走势图缩小后可以看出，股价从前期相对高位，即2020年1月22日的最高价21.00元，一路振荡下跌，至2022年10月31日的最低价7.80元止跌企稳，下跌时间长，跌幅大，其间有过多次较大幅度的反弹行情。

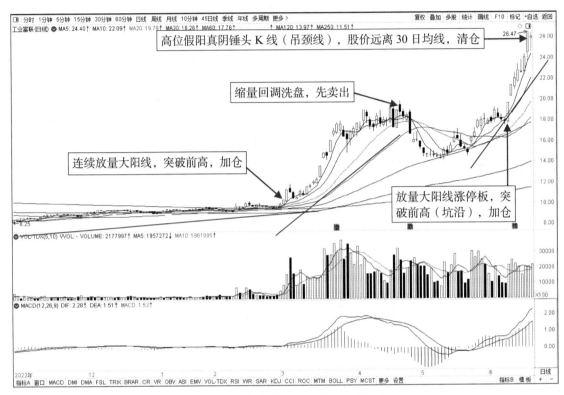

图2-19 工业富联（601138）日K线走势图

2022年10月31日股价止跌企稳后，主力机构开始向上推升股价，收集筹码，展开初期上涨行情。初期上涨过程中，主力机构展开了多次回调洗盘吸筹行情，每次回调结束，股价重新收在5日均线之上时，都是跟庄进场买入筹码的好时机。

2023年3月1日、3月2日，该股连续收出两根大阳线，突破前高，成交量呈连续放大状态，股价的强势特征已经非常明显。像这种情况，投资者可以积极跟庄进场逢低加仓买进筹码，短线波段操盘。

2023年4月21日、4月24日，该股连续收出两根螺旋桨阴K线，成交量呈萎缩状态，主力机构展开回调（挖坑）洗盘行情，投资者可以先卖出手中筹码，待股价缩量回调到位后再将筹码接回来。

2023年6月9日，该股平开，收出一个大阳线涨停板，突破前高（坑沿），成交量较前一交易日放大两倍以上，形成大阳线涨停K线形态。此时，均线呈多头排列，MACD、KDJ等技术指标走强，股价的强势特征已经非常明显，主力机构正式启动快速拉升行情。

像这种情况，投资者可以在当日跟庄抢板或在次日择机跟庄进场买入筹码。

2023 年 6 月 20 日截图当日，该股大幅低开（向下跳空 2.23% 开盘），收出一根假阳真阴小锤头 K 线（高位锤头 K 线又称吊颈线，高位假阳真阴，千万小心），成交量较前一交易日略有放大。此时，股价远离 30 日均线且涨幅大，均量线、KDJ 等部分技术指标开始走弱，股价的弱势特征已经显现，股价出现见顶信号。像这种情况，投资者如果手中还有筹码当日没有出完的，次日一定要逢高清仓，换成其他强势个股。

## 三、个股横盘振荡整理态势操盘策略

### 1. 横盘振荡整理态势

横盘振荡整理态势，指的是股价保持在一个箱体区间内，呈小幅波动（振荡），涨跌幅不大且没有出现明显的突破上涨或突破下跌（即上升或下降趋势），等待突破方向。横盘振荡整理的时间长短不一，有些幅度较大的横盘振荡整理时间可长达半年甚至一年以上，有些幅度较小的振荡整理（盘整）时间，可能也就几个交易日。

### 2. 横盘振荡整理态势的分类及操盘策略

横盘振荡整理态势，一般可以分为低位或底部的横盘振荡整理、上涨途中的横盘振荡整理、高位或顶部的横盘振荡整理、下跌途中的横盘振荡整理四种情况。投资者要根据不同位置的横盘振荡整理形态，有针对性地展开操盘。

（1）低位或底部的横盘振荡整理。

个股经过较长时间的下跌之后，此时手中还有筹码的投资者会死扛等待股价反弹，成交量萎缩，股价再也跌不动了。主力机构通过横盘振荡整理的操盘手法，继续洗盘且慢慢低吸，股价在一个箱体区间小幅振荡，等待突破时机。经过一段时间的横盘振荡整理后，底部形态形成。这种底部形态一般有箱体底、W 底、三重底、头肩底以及圆弧底等形态。

图 2-20 是老白干酒（600559）2020 年 5 月 13 日星期三下午收盘时的 K 线走势图。在软件上将该股整个 K 线走势图缩小后可以看出，股价从前期相对高位，即 2019 年 4 月 8 日的最高价 20.86 元，一路振荡下跌，至 2020 年 3 月 19 日的最低价 8.10 元止跌企稳，下跌时间较长，跌幅大。

2020 年 3 月 19 日股价止跌企稳后，主力机构展开小幅横盘振荡整理行情，继续洗盘吸筹，K 线走势呈红多绿少态势，均线由下行逐渐走平，然后慢慢拐头上行，底部呈现出箱体整理形态。

2020 年 5 月 13 日截图当日，该股低开，收出一根大阳线，突破前高和箱体，成交量较前一交易日放大三倍以上，股价收在 60 日均线之上。此时，短期均线呈多头排列，均量线、

MACD、KDJ等技术指标已经走强，股价的强势特征已经显现，预示该股将走出一波上升行情。像这种情况，投资者可以在当日或次日跟庄进场买入筹码，持股待涨。

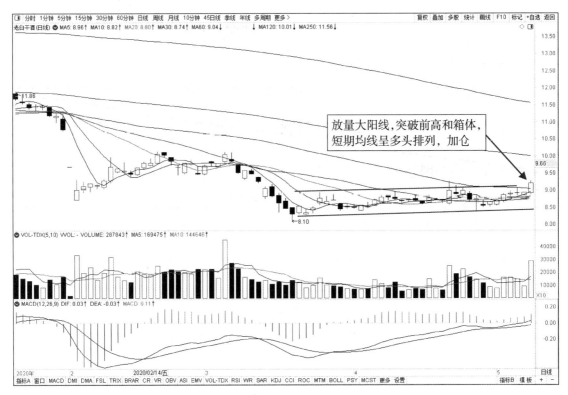

图 2-20　老白干酒（600559）日 K 线走势图

（2）上涨途中的横盘振荡整理。

个股经过初期上涨之后，股价已经有了一定的涨幅，主力机构为了清洗获利盘和套牢盘，会展开横盘振荡整理洗盘补仓行情，横盘振荡整理时间一般不会太长，成交量呈萎缩状态。量能萎缩到一定程度后，横盘振荡整理行情结束，主力机构继续向上拉升股价。上涨途中的横盘振荡整理形态，一般为向上突破平台、上升三角形、上升旗形等 K 线形态。上涨途中主力机构横盘振荡整理开始后，有筹码的投资者可以先卖出手中筹码，待横盘振荡整理结束后，再将筹码接回来。

图 2-21 是中交地产（000736）2022 年 3 月 23 日星期三下午收盘时的 K 线走势图。在软件上将该股整个 K 线走势图缩小后可以看出，股价从前期相对高位，即 2019 年 4 月 11 日的最高价 13.64 元，一路振荡下跌，至 2021 年 11 月 8 日的最低价 4.70 元止跌企稳，下跌时间长，跌幅大，其间有过多次较大幅度的反弹行情。

2021 年 11 月 8 日股价止跌企稳后，主力机构开始向上推升股价，收集筹码，展开初期上涨行情。初期上涨过程中，主力机构展开了两次回调洗盘吸筹行情。

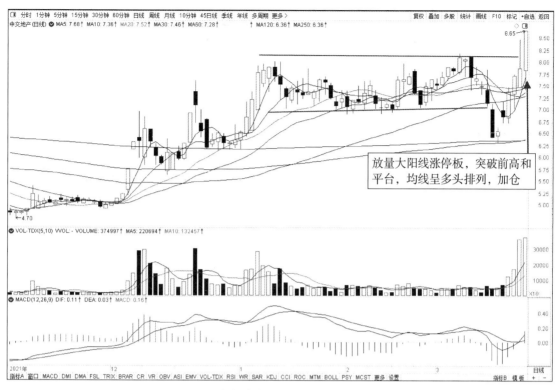

放量大阳线涨停板，突破前高和平台，均线呈多头排列，加仓

图 2-21　中交地产（000736）日 K 线走势图

2022 年 1 月 12 日，该股平开，股价冲高回落，收出一根螺旋桨阴 K 线，主力机构展开初期上涨之后横盘振荡整理（挖坑）洗盘补仓行情，成交量呈萎缩状态。横盘振荡整理开始后，有筹码的投资者可以先卖出手中筹码，待横盘振荡整理结束后，再将筹码接回来。

2022 年 3 月 23 日截图当日，该股低开，收出一个大阳线涨停板，突破前高和平台，成交量较前一交易日放大，形成大阳线涨停 K 线形态。此时，均线呈多头排列，均量线、MACD、KDJ、RSI 等技术指标走强，股价的强势特征已经相当明显，主力机构正式启动拉升行情。像这种情况，投资者可以在当日跟庄抢板或次日择机跟庄进场买入筹码。

（3）高位或顶部的横盘振荡整理。

个股经过较长时间的上涨后，一般是中期上涨或最后拉升之后，涨幅已经较大，此时股价出现放量滞涨情况，主力机构开始在高位横盘振荡整理（盘整）。主力机构的操盘意图和目的，在于通过高位振荡整理，使投资者认为振荡整理之后股价还将继续上涨，以此麻痹投资者，从而达到以时间换空间，高位高价悄悄出货的目的。股市谚语有"久盘必跌"的说法，说的就是高位的横盘振荡整理。为此，投资者如果发现所持个股股价涨幅较大，出现高位横盘振荡整理情况，可以先卖出手中筹码，待高位横盘振荡整理结束且出现明显上涨信号时，可以适量参与，但要注意盯盘，情况不妙，立马出局。高位横盘振荡整理出现的形态，一般为箱体顶、圆弧顶等 K 线形态。

图 2-22 是英飞拓（002528）2023 年 2 月 1 日星期三下午收盘时的 K 线走势图。在软件上将该股整个 K 线走势图缩小后可以看出，股价从前期相对高位，即 2020 年 3 月 10 日的最高价 6.18 元，一路振荡下跌，至 2022 年 4 月 27 日的最低价 2.73 元止跌企稳，下跌时间长，跌幅大，其间有过多次较大幅度的反弹行情。

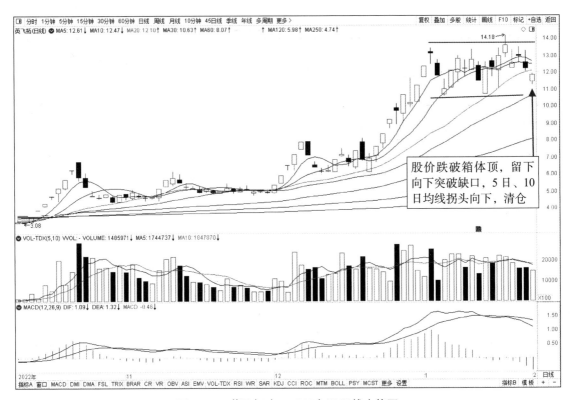

图 2-22　英飞拓（002528）日 K 线走势图

2022 年 4 月 27 日股价止跌企稳后，主力机构开始向上推升股价，收集筹码。

2022 年 10 月 13 日，该股涨停开盘，收出一个一字涨停板，突破前高，留下向上突破缺口，成交量较前一交易日大幅萎缩，形成向上突破缺口和一字涨停 K 线形态。此时，均线呈多头排列，MACD、KDJ 等技术指标走强，股价的强势特征已经相当明显，主力机构已经启动拉升行情。像这种情况，投资者可以在当日跟庄抢板或在次日择机跟庄进场买入筹码。

拉升过程中，主力机构展开了三次回调洗盘吸筹行情，股价回调开始后，有筹码的投资者可以先卖出手中筹码。每次回调结束，股价重新站上 5 日均线时，都是跟庄进场接回筹码的好时机。

2023 年 1 月 4 日，该股大幅高开（向上跳空 6.97% 开盘），收出一颗假阴真阳十字星（高位十字星又称黄昏之星），成交量较前一交易日放大两倍以上。此时，股价远离 30 日均线且涨幅大，投资者可以在当日或次日逢高先卖出手中筹码。随后，主力机构展开高位横盘振荡整理行情。

2023 年 2 月 1 日截图当日，该股大幅低开（向下跳空 6.16% 开盘），收出一根假阳真阴 K 线，留下向下跳空突破缺口，股价跌破高位横盘振荡整理平台（箱体顶），成交量较前一交易日略萎缩，高位横盘振荡整理行情结束，下跌行情开启。此时，5 日、10 日均线拐头向下，均量线、MACD、KDJ、RSI 等技术指标已经走弱，股价的弱势特征相当明显。像这种情况，投资者如果手中还有筹码当日没有出完的，次日一定要逢高清仓，换作其他强势个股。

（4）下跌途中的横盘振荡整理。

股价上涨至高位后，开始反转为下跌走势。一般情况下，主力机构对目标股票采取打压出货的话，下跌途中横盘振荡整理后出现反弹的概率要大一些，且反弹幅度也较大，而主力机构对目标股票采取边拉边出货或高位横盘振荡整理出货的话，下跌途中横盘振荡整理的时间较短且出现反弹的概率较小。个股下跌途中横盘振荡整理或反弹之后，股价仍将继续下跌。实战操盘中，不管个股下跌途中是否展开横盘振荡整理或反弹，投资者最好不要参与处于下跌通道的个股。当然，在顶部区域没来得及卖出手中筹码的投资者，可以趁股价反弹时及时逢高卖出。

图 2-23 是山西路桥（000755）2022 年 9 月 8 日星期四下午收盘时的 K 线走势图。在软件上将该股整个 K 线走势图缩小后可以看出，股价从前期相对高位，即 2019 年 4 月 29 日的最高价 6.12 元，一路振荡下跌，至 2021 年 2 月 5 日的最低价 2.87 元止跌企稳，下跌时间长，跌幅大，其间有过多次较大幅度的反弹行情。

2021 年 2 月 5 日股价止跌企稳后，主力机构开始向上推升股价，收集筹码，然后展开大幅振荡盘升行情。

2021 年 12 月 17 日，该股高开，股价冲高至当日最高价 5.23 元回落，收出一根螺旋桨阳 K 线，展开回调（回调末期开始横盘振荡整理）洗盘行情。

2022 年 6 月 29 日，该股平开，收出一根上影线大阳线（盘中一度触及涨停，收盘涨幅 7.05%），突破前高和平台，成交量较前一交易日放大近四倍。当日股价向上穿过 5 日、10 日、20 日、30 日、60 日和 250 日均线（一阳穿六线），90 日、120 日均线在股价上方下行，均线蛟龙出海形态形成。此时，短期均线呈多头排列，均量线、MACD、KDJ、RSI 等技术指标走强，股价的强势特征相当明显，后市快速上涨的概率大。像这种情况，投资者可以在当日或次日跟庄进场逢低分批买进筹码。

2022 年 6 月 30 日、7 月 1 日、7 月 4 日和 7 月 5 日，主力机构连续调整了四个交易日，成交量呈大幅萎缩状态。7 月 6 日，该股高开，收出一个大阳线涨停板，突破前高，

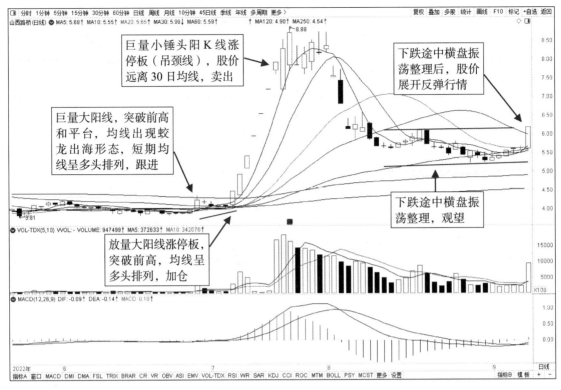

图 2-23　山西路桥（000755）日 K 线走势图

成交量较前一交易日放大四倍以上，形成大阳线涨停 K 线形态，且当日大阳线涨停板与 6 月 29 日的放量大阳线，形成变异的上升三法 K 线形态。此时，短中期均线呈多头排列，MACD、KDJ、RSI 等技术指标走强，股价的强势特征非常明显，后市快速上涨的概率大。像这种情况，投资者可以在当日股价即将涨停时跟庄抢板买进，或在次日择机跟进买入筹码。此后，主力机构快速向上拉升股价。

2022 年 7 月 14 日，该股大幅跳空高开（向上跳空 7.06% 开盘），收出一根小锤头阳 K 线涨停板（高位或相对高位的锤头线又称为上吊线或吊颈线），成交量较前一交易日放大（前一交易日为缩量一字涨停板）。此时，股价远离 30 日均线且涨幅大，KDJ 等部分技术指标开始走弱，盘口的弱势特征开始显现。像这种情况，投资者如果手中还有筹码当日没有出完的，次日应该逢高卖出。此后，主力机构展开了高位短期横盘振荡整理筑顶行情。

2022 年 8 月 2 日，该股跌停开盘（股价盘中有所反弹），收出一根假阳真阴长上影线倒锤头 K 线，留下向下跳空突破缺口，成交量较前一交易日略有放大，高位横盘振荡整理行情结束，下跌行情开启。此时，5 日均线拐头向下，均量线、MACD、KDJ、RSI 等技术指标已经走弱，股价的弱势特征相当明显。像这种情况，投资者如果手中还有筹码当日没有出完的，次日一定要逢高清仓。

2022 年 8 月 11 日，该股高开，收出一根假阴真阳十字星，股价探至当日最低价 5.63

元止跌，展开下跌途中的横盘振荡整理行情。

2022 年 9 月 8 日截图当日，该股低开，收出一个放量大阳线涨停板，突破前高，展开下跌途中横盘振荡整理之后的反弹行情，此时的反弹行情是暂时的，股价短期反弹之后将继续下跌。手中还有筹码的投资者，可以趁股价反弹时择机逢高卖出。

## 四、个股下跌态势操盘策略

前面已经分析了股价上涨至高位后，趋势反转（上升趋势转为下跌趋势）时可能出现的一些标志性信号，比如高位出现乌云盖顶大阴线、看跌吞没大阴线、十字星（黄昏之星）、锤头 K 线（吊颈线或上吊线）等标志性 K 线，高位出现头尖顶（急跌）、M 顶、圆弧顶、头肩顶、箱体顶（高位振荡盘整出货）、岛形顶等顶部 K 线形态信号时，说明股价上涨乏力，已经见顶，个股行情已经或者即将反转，开启下跌走势。

实战操盘中，对于股价已经见顶或趋势已经反转下跌的个股，投资者应该持观望态度。股市谚语有"下跌不言底"的说法，说的就是下跌趋势形成后，底部可能遥遥无期，一定不要与趋势对抗。

### 1. 下跌态势

趋势反转（上升趋势转为下跌趋势）时，除可能出现的一些顶部 K 线或 K 线形态等标志性信号外，高位如出现后底比前底降低、后顶比前顶降低的走势，也是明显的反转（下跌）态势。

图 2-24 是平煤股份（601666）2022 年 9 月 27 日星期二下午收盘时的 K 线走势图。在软件上将该股整个 K 线走势图缩小后可以看出，该股顶部形态已经形成，高位已经出现后底比前底降低和后顶比前顶降低的态势，是明显的反转（下跌）趋势。

### 2. 规避处于下跌趋势中的个股

如果市场大势不好，可以采取彻底观望的态度，因为休息也是一种战术。目前沪深北股市 5000 多只股票，投资者完全可以规避已经处于下跌趋势的个股，而选择正处于上升初期或上升中期的强势个股，展开短线操作，因为下跌趋势中的个股是无法确定何时能够见底的。

图 2-25 是远大控股（000626）2022 年 4 月 15 日星期五下午收盘时的 K 线走势图。在软件上将该股整个 K 线走势图缩小后可以看出，股价从前期相对高位，即 2021 年 12 月 31 日的最高价 25.65 元，一路下跌，其间连个像样的反弹都没有，一直"跌跌不休"，像这种前期涨幅很大的个股，顶部趋势反转后，就应该马上规避。

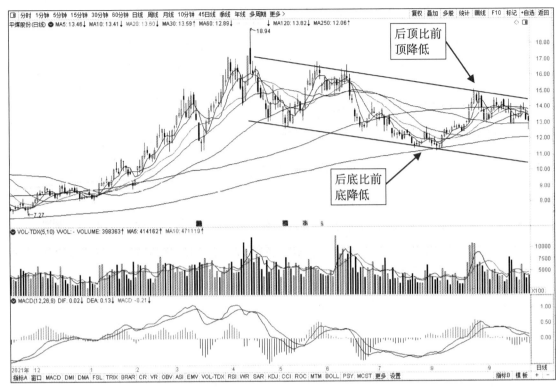

图 2-24　平煤股份（601666）日 K 线走势图

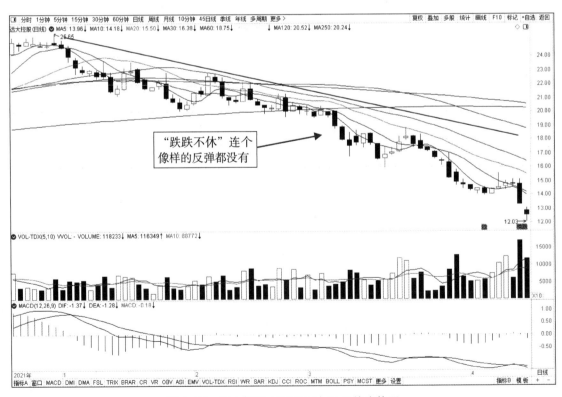

图 2-25　远大控股（000626）日 K 线走势图

### 3.对处于下跌趋势中的个股不能盲目抄底或抢反弹

个股由多头转入空头，下跌趋势形成，相当长时间的熊市走势是必然的，下跌途中偶尔出现反弹，也只能是昙花一现。这种股票非常可怕，在下跌趋势没有反转之前，千万不能盲目抄底或抢反弹，而判断底部形成最好的依据就是趋势发生反转。实战操盘中，对于下跌途中的反弹，投资者不要对其抱有大幅上涨的幻想，也不要被该股短期的反弹行为所诱惑。

图 2-26 是中集集团（000039）2022 年 7 月 7 日星期四下午收盘时的 K 线走势图。在软件上将该股整个 K 线走势图缩小后可以看出，该股从前期相对高位，即 2021 年 9 月 14 日的最高价 21.70 元，一路振荡下跌，其间有两次较大幅度的反弹，但都无功而返，无法扭转已经形成的下跌趋势。

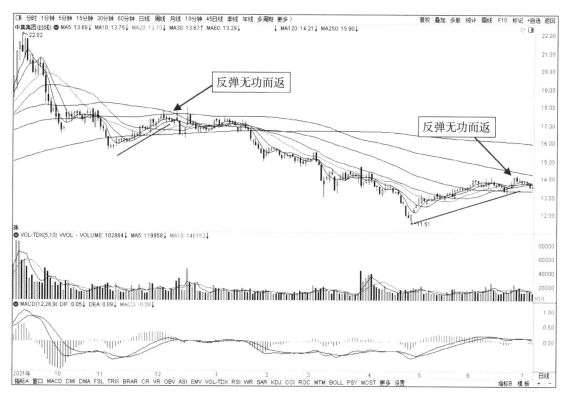

图 2-26　中集集团（000039）日 K 线走势图

# 第三章　陷阱的识别和规避

　　股市中陷阱很多，但许多投资者踏入的陷阱，是由于其投资心理或投资规划不合理造成的，比如太贪心、交易情绪化、缺乏耐心、投资过于分散、不会空仓等待等，随着投资经历的丰富，这些陷阱也会慢慢被克服和规避。

　　这里，主要分析在实战操盘跟庄过程中，如何识别和规避主力机构给投资者布下的陷阱。比如，股价在低位时，如何识别主力机构拉升前的空头陷阱，股价到了高位时又如何规避主力机构设置的多头陷阱等。要识别和规避主力机构设置的多空陷阱，投资者要多学习多研究，要综合运用政策面、基本面、技术面等各方因素，准确研判行情走势（主要分析研判个股趋势和股价所处的位置），谨慎决策和跟庄。

## 一、骗线陷阱的识别与规避

### 1.骗线陷阱

　　骗线陷阱，是指主力机构利用投资者相信图表的心理，故意拉抬或打压股价，制造出走势完美或不忍直视的股票路径图，诱骗那些主要靠分析图表进行投资决策的投资者掉入陷阱，从而实现其低位吸筹、高位出货等操盘意图和目的。主力机构的操盘手法真真假假、虚虚实实，真吸假出、假拉实抛，尤其是在出货过程中经常采用各种骗线手法，引诱跟风盘进场接盘。骗线陷阱主要有 K 线骗线、均线骗线、指标骗线、图形（K 线形态）骗线、盘口数据骗线、分时骗线等。这里重点分析 K 线骗线、均线骗线和指标骗线三种情况。

### 2.K 线骗线

　　K 线是记录单位时间内股价变化情况的一种柱状线，表示一定时间内股价的波动情况，投资者多会依据一根或多根 K 线组合或形态来预测股价后市走向，而主力机构往往利用投资者的这种心理进行骗线。

　　比如，长上影线阳 K 线一般表示价格冲高回落，上方压力大，上涨受阻，虽然收盘价仍高于开盘价，但上方有阻力，应该视为弱势。主力机构就经常利用投资者的这种心理认知进行骗线。

　　图 3-1 是兴民智通（002355）2022 年 6 月 22 日星期三下午收盘时的 K 线走势图。在软件上将该股整个 K 线走势图缩小后可以看出，股价从前期相对高位，即 2021 年 4 月 9

日的最高价 7.87 元，一路振荡下跌，至 2022 年 4 月 27 日的最低价 3.42 元止跌企稳，下跌时间长，跌幅大。

2022 年 4 月 27 日股价止跌企稳后，主力机构开始向上推升股价，收集筹码，K 线走势呈红多绿少态势。

2022 年 5 月 26 日，该股平开，股价直接回落，跌停收盘，收出一根跌停大阴线，成交量较前一交易日萎缩，主力机构展开回调洗盘行情。

2022 年 6 月 13 日，该股高开，收出一个大阳线涨停板，突破前高，成交量较前一交易日放大三倍以上，回调洗盘行情，主力机构继续向上推升股价。

2022 年 6 月 22 日截图当日，该股低开，股价冲高回落，收出一根长上影线小阳线，收盘价为 5.32 元，成交量较前一交易日萎缩，加上前一交易日收出的一根放量假阳真阴长上影线 K 线，且两日收盘价都没有突破前高（2022 年 5 月 25 日收出一个大阳线涨停板当日的最高价 5.40 元）。盯盘的投资者，看到该股这种走势，估计很多人在当日都不敢买进筹码，甚至有很多人因为害怕股价回调，在当日卖出了手中筹码。其实这就是主力机构的一种骗线行为，也是一种振仓洗盘吸筹（试盘）的手法，故意连续两天收出长上影线 K 线，不突破前高，制造上方压力沉重，即将展开回调走势的气氛，使投资者不敢进场买进筹码，同时引诱已经入场的投资者卖出手中筹码。

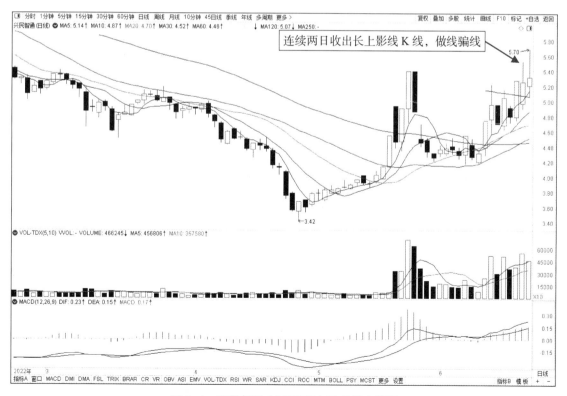

图 3-1　兴民智通（002355）日 K 线走势图

再比如长下影线阳 K 线，一般表示下方买盘力量强劲，支撑力度大。主力机构也经常利用投资者这种心理认知，在股价上涨至高位或顶部区域时，故意拉出长下影线阳线，来完成骗线行为。

图 3-2 是会稽山（601579）2022 年 5 月 11 日星期三下午收盘时的 K 线走势图。在软件上将该股整个 K 线走势图缩小后可以看出，股价从前期相对高位，即 2021 年 6 月 7 日的最高价 14.61 元，一路振荡下跌，至 2022 年 4 月 12 日的最低价 8.87 元止跌企稳，下跌时间较长，跌幅大。

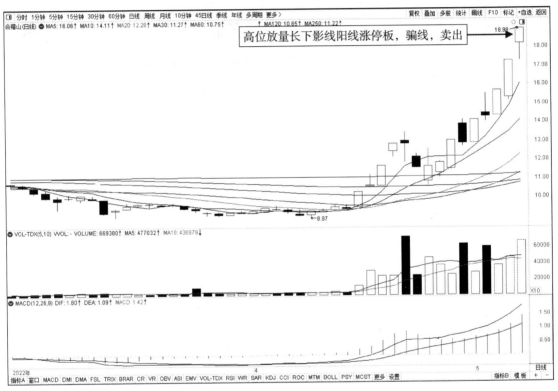

图 3-2　会稽山（601579）日 K 线走势图

2022 年 4 月 12 日股价止跌企稳后，主力机构开始向上拉升股价，其间有过一次回调洗盘，回调洗盘结束后，再次快速向上拉升股价。

2022 年 5 月 11 日截图当日，该股大幅高开（向上跳空 5.45% 开盘），收出一个长下影线阳线涨停板，成交量较前一交易日大幅放大。此时，均线呈多头排列，MACD、KDJ 等技术指标强势，从盘面上看，股价的强势特征非常明显。但打开该股当日的分时走势图就可以看出，早盘大幅高开后，于 9:46、9:56 两次触及涨停板，10:13 封上涨停板，10:37 涨停板被大卖单砸开，此后股价展开高位振荡，偶尔触及涨停板，13:31 大幅跳水，尾盘拉升封回涨停板。从分时盘口可以看出，主力机构在当日出了不少货，尾盘拉升封回涨停板，一方面是给投资者造成一种该股依然强势的盘感，另一方面是为了下一个交易日更好地出货。当日的这根长下影线涨停阳 K 线，实际上就是主力机构的一种骗线，目的是吸引投资者眼球，把投资者骗进去接盘。

从黄金 K 线理论上讲，低位或相对低位出现的放量长下影线 K 线和高位或相对高位出现的放量长下影线 K 线，性质是完全不同的。低位或相对低位的放量长下影线 K 线，往往是做多力量大规模进场造成的，意味着资金进场，股价将上涨，是一种确认性的买进信号，这种 K 线也称为定海神针。高位或相对高位出现的放量长下影线 K 线，往往是主力机构大幅出货，而后在尾盘拉回形成的，目的是做盘给投资者看，并不是一种强承接力或强支撑，这种 K 线也称为空方试探或吊颈线（上吊线）。

图 3-3 是中青旅（600138）2023 年 5 月 24 日星期三下午收盘时的 K 线走势图。这是一个股价在下跌途中出现长下影线 K 线的实战案例。在软件上将该股整个 K 线走势图缩小后可以看出，股价从前期相对低位，即 2021 年 8 月 2 日的最低价 8.91 元，一路振荡盘升，至 2022 年 12 月 14 日收出一根长上影线阳 K 线（当日最高价至 16.88 元），开始高位振荡整理。2023 年 1 月 30 日，该股收出一根断头铡刀大阴线，展开下跌行情。

图 3-3 中青旅（600138）日 K 线走势图

股价下跌过程中的 2023 年 2 月 1 日、4 月 25 日、5 月 4 日、5 月 8 日以及 5 月 22 日，分别收出了长下影线阴（阳）K 线，但股价却依然走低，没有止跌的意思。所以，对于处于下跌趋势中的个股，最正确的做法就是采取规避观望的态度，不能盲目进场抢反弹。

### 3. 均线骗线

均线是根据不同交易天数 K 线收盘价的加权平均得到的，如 5 日均线就是把五个交易日收盘价相加，然后除以 5 得到的。

主力机构能利用 K 线进行骗线，同样可以利用均线布下陷阱，进行骗线。均线相对于 K 线（股价）来说，还有一个滞后性的缺陷，所以在分析判断行情趋势和买卖点时，不能仅凭均线走势的强弱来做决策。比如 5 日均线，一定要等 K 线（股价）走完五个交易日，才发生反应和新的变化，这就比股价滞后了五个交易日。所以，每当 5 日均线从底部拐头向上或短期均线向上穿过长期均线形成金叉时，股价已经上行了一段时间，此时跟庄进场买进筹码，基本属于追涨。实战操盘中，可以在股价向上突破且收在 5 日均线上方当日（即 5 日均线底背离当日）跟庄进场买入筹码。相反，当 5 日均线从顶部拐头向下或短期均线向下穿过长期均线形成死叉时，此时股价已经下跌了一段时间，这时卖出筹码，基本属于杀跌。当然，如果股价走势已经反转（形成下跌走势），此时卖出筹码，也是正确的做法。实战操盘中，可以在股价向下跌破 5 日均线当日（即 5 日均线顶背离当日）卖出筹码。

主力机构除了利用均线滞后性缺陷，在股价的底部和顶部进行骗线外，还常常利用回调洗盘时"股价有效跌破 5 日均线 3 日不能收复，则利用反抽 5 日均线的机会卖出"的均线理论，进行骗线，目的在于清洗获利盘和套牢盘，拉高市场平均持股成本，减轻后期拉升压力。

图 3-4 是北京文化（000802）2022 年 5 月 5 日星期四下午收盘时的 K 线走势图。这是一个 5 日均线底背离的实战案例。在软件上将该股整个 K 线走势图缩小后可以看出，股价从前期相对高位，即 2021 年 12 月 8 日的最高价 5.36 元，一路振荡下跌，至 2022 年 4 月 27 日的最低价 3.26 元止跌企稳，下跌时间不长，但跌幅较大。

2022 年 4 月 27 日股价止跌企稳后，主力机构开始推升股价，收集筹码。4 月 28 日，继续下跌，收出一根缩量中阴线，4 月 29 日，该股平开收出一根中阳线，股价止跌企稳。

5 月 5 日截图当日，该股低开，收出一根中阳线，股价向上突破 5 日均线，且收在 5 日均线上方，突破有效。此时，股价虽然有了小幅上涨，但 5 日均线仍向下移动（均线呈空头排列），股价收盘收在 5 日均线之上，形成了股价与 5 日均线的底背离形态。

实战操盘中，由于均线滞后性的缺陷，在均线底背离形态形成后（虽然 5 日均线仍向下移动，且均线呈空头排列），就预示该股即将展开一波上涨行情（至少是反弹行情），投资者可以不等 5 日均线勾头上行，在股价突破 5 日均线当日或次日跟庄进场逢低分批买进筹码，买入筹码后要注意盯盘，跟踪观察股价的变化。

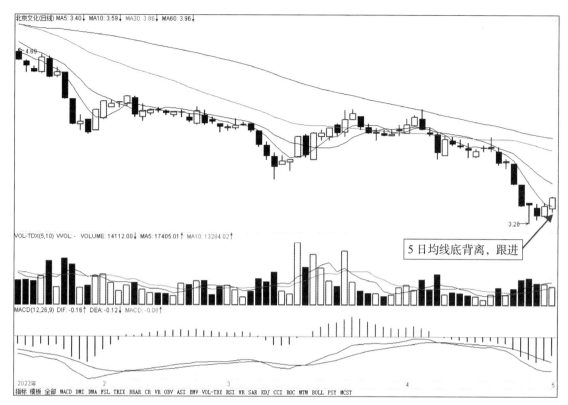

图 3-4　北京文化（000802）日 K 线走势图

图 3-5 是浙江世宝（002703）2023 年 7 月 17 日星期一下午收盘时的 K 线走势图。这是一个 5 日均线顶背离的实战案例。在软件上将该股整个 K 线走势图缩小后可以看出，股价从前期相对高位（之前股价已有一波大幅上涨），即 2022 年 6 月 28 日的最高价 15.57 元，一路振荡下跌，至 2023 年 4 月 25 日的最低价 7.14 元止跌企稳，下跌时间较长，跌幅大，其间有过一次较大幅度的反弹。

2023 年 4 月 25 日股价止跌企稳后，主力机构展开横盘振荡整理走势，继续洗盘吸筹，K 线走势呈红多绿少态势，底部逐渐抬高。

2023 年 6 月 9 日，该股平开，收出一个大阳线涨停板，突破前高和平台，成交量较前一交易日放大两倍以上，形成大阳线涨停 K 线形态。当日股价向上突破 5 日、10 日、20 日、30 日和 60 日均线（一阳穿五线），均线蛟龙出海形态形成。此时，短期均线呈多头排列，均量线、MACD、KDJ、RSI 等技术指标走强，股价的强势特征相当明显，后市快速上涨的概率大。像这种情况，投资者可以在当日跟庄抢板或在次日择机跟庄进场买进筹码。此后，主力机构继续向上拉升股价。

2023 年 7 月 17 日截图当日，该股低开，股价冲高回落，收出一根螺旋桨阳 K 线，成交量较前一交易日萎缩，当日股价向下跌破 5 日均线拉回，5 日均线继续向上移动（均线呈多头排列），形成了股价与 5 日均线的顶背离形态，加上前一交易日收出一根放量螺旋桨阳 K 线，股价跌破 5 日均线拉回，形成顶背离形态。此时，股价远离 30 日均线且涨幅较大，均量线、KDJ 等部分技术指标开始走弱，股价的弱势特征已经显现。像这种情况，投资者如果手中还有筹码当日没有出完的，次日应该逢高卖出，换成其他强势个股。

实战操盘中，由于均线滞后性的缺陷，在均线顶背离形态形成后（虽然 5 日均线仍向上移动，且均线呈多头排列），预示个股走势（短期）即将见顶，投资者可以不等 5 日均线走平或拐头向下，在当日股价跌破 5 日均线之后逢高分批卖出手中筹码。

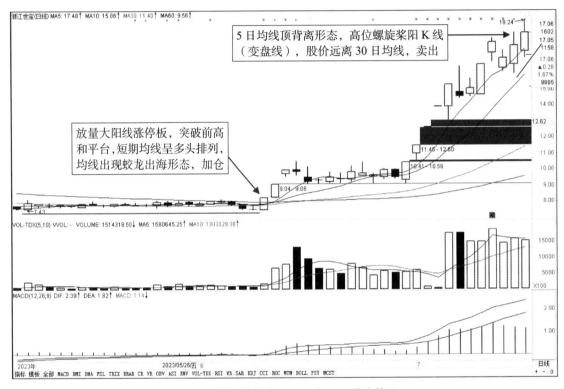

图 3-5　浙江世宝（002703）日 K 线走势图

图 3-6 是蓝色光标（300058）2023 年 3 月 9 日星期四下午收盘时的 K 线走势图。这是一个"股价有效跌破 5 日均线 3 日不能收复，则利用反抽 5 日均线的机会卖出"的实战案例。在软件上将该股整个 K 线走势图缩小后可以看出，股价从前期相对高位，即 2022 年 1 月 4 日的最高价 12.88 元，一路振荡下跌，至 2022 年 10 月 10 日的最低价 4.37 元止跌企稳，下跌时间较长，跌幅大。

2022 年 10 月 10 日股价止跌企稳后，主力机构开始向上推升股价，然后展开振荡盘升行情。

2023 年 3 月 6 日，该股高开，股价回落，收出一根大阴线，成交量较前一交易日放大。当日股价跌破且收在 5 日、10 日、20 日和 250 日均线下方，3 月 7 日和 3 月 8 日，股价依旧收在 5 日均线下方。

3 月 9 日截图当日，该股平开，收出一根中阳线，成交量较前一交易日放大，当日股价收在 5 日均线上方。当日有不少投资者按照"股价有效跌破 5 日均线 3 日不能收复，则利用反抽 5 日均线的机会卖出"的均线理论，在盘中股价触及 5 日均线时卖出了手中筹码。

从当日分时盘口看，午盘前股价走势振荡幅度较大，尤其是上午 10:44 时股价从高点回落比较急，给人造成一种压迫和恐慌心理。但从当日收盘后的 K 线走势看，收出一根中阳线，成交量较前一交易日放大两倍以上，突破前高，股价向上突破 5 日、10 日、20 日、30 日和 250 日均线（一阳穿五线），均线出现蛟龙出海形态。此时，虽然 5 日、250 日均线下行，但其他均线呈多头排列，KDJ 等部分技术指标开始走强，股价的强势特征开始显现，表明主力机构回调洗盘结束，后市上涨的概率大。像这种情况，投资者不但不应该卖出手中筹码，还应该跟庄进场逢低买进筹码。

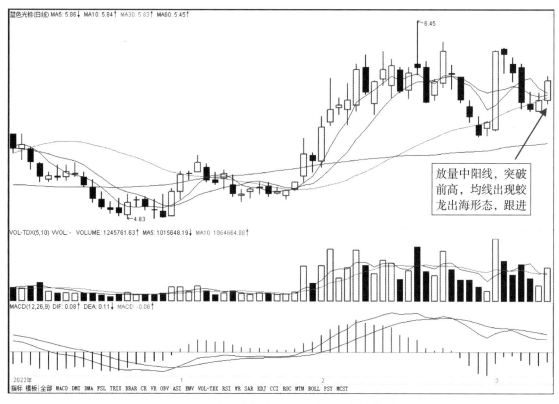

图 3-6 蓝色光标（300058）日 K 线走势图

## 4. 指标骗线

技术指标是大部分股民操盘过程中必看的盘口要素，不管是普通投资者还是职业投资人，又或者是机构操盘手，对技术指标的分析都非常重视。

绝大多数技术指标都是根据 K 线、均线、成交量等编制而成的，用到的样本数据大多为开盘价、最高价、最低价、收盘价等已经完成交易的市场数据，股价走势已经出来了，指标才有了反应，这就是技术指标的滞后性。这种滞后性，导致股价涨了一段时间，才发出买入信号，或者是股价跌了一段时间，才发出卖出信号。

另外，主力机构介入某只个股，由于其采取做量、做线等操盘手法，导致部分技术指标失真，致使股价出现该涨时不涨，该跌时不跌的现象，形成了虚假的交易价格和成交量，这就是主力机构利用技术指标进行骗线。下面主要以 MACD 和 KDJ 为例对技术指标骗线进行分析。

（1）MACD 指标骗线。

MACD 指标是投资者用得最多、最喜欢的一个技术指标。MACD 指标称为指数平滑异同移动平均线，属于趋势指标，由快线 DIF（白色线）、慢线 DEA（黄色线）、红色能量柱（多头）、绿色能量柱（空头）、O 轴（多空分界线）五部分组成。该指标通过快线 DIF 和慢线 DEA 的交叉点作为买卖信号。MACD 指标产生的交叉信号很慢，但作为相应的交易策略使用时，效果很好。MACD 上穿 O 轴（多空分界线）是 MACD 指标的一个标志性买入信号。

一般情况下，当 MACD 从负数转向正数，是买进信号；当 MACD 从正数转向负数，是卖出信号。当 MACD 以大角度变化，表示快的移动平均线和慢的移动平均线的距离迅速拉开时，代表一个市场大趋势的转变。这是一个普遍的原理，主力机构常常利用这些基本常识进行骗线，诱导投资者的交易行为。

图 3-7 是三维通信（002115）2022 年 2 月 21 日星期一下午收盘时的 K 线走势图。在软件上将该股整个 K 线走势图缩小后可以看出，股价从前期相对高位，即 2020 年 2 月 24 日的最高价 13.85 元，一路振荡下跌，至 2021 年 2 月 9 日的最低价 4.79 元止跌企稳，之后，主力机构展开大幅横盘振荡整理行情。

2022 年 1 月 18 日，该股平开，股价冲高至当日最高价 6.49 元回落，收出一根螺旋桨阴 K 线，成交量较前一交易日萎缩，股价再次展开下跌走势。

2022 年 2 月 7 日，该股高开，股价探至当日最低价 4.64 元止跌企稳，收出一根阴十字星，成交量较前一日萎缩，股价展开反弹行情。

2022 年 2 月 21 日截图当日，MACD 快线 DIF 向上穿过慢线 DEA，形成第一个金叉，这个金叉是买入信号吗？

现在从走完的 K 线图形来看，这不是买入信号，因为从趋势来分析，股价处于下跌通道中。但如果从当日的盘口来分析，许多投资者会认为，应该是个不错的进场点位，后市短期应该看好。因为股价止跌回升已经有十一个交易日，当日该股高开收出一根大阳线，成交量较前一交易日明显放大，且 5 日、10 日均线拐头向上，股价的强势特征已经显现。

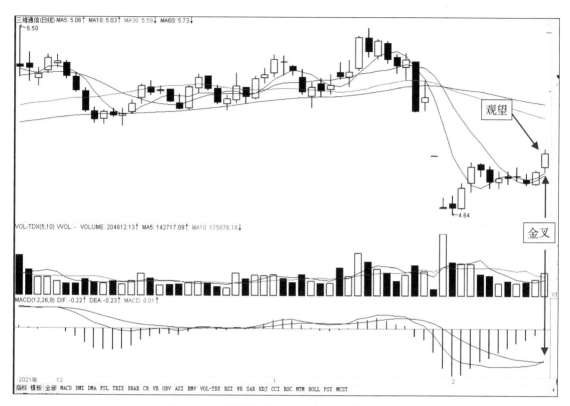

图 3-7 三维通信（002115）日 K 线走势图 1

图 3-8 是三维通信（002115）2022 年 5 月 9 日星期一下午收盘时的 K 线走势图。2022 年 2 月 21 日，该股 MACD 指标虽然形成金叉，但反弹仍无功而返，此后股价继续下跌。2022 年 4 月 27 日，该股低开，收出一根大阳线，当日股价跌至最低价 3.33 元止跌企稳，之后，主力机构向上推升股价。

2022 年 5 月 9 日截图当日，MACD 快线 DIF 向上穿过慢线 DEA，形成第二个金叉。从已经走完的 K 线图形来看，这个金叉是买入信号。

图 3-9 是三维通信（002115）2022 年 8 月 30 日星期二下午收盘时的 K 线走势图。2022 年 5 月 9 日，该股 MACD 形成金叉后，股价继续振荡上行。

2022 年 8 月 30 日截图当日，MACD 快线 DIF 向上穿过慢线 DEA，形成第三个金叉。该股当日高开收出一个大阳线涨停板，成交量较前一交易日萎缩（涨停的原因），股价突破所有均线，强势特征非常明显，这是一个准确的短线跟庄进场买入信号。

图 3-10 是三维通信（002115）2022 年 10 月 17 日星期一下午收盘时的 K 线走势图。2022 年 8 月 30 日，该股 MACD 形成金叉后，主力机构展开了快速拉升行情。

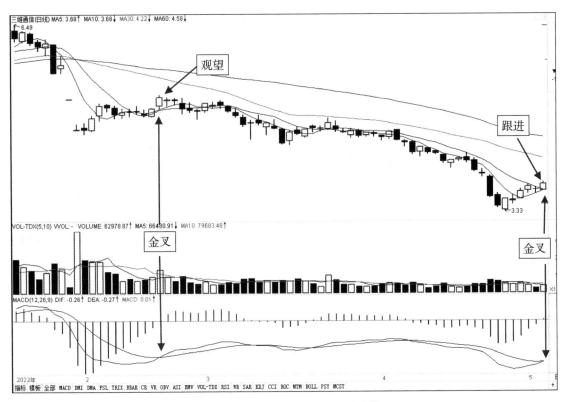

图 3-8  三维通信（002115）日 K 线走势图 2

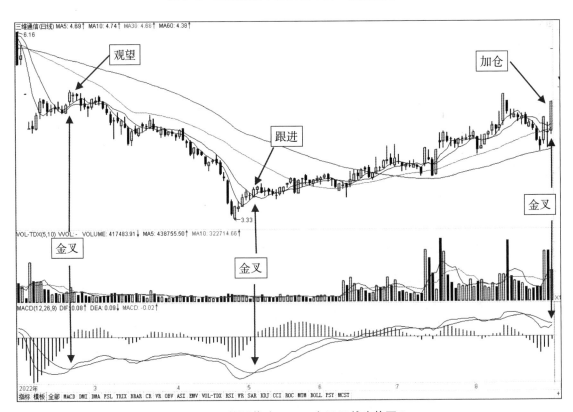

图 3-9  三维通信（002115）日 K 线走势图 3

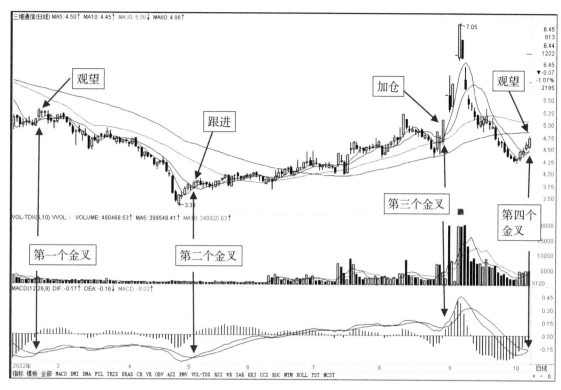

图 3-10　三维通信（002115）日 K 线走势图 4

2022 年 9 月 6 日，该股低开，收出一个大阳线涨停板（收盘价为 5.05 元），成交量较前一交易日放大十四倍以上。此时，股价离 30 日均线较远，KDJ 等部分技术指标开始走弱。9 月 7 日，该股股价反转下跌。

2022 年 10 月 11 日，该股高开，收出一颗阳十字星，股价止跌企稳，展开反弹。

2022 年 10 月 17 日截图当日，该股 MACD 快线 DIF 向上穿过慢线 DEA，形成第四个金叉，这个金叉是买入信号吗？

现在从走完的 K 线图形来分析，可以看出这个金叉不是一个很好的买入点位，因为买入后，股价走势步入了较长时间的横盘振荡整理走势。但如果从当日的盘口来分析，许多投资者会认为，这是个不错的买点，后市短期走势应该看好。因为股价止跌回升已经有五个交易日，并且连续五个交易日收阳，成交量呈温和放大状态，5 日、10 日均线拐头向上，股价的强势特征已经显现。

回过头来，从 MACD 指标本身来分析，如图 3-10 所示，2022 年 2 月 21 日 MACD 形成的第一个金叉和 2022 年 10 月 17 日 MACD 形成的第四个金叉，都是在 0 轴下方形成的金叉，没有突破 0 轴线，并且都是由 0 轴线上方向下运行后不久，快线 DIF 向上穿过慢线 DEA 形成的金叉，虽然股价表现出暂时止跌反弹的现象，但很快会出现滞涨或者不涨，甚至快速拐头向下形成死叉。这种金叉被定义为假金叉。投资者在实战操盘中看到这种金叉，不要盲目跟庄进场买入筹码。

2022 年 5 月 9 日 MACD 形成的第二个金叉，也是在 0 轴线下方形成的金叉，为什么可以将其视为买点呢？因为 2022 年 2 月 21 日 MACD 形成的第一个金叉，是由 0 轴线上方向下运行过程中，快线 DIF 向上穿过慢线 DEA 的第一个金叉，即假金叉，预示股价将滞涨或再次转弱，投资者仍应以卖出筹码或者观望为主。而 2022 年 5 月 9 日 MACD 形成的第二个金叉，虽然也是在 0 轴线下方形成的金叉，但由于经过第一次金叉后，股价在此后的运行过程中，空头的进攻遭到多头的狙击，空头力量逐渐削弱，多头力量不断增强，在 MACD 快线 DIF 直接向上穿过（突破）慢线 DEA 再次形成金叉时，预示多方力量已经占据优势，股价开始转强，即可视为买点，投资者可以跟庄进场买进筹码。

2022 年 8 月 30 日的第三个金叉，是在 0 轴线上方快线 DIF 直接向上穿过（突破）慢线 DEA 所形成的金叉，且该股当日高开收出一个大阳线涨停板，股价突破所有均线，强势特征非常明显，这是一个准确的短线跟庄进场买入信号。

从以上对 MACD 指标本身的分析可以看出，一般情况下，MACD 指标由 0 轴线上方向下运行过程中，快线 DIF 向上穿过慢线 DEA 形成的第一个金叉（假金叉），不能盲目跟进。MACD 指标在 0 轴线下方快线 DIF 直接向上穿过（突破）慢线 DEA 形成的第二个金叉，预示股价开始转强，可以逢低买入筹码。MACD 指标在 0 轴线上方快线 DIF 直接向上穿过（突破）慢线 DEA 形成的第一个金叉，可以大胆买入筹码。

关于 MACD 指标分析有以下几点需要注意。

①关于 MACD 指标在 0 轴线上方第二个金叉的分析。

MACD 指标在 0 轴线上方，快线 DIF 向上穿过（突破）慢线 DEA 形成的第二个金叉初期，投资者要综合分析，谨慎跟进。因为按照波浪理论 8 浪一个周期（其中上升 5 浪，下降 3 浪）的普遍原理，0 轴线上方的第二个金叉一般都是第 5 浪的开始，而 5 浪是上涨过程中的最后一浪，股价即将到达顶部区域，行情相对复杂，可能是衰竭浪也可能是延长浪。所以，对于 MACD 指标在 0 轴线上方形成的第二个金叉，投资者不要急于跟庄进场买入筹码，可跟踪观察，待各项技术指标走强后慎重跟进，小心操盘。

图 3-11 是徐工机械（000425）2023 年 3 月 2 日星期四下午收盘时的 K 线走势图。在软件上将该股整个 K 线走势图缩小后可以看出，股价从前期相对高位，即 2022 年 7 月 22 日的最高价 5.84 元，振荡下跌，至 2022 年 10 月 11 日的最低价 4.33 元止跌企稳，之后，主力机构开始向上推升股价。

下跌途中的 2022 年 9 月 9 日，MACD 指标双线由 0 轴线上方向下运行过程中，快线 DIF 向上穿过慢线 DEA 形成 0 轴线下方第一个金叉（即假金叉），金叉第 3 天股价转弱

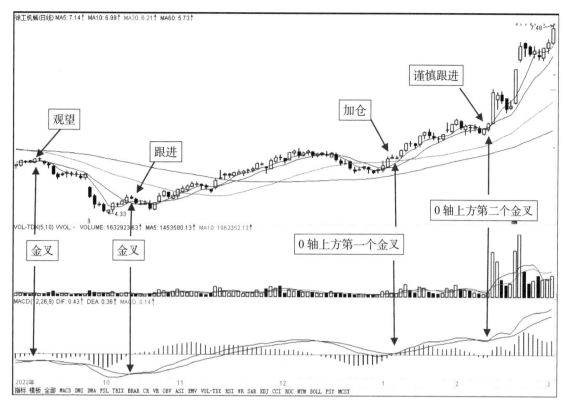

图 3-11　徐工机械（000425）日 K 线走势图

再次展开下跌行情。

股价止跌回升途中的 2022 年 10 月 18 日，MACD 指标快线 DIF 直接向上穿过（突破）慢线 DEA 形成 0 轴线下方第二个金叉，股价开始转强，投资者可以跟庄进场买进筹码。

股价上涨途中的 2023 年 1 月 5 日，MACD 指标快线 DIF 向上穿过（突破）慢线 DEA 形成 0 轴线上方第一个金叉（第 3 浪开始），股价走势相当强势，投资者可以跟庄进场大胆买入筹码。

股价上涨途中的 2023 年 2 月 10 日，MACD 指标快线 DIF 向上穿过（突破）慢线 DEA 形成 0 轴线上方第二个金叉（第 5 浪开始），投资者要慎重跟进，小心操盘。

从已经走完的 K 线图形来看，这个金叉（0 轴线上方第二个金叉）仍是买入信号，因为金叉后面的走势出现了小 3 浪延长浪。但在实战操盘中，对于 MACD 指标在 0 轴线上方形成第二个金叉之后的走势，是无法判断的，所以在操作上还是小心为好。

②关于 MACD 指标出现死叉的分析。

当 MACD 指标快线 DIF 由上向下穿过慢线 DEA 时，形成 MACD 死叉。以 0 轴线为准，可以将死叉分为 0 轴线上方死叉和 0 轴线下方死叉。

如果死叉在 0 轴线上方出现，即在 0 轴线上方快线 DIF 向下穿过慢线 DEA 形成死叉，意味着股价短期内下跌调整开始，虽然调整幅度应该不会太大，但投资者还是应当卖出手中筹码或适量减仓。

图 3-12 是瑞尔特（002790）2021 年 12 月 1 日星期三下午收盘时的 K 线走势图。在软件上将该股整个 K 线走势图缩小后可以看出，股价处于上涨走势中。2021 年 11 月 29 日，MACD 指标快线 DIF 向下穿过慢线 DEA 形成 0 轴线上方第一个死叉，此时股价已经展开调整，投资者应当卖出手中筹码或适量减仓（在 11 月 22 日收出一颗阴十字星当日就可以考虑卖出手中筹码或适量减仓）。

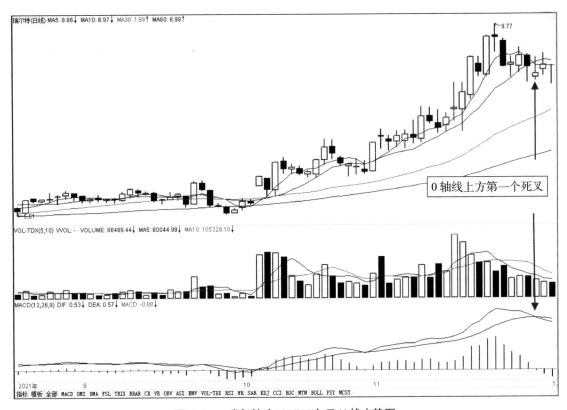

图 3-12　瑞尔特（002790）日 K 线走势图

如果死叉在 0 轴线下方出现，即在 0 轴线下方快线 DIF 向下穿过慢线 DEA 形成死叉，意味着股价可能开始大幅下跌，投资者应当立即卖出手中筹码。

如果在 0 轴线下方出现第一次死叉，股价短暂调整后再出现死叉，即第二次死叉，且第二次死叉的低点比第一次死叉的低点低，后市应该坚决看空。此时，手中还有筹码的投资者，应该立即清仓观望，或者换成其他强势个股。

图 3-13 是康缘药业（600557）2023 年 7 月 11 日星期二下午收盘时的 K 线走势图。在软件上将该股整个 K 线走势图缩小后可以看出，股价已经由上升趋势反转为下跌趋势。

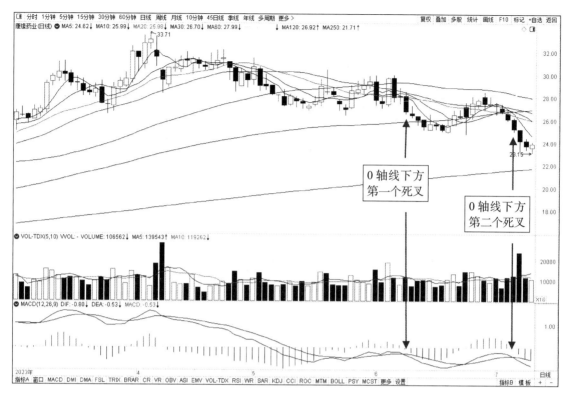

图 3-13 康缘药业（600557）日 K 线走势图

2023 年 6 月 8 日，MACD 指标快线 DIF 向下穿过慢线 DEA 形成 0 轴线下方第一个死叉，此时股价已经展开下跌走势，且下跌幅度较大，投资者应当卖出手中筹码。

2023 年 7 月 6 日，MACD 指标快线 DIF 向下穿过慢线 DEA 形成 0 轴线下方第二个死叉，股价此前展开了一次小反弹，无功而返，再次展开下跌走势。如果此时投资者手中还有筹码没有卖出的，应该立即清仓。

③关于 MACD 指标出现底背离和顶背离的分析。

MACD 指标背离，是指 MACD 指标图形的走势与 K 线图股价的走势方向相反。MACD 指标背离有底背离和顶背离两种。

MACD 指标底背离，一般出现在底部或相对低位区域。当 K 线图形上股价的走势还在下跌时，而 MACD 指标图形上的绿色能量柱却逐渐缩短，即当股价的低点比前一次的低点低时，MACD 指标的低点却比前一次的低点高。MACD 指标底背离现象，预示股价在底部或低位区域将出现反转信号，是短期跟庄进场买入筹码的信号。投资者需要注意的是，底背离现象一般要出现多次，才能确认趋势反转。

图 3-14 是海格通信（002465）2023 年 1 月 3 日星期二下午收盘时的 K 线走势图。在软件上将该股整个 K 线走势图缩小后可以看出，股价从前期相对高位，即 2021 年 9 月 10 日的最高价 11.58 元，一路振荡下跌，至 2022 年 10 月 12 日的最低价 7.57 元止跌企稳，

下跌时间长，跌幅较大。

从下跌过程中的 2022 年 9 月 29 日开始，股价的走势还处于下跌中，而 MACD 指标图形上的绿色能量柱却逐渐缩短，即当股价的低点比前一次的低点低，而 MACD 指标的低点却比前一次的低点高，出现 MACD 指标底背离现象，预示股价接近底部，出现反转信号，投资者可以做好跟庄进场准备。

2022 年 12 月 6 日，该股高开，收出一根小阴线，成交量较前一交易日萎缩，股价回调。12 月 22 日，股价的走势仍处于下跌和整理中，而 MACD 指标图形上的绿色能量柱却逐渐缩短，即当股价的低点比前一次的低点低，而 MACD 指标的低点却比前一次的低点高，出现 MACD 指标第二次底背离现象，预示回调洗盘即将到位，股价很快会展开上涨行情，投资者可以做好跟庄进场准备。

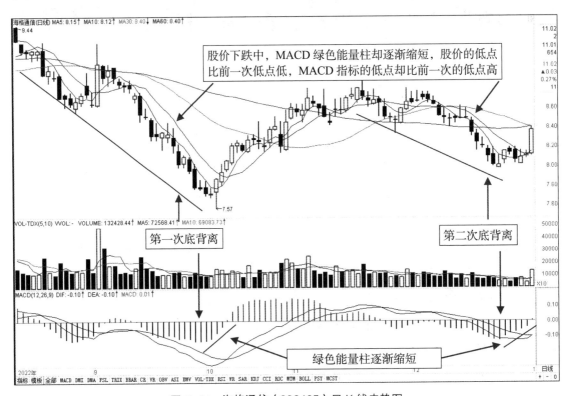

图 3-14　海格通信（002465）日 K 线走势图

MACD 指标顶背离，出现在高位区域，是指 K 线图上的股价是上涨的，走势一波比一波高，而 MACD 指标图形上的红色能量柱却逐渐缩短，即当股价的高点比前一次的高点高时，MACD 指标的高点却比前一次的高点低。MACD 指标顶背离现象，预示股价在高位区域即将出现反转信号，是卖出筹码的信号。顶背离现象一般只要出现一次，就可以确认趋势即将反转，其准确性要高于底背离。

图 3-15 是科士达（002518）2023 年 1 月 11 日星期三下午收盘时的 K 线走势图。在软件上将该股整个 K 线走势图缩小后可以看出，股价从前期相对低位，即 2022 年 4 月 27 日的最低价 12.84 元，一路振荡上行。上涨后期，该股走势出现 MACD 指标顶背离现象，即 2023 年 1 月 11 日见顶当日（截图当日）的收盘价 62.20 元，比 2022 年 10 月 24 日的收盘价 58.07 元（前一波高点）要高，而 MACD 指标的高点却比前一次的高点低，预示股价在高位区域即将出现反转，投资者应该择机逢高卖出手中筹码。之后，股价反转下跌。

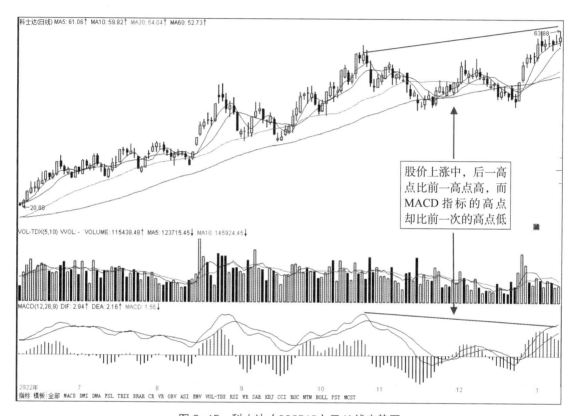

图 3-15　科士达（002518）日 K 线走势图

（2）KDJ 指标骗线。

KDJ 指标称为随机指标，由三条不同颜色的曲线组成。KDJ 指标的原理，就是利用当前股价，在近期分布中的相对位置来预判可能发生的趋势拐点。它利用股价真实的波动来反映股价走势的强弱以及超买超卖现象，从而在股价尚未出现明显的上涨或下跌之前提前发出交易信号，它是捕捉股价即将要发生拐点的一种技术工具。

在普通的软件上，黄色的 K 线代表快速指标，白色的 D 线代表慢速指标，红色的是 J 线。就敏感性而言，J 值最强，K 值次之，D 值最慢。就安全性而言，J 值最差，K 值次之，D 值最稳。

KDJ 指标的三条曲线，在应用时主要从 KD 取值的绝对数字、KD 曲线的形态、KD

指标的交叉、KD 指标的背离、J 指标的取值大小五个方面来考虑。

一般情况下，当白色的 K 值在 50 以下的低水平，形成一底比一底高的现象，并且 K 值由下向上连续两次交叉黄色的 D 值时，股价会产生较大的涨幅。当白色的 K 值在 50 以上的高水平，形成一顶比一顶低的现象，并且 K 值由上向下连续两次交叉黄色的 D 值时，股价会产生较大的跌幅。K 值大于 80，短期内股价容易出现回调。K 值小于 20，短期内股价容易出现反弹。

实战操盘中，KDJ 指标也存在各种缺陷，主力机构常常利用这些缺陷进行骗线。比如 K 值进入超买或超卖区域后，经常会发生徘徊和钝化现象，使得投资者在跟庄操盘时陷入被动。有时股价短期波动幅度太大时，使用 KD 值交叉信号进行交易，经常导致买在高点，卖在低点的问题。弥补 KDJ 指标存在的缺陷，投资者可以综合运用均线、趋势指标等进行预判，也可以采取周 K 线、月 K 线和日 K 线的 KDJ 指标相结合的办法进行分析预判。

图 3-16 是兖矿能源（600188）2022 年 10 月 26 日星期三下午收盘时的 K 线走势图。这是一个股价已经进入超买区，KDJ 指标发生徘徊和钝化现象的实战案例。在软件上将该股整个 K 线走势图缩小后可以看出，股价从前期相对低位，即 2020 年 4 月 28 日的最低价 8.07 元，一路振荡盘升，走出了一大波上涨行情。

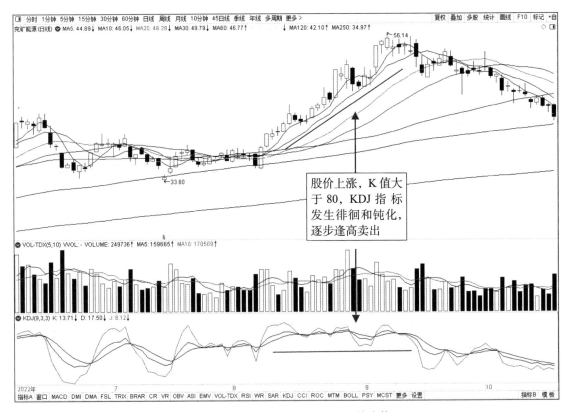

图 3-16 兖矿能源（600188）日 K 线走势图

上涨的后期，即从 2022 年 8 月 12 日开始，股价在继续上涨，但 KDJ 指标的 K 值已经大于 80，KDJ 指标发生徘徊和钝化现象，表明该股已经进入超买区域，股价随时有回调的风险，投资者此时应该逐步逢高卖出手中筹码。

图 3-17 是金钼股份（601958）2021 年 2 月 22 日星期一下午收盘时的 K 线走势图。这是一个股价已经进入超卖区，KDJ 指标发生徘徊和钝化现象的实战案例。在软件上将该股整个 K 线走势图缩小后可以看出，股价从前期相对高位，即 2020 年 8 月 6 日的最高价 7.12 元，一路振荡下跌，至 2021 年 2 月 8 日的最低价 5.27 元止跌企稳。

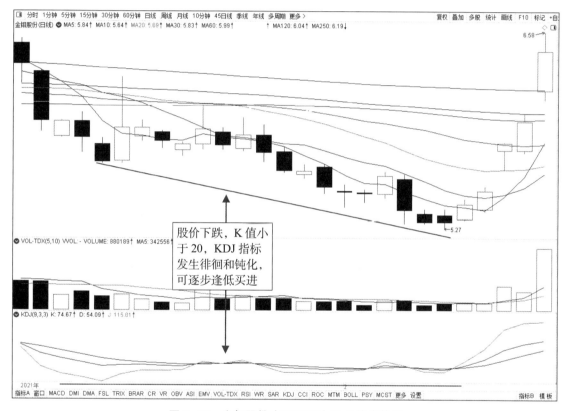

图 3-17 金钼股份（601958）日 K 线走势图

下跌后期，即从 2021 年 1 月 14 日开始，股价在继续下跌，但 KDJ 指标的 K 值已经小于 20，KDJ 指标发生徘徊和钝化现象，表明该股已经进入超卖区域，随着买方力量的进场，股价展开上涨行情，投资者可以择机逢低买入筹码。

关于 KDJ 指标分析有以下几点需要注意。

①关于 KDJ 指标出现底背离和顶背离的分析。

KDJ 指标背离，是指 KDJ 指标图形的走势与 K 线图股价的走势方向正好相反。KDJ 指标背离有底背离和顶背离两种。

KDJ 指标底背离，一般出现在底部或相对低位区域。当 K 线图上股价的走势还在下跌，且 K 线走势一波比一波低，而 KDJ 曲线图上 KDJ 指标的走势却在低位一底比一底高。KDJ 指标底背离现象，预示股价在底部或低位区域可能出现反转，是短期跟庄进场买入筹码的信号。股价在低位，KDJ 也在低位，K 值在 50 以下出现底背离时，一般要反复出现多次底背离，才能确认反转态势，此时投资者要短线操盘。

图 3-18 是国新文化（600636）2022 年 5 月 30 日星期一下午收盘时的 K 线走势图。这是一个 KDJ 指标出现底背离现象的实战案例。在软件上将该股整个 K 线走势图缩小后可以看出，股价从前期相对高位，即 2022 年 1 月 7 日的最高价 11.10 元，一路振荡下跌，至 2022 年 4 月 27 日的最低价 5.90 元止跌企稳，下跌时间虽然不长，但跌幅大。

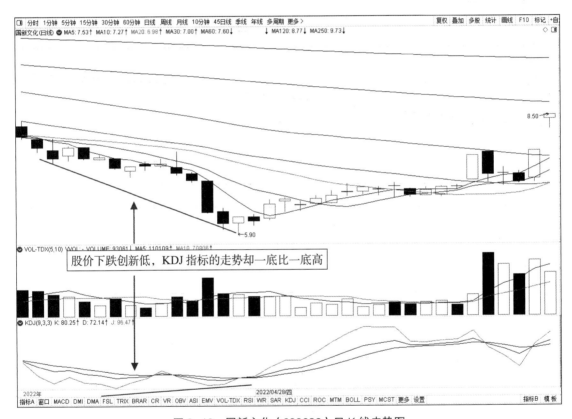

图 3-18　国新文化（600636）日 K 线走势图

下跌后期，即从 2022 年 4 月 15 日开始，股价在继续下跌，且不断创出新低，但 KDJ 曲线图上的 KDJ 指标走势在低位一底比一底高，出现 KDJ 指标底背离现象，预示股价下跌行情即将结束，股价将开始上涨，投资者可以做好跟庄进场逢低买入筹码的准备。

KDJ 指标顶背离，出现在高位区域，是指 K 线图上的股价是上涨的，且 K 线（股价）走势一波比一波高，而 KDJ 曲线图上的 KDJ 指标的走势却一波比一波低。KDJ 指标顶背离现象，预示股价在高位区域即将出现反转，是卖出筹码的信号。与其他技术指标的背离现象研判一样，KDJ 指标的背离中，顶背离的研判准确性要高于底背离。当股价在高位，

KDJ 指标 K 值在 80 以上出现顶背离时，股价即将反转下跌，投资者要及时卖出手中筹码。

图 3-19 是科新发展（600234）2021 年 7 月 28 日星期三下午收盘时的 K 线走势图。在软件上将该股整个 K 线走势图缩小后可以看出，股价从前期相对低位，即 2018 年 7 月 6 日的最低价 5.86 元，一路振荡盘升，走出了一波上涨行情。

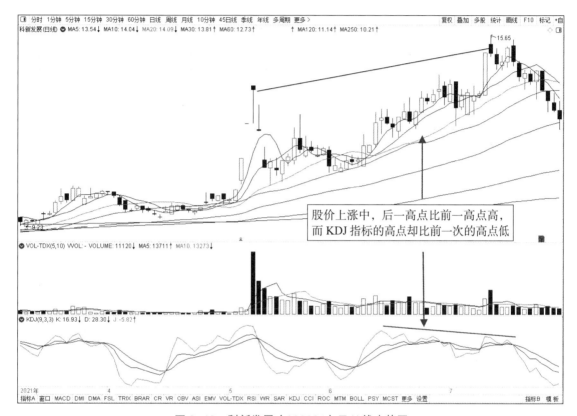

图 3-19 科新发展（600234）日 K 线走势图

上涨后期，即从 2021 年 6 月 15 日开始，该股走势出现 KDJ 指标顶背离现象。从 K 线走势可以看出，2021 年 7 月 12 日见顶当日的收盘价 15.03 元，比 2021 年 5 月 13 日的收盘价 13.81 元（前一波高点）高，而 KDJ 指标的高点却比前一次的高点低，预示股价在高位区域出现反转信号，投资者应该逐步逢高卖出手中筹码。之后，股价反转下跌。

②关于 KDJ 指标金叉核心阳线用法分析。

当个股股价经过较长时间的下跌或横盘振荡调整之后，日线 KDJ 的 J 值下行到 20 以下，收出中阳线（或大阳线）时，股价反转信号出现，此时 KDJ 往往会形成金叉，这根中阳线（大阳线）称为"核心阳线"，对股价的后市起着支撑作用。投资者买入筹码后，应该在核心阳线实体下沿设止损位，股价跌破止损位，立马出局，防止被套和亏损风险。

图 3-20 是国华网安（000004）2023 年 5 月 23 日星期二下午收盘时的 K 线走势图。在软件上将该股整个 K 线走势图缩小后可以看出，股价从前期相对高位，即 2022 年 2 月

16 日的最高价 25.86 元，一路加速下跌，至 2022 年 5 月 17 日的最低价 8.67 元止跌企稳，下跌时间虽然不长，但跌幅大。

图 3-20　国华网安（000004）日 K 线走势图

2022 年 5 月 17 日股价止跌企稳后，主力机构展开横盘振荡整理洗盘吸筹行情。

2022 年 10 月 12 日，该股平开，收出一根中阳线，收盘涨幅 3.25%，此时 KDJ 指标形成金叉，这根中阳线称为"核心阳线"，对股价的后市有支撑作用。像这种情况，投资者可以开始跟庄进场逢低分批买入筹码，同时在核心阳线实体下沿设止损位，避免跟庄操盘风险。之后，主力机构展开了一波拉升行情。

2022 年 11 月 23 日，该股高开，股价冲高回落，收出一根大阴线，主力机构展开回调洗盘行情，此时 KDJ 指标值均达 80 以上，投资者可以先卖出手中筹码，待股价回调到位后再将筹码接回来。

2023 年 5 月 18 日，该股低开，收出一根大阳线，收盘涨幅 4.47%，此时 KDJ 指标形成金叉，这根大阳线称为"核心阳线"，对股价的后市起着支撑作用。投资者此时可以将卖出的筹码接回来或加仓买入筹码。买入筹码后，仍在核心阳线实体下沿设止损位，避免跟庄操盘风险。之后，主力机构又展开了一波拉升行情。

实战操盘中，要解决技术指标的滞后性、灵敏性和骗线问题，一是要准确分析判断个股趋势，只做上升趋势强势股，控制情绪，不盲目交易；二是对日线技术指标判断不准时，可以参考周线、月线技术指标辅助判断，如果周线或月线技术指标也显弱势，应该换成其他强势个股。

## 二、量价关系陷阱的识别与规避

实战操盘中，主力机构常常通过对倒、对敲、分仓等手法制造量价关系陷阱，达到忽悠、欺骗投资者，实现其洗盘吸筹或派发出货的操盘目的。投资者唯一能做的，就是结合股价在目标股票 K 线走势中所处的位置和其他技术指标，综合分析判断，谨慎做出买卖决策。从实战操盘角度看，投资者经常会遇到以下五种量价关系陷阱。

### 1.量增价涨陷阱

将股价推升到目标价位后，主力机构开始慢慢派发出货。由于股价偏高，买盘逐渐减少，成交变得清淡，主力机构通过对倒或对敲放量拉升，制造量增价涨的盘口买盘强劲势头，吸引市场眼球，引诱跟风盘进场接盘，达到其出货的操盘目的。

图 3-21 是江特电机（002176）2021 年 9 月 13 日星期一下午收盘时的 K 线走势图。在软件上将该股整个 K 线走势图缩小后可以看出，此时个股走势处于上升趋势中。股价从前期相对高位，即 2017 年 9 月 14 日的最高价 18.98 元，一路振荡下跌，至 2020 年 5 月 20 日的最低价 1.25 元止跌企稳，下跌时间长，跌幅大，下跌期间有过多次较大幅度的反弹。

2020 年 5 月 20 日股价止跌企稳后，主力机构展开振荡盘升行情，洗盘吸筹并举，成交量逐步放大。从 2021 年 7 月 1 日开始，主力机构快速向上拉升股价。

从该股 K 线走势可以看出，从 2021 年 8 月 9 日开始，成交量保持持续放大状态，但股价上涨十分缓慢。实际上，此时主力机构正在采取对倒或对敲放量的操盘手法，引诱跟风盘进场接盘，从而大量派发出货，这就是主力机构做的量增价涨陷阱。

2021 年 9 月 13 日截图当日，该股大幅跳空高开（向上跳空 6.52% 开盘），收出一个小阳线涨停板，成交量较前一交易日明显放大。这种高位量增价涨的涨停板，是主力机构通过对倒或对敲放量拉升所致，制造量增价涨盘口买盘强劲的现象，引诱跟风盘进场接盘，以实现其出货目的。此时，MACD 指标形成顶背离现象，股价远离 30 日均线且涨幅大，KDJ 等部分技术指标有走弱迹象。像这种情况，手中有筹码的投资者应该在当天收盘前卖出，如当天没有卖出，要在次日逢高卖出。

图 3-22 是江特电机（002176）2021 年 9 月 13 日星期一下午收盘时的分时走势图。从分时走势可以看出，当日该股大幅高开后，股价略有回落，成交量放大，然后振荡上行，

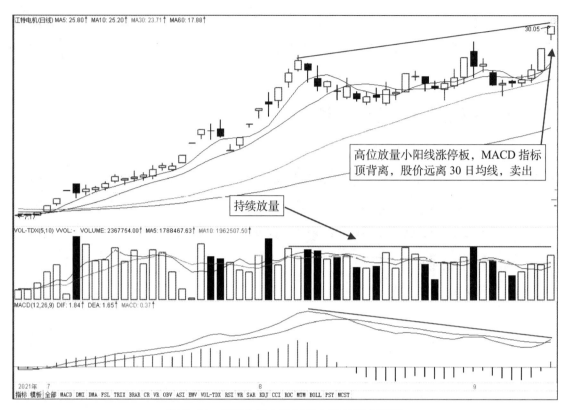

图 3-21　江特电机（002176）日 K 线走势图

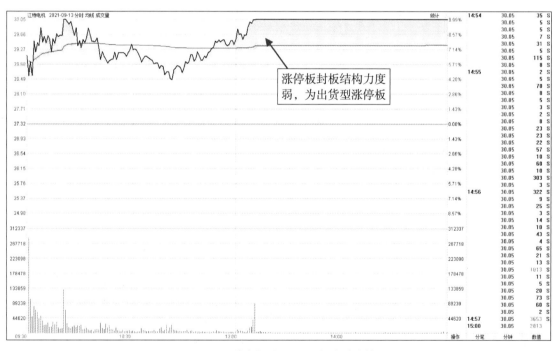

图 3-22　江特电机（002176）分时走势图

于 9∶51 封上涨停板，同 1 分钟内瞬间被大卖单砸开，成交量大幅放大，股价振荡回落。当日下午 13∶10 封回涨停板至收盘。从盘口看，开盘后股价回落，很快拉回，振荡上行封上涨停板，涨停板打开后至 13∶10 再封回，其间放大的成交量，基本上是主力机构对倒放量做的盘。做盘的目的，明显是主力机构利用高开，盘中拉高涨停及涨停板打开再封回，吸引投资者眼球，引诱跟风盘进场而派发出货。

### 2. 量缩止跌陷阱

一般情况下，主力机构在对目标股票展开快速拉升的后期，就开始慢慢开始出货了。当股价在高位振荡盘整构筑顶部区域时，股价距离下跌调整已经不远了。股价脱离顶部区域反转下跌后，成交量可能呈萎缩状态，成交量的萎缩并不表明股价缩量止跌，反而预示着更大的下跌风险，是加速下跌或持续下跌的信号。

对于量缩止跌，投资者要辩证地分析和看待，不能一概地认为缩量下跌就表明空方能量不足，或者认为缩量下跌就说明主力机构在股价下跌时没有出货，而应该具体问题具体分析，这个具体问题就是目标股票的股价在 K 线走势中所处的具体位置。股价经过长时间大幅下跌后逐渐缩量，是即将止跌企稳的信号。股价在高位反转下跌缩量，是继续下跌或持续阴跌的信号。

图 3-23 是中国医药（600056）2022 年 4 月 21 日星期四下午收盘时的 K 线走势图。在软件上将该股整个 K 线走势图缩小后可以看出，此时个股走势处于下跌趋势中。股价从前期相对高位，即 2020 年 8 月 4 日的最高价 18.35 元，振荡下跌，至 2022 年 2 月 7 日的最低价 10.36 元止跌企稳，下跌时间长，跌幅大，其间有过多次较大幅度的反弹。

2022 年 2 月 7 日股价止跌企稳后，主力机构展开横盘整理行情，成交量呈逐渐放大状态，K 线走势呈红多绿少态势。

2022 年 3 月 2 日，该股高开，收出一个大阳线涨停板，突破前高，成交量较前一交易日放大七倍以上，形成大阳线涨停 K 线形态。此时，均线（除 250 日均线外）呈多头排列，均量线、MACD、KDJ、RSI 等技术指标走强，股价的强势特征已经十分明显，后市持续快速上涨的概率大。像这种情况，投资者可以在当日跟庄进场抢板或在次日跟庄进场买入筹码。之后，主力机构展开快速拉升行情。

2022 年 3 月 22 日，该股高开，股价冲高回落，收出一根螺旋桨阴 K 线，成交量较前一交易日明显放大，主力机构展开高位振荡盘整走势，派发出货，构筑顶部平台区域。3 月 31 日，该股大幅高开，股价冲高回落，收出一根乌云盖顶大阴线，成交量较前一交易日大幅放大，股价反转，展开下跌行情，成交量呈逐渐萎缩状态。

2022 年 4 月 21 日截图当日，该股平开，股价冲高回落，收出一根中阴线，成交量较前一交易日萎缩，但这并不意味着股价已经止跌企稳，因为股价正处于下跌通道中，像这种情况，投资者切勿盲目跟庄进场买入筹码。

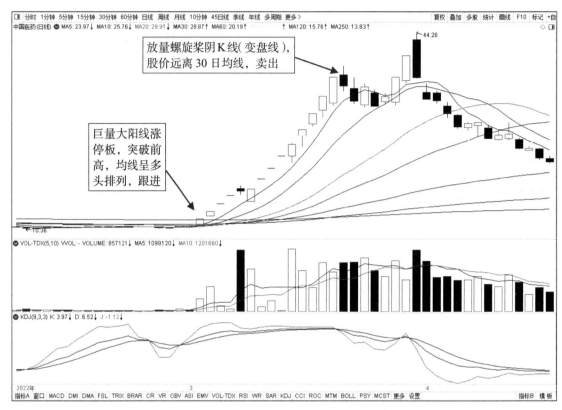

图 3-23 中国医药（600056）日 K 线走势图

### 3. 逆势放量上涨陷阱

逆势放量上涨是指当大盘下跌、多数股票翻绿时，有的个股却逆势飘红，放量上涨。此时，一些投资者会认为，要么该股主力机构实力雄厚，要么该股有潜在的利好消息，或者有新的主力大资金进场，于是不顾大势不好，匆忙跟庄进场买入筹码。却不知这是主力机构强撑着的逆势护盘，目的是吸引投资者眼球，趁机派发手中筹码。

图 3-24 是海鸥住工（002084）2022 年 9 月 30 日星期五下午收盘时的 K 线走势图。在软件上将该股整个 K 线走势图缩小后可以看出，此时个股走势处于上升趋势中。股价从前期相对高位，即 2021 年 8 月 16 日的最高价 6.49 元，一路振荡下跌，至 2022 年 4 月 27 日的最低价 3.61 元止跌企稳，下跌时间较长，跌幅较大，下跌期间有过多次较大幅度的反弹。

2022 年 4 月 27 日股价止跌企稳后，主力机构展开大幅振荡盘升行情，成交量呈间断性放大状态。其间收出过三个大阳线涨停板，均为吸筹建仓型涨停板。

2022 年 9 月 19 日，该股低开，收出一个大阳线涨停板，突破前高，成交量较前一交易日放大四倍以上，形成大阳线涨停K线形态。当日股价向上突破5日、10日、20日、30日、60日、90日和120日均线（一阳穿七线），250日均线在股价上方向下移动，均线蛟龙出海形态形成。此时，均线（除120日和250日外）呈多头排列，均量线、MACD、KDJ、RSI等技术指标已经走强，盘口的强势特征相当明显，后市快速上涨的概率大。像这种情况，投资者可以在当日跟庄抢板或在次日择机跟庄进场买入筹码。

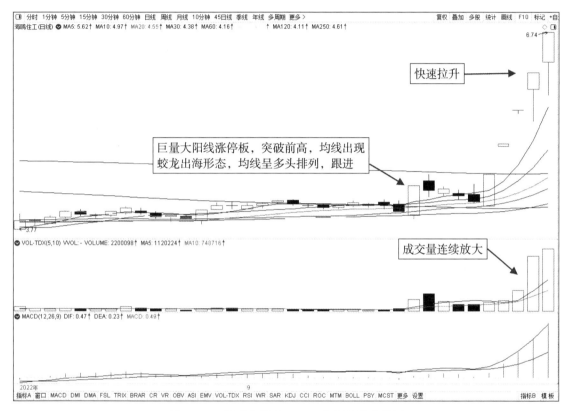

图3-24　海鸥住工（002084）日K线走势图

2022年9月20日到9月23日，主力机构调整（回调洗盘吸筹）了四个交易日，成交量呈萎缩状态，正是投资者跟庄进场逢低买入筹码的好时机。9月26日，该股低开，收出一个大阳线涨停板，突破前高，成交量较前一交易日明显放大，形成大阳线涨停K线形态。此后，主力机构快速向上拉升股价。

快速拉升过程中的9月28日到9月30日，主力机构连续拉出三个涨停板（一个小T字涨停板，两个长下影线阳线涨停板），成交量不断放大。而同期大盘连续下跌飘绿，该股属于逆势放量拉升。

图3-25是上证指数（000001）2022年9月30日星期五下午收盘时的K线走势图。从K线走势可以看出，大盘指数处于连续下跌中。

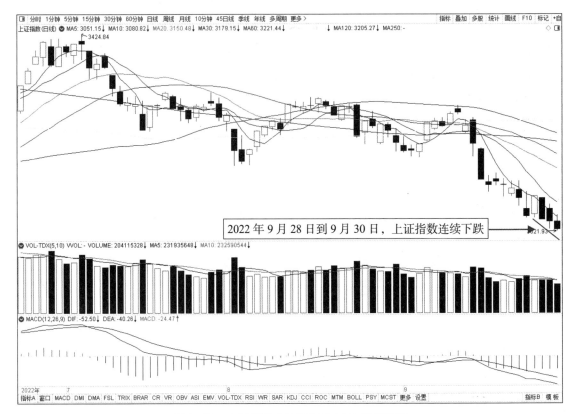

图 3-25　上证指数（000001）日 K 线走势图

图 3-26 是海鸥住工（002084）2022 年 10 月 13 日星期四下午收盘时的 K 线走势图。从 K 线走势可以看出，主力机构从 9 月 26 日开始，连续拉出五个涨停板后，突然反转，急速下跌。从盘口看，9 月 29 日和 9 月 30 日收出的两个长下影线阳线涨停板，成交量不断放大，属于逆势放量（对倒或对敲）拉升，且是下午或尾盘封的涨停板，主力机构的操盘意图和目的，就是吸引投资者的眼球，引诱跟风盘进场接盘。对这种逆势放量拉升的个股，拉升的后期，主力机构一般是采取跌停开盘或大幅低开，打压出货的方式派发筹码，在这种情况下，投资者的筹码在下跌初期是很难卖出去的。所以，投资者对逆势放量上涨（拉升）的个股，要高度警惕。

### 4. 利好量增价涨陷阱

个股重大利好消息公布之前，"先知先觉"的主力机构和其他投资者已经开始提前买入筹码建仓，等到利好消息公布兑现时，股价已经有了相当幅度的上涨。此时，受利好消息刺激的投资者都看好该股后市行情，纷纷跟庄进场买进筹码，而主力机构却趁机派发出货，成交量放大。

图 3-27 是海航控股（600221）2022 年 9 月 30 日星期五下午收盘时的 K 线走势图。在软件上将该股整个 K 线走势图缩小后可以看出，此时该股走势处于高位下跌之后的反

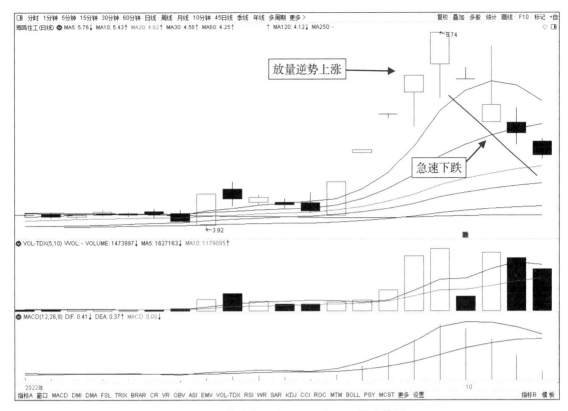

图 3-26 海鸥住工（002084）日K线走势图

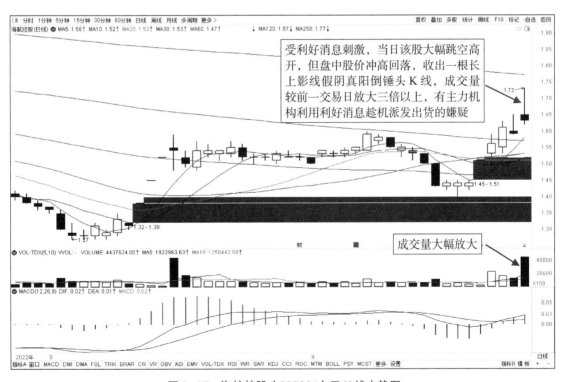

图 3-27 海航控股（600221）日K线走势图

弹趋势中。股价从前期相对高位，即 2021 年 9 月 10 日的最高价 2.59 元，振荡下跌，至 2022 年 8 月 3 日的最低价 1.27 元止跌企稳，下跌时间较长，跌幅较大。

2022 年 8 月 3 日股价止跌企稳后，主力机构快速推升股价，然后展开横盘振荡整理行情。其间收出过三个一字涨停板。

2022 年 9 月 30 日截图当日，受"公司股票从 2022 年 9 月 30 日起复牌并撤销其他风险警示，公司 A 股股票简称由'ST 海航'变更为'海航控股'；B 股股票简称由'ST 海航 B'变更为'海控 B 股'；股票代码 600221、900945 不变，股票价格的日涨跌幅限制由 5% 变更为 10%"的利好消息刺激，该股大幅跳空高开（向上跳空 3.77% 开盘），但盘中股价冲高（差两分钱涨停）回落，收出一根长上影线假阴真阳倒锤头 K 线，收盘涨幅 2.52%，成交量较前一交易日放大三倍以上，有主力机构利用利好消息趁机派发出货的嫌疑，股价短期内仍将持续横盘振荡整理。

### 5. 利空量缩价跌陷阱

借利空大幅杀跌，然后在低位捡便宜筹码，是主力机构惯用的操盘伎俩。比如，主力机构坐庄某只个股，在底部建仓后，就会利用利空消息，采取对倒或对敲的操盘手法打压股价，诱骗投资者卖出手中筹码。再比如，在大盘和个股普跌的情况下，主力机构往往会雪上加霜，故意放大利空效应，采取对倒或对敲的操盘手法打压股价，诱骗投资者卖出手中筹码。在个股横盘振荡整理阶段的末期，主力机构往往也会利用利空消息，故意挖坑打压股价，制造恐慌性破位下行，诱骗投资者卖出手中筹码，等等。

## 三、高位（顶部）陷阱的识别与规避

主力机构在高位（顶部）出货过程中，为了能够实现盈利最大化和顺利派发筹码，经常设置陷阱，采取假吸真出、假涨真跌等各种操盘手法，吸引投资者的眼球，引诱跟风盘进场接盘。主要有以下四种陷阱。

### 1. 做收盘价陷阱

收盘价是个股当日行情强弱的标志，又是下一个交易日开盘价的依据和股价走势的风向标，投资者经常以收盘价来分析预判次日股价走势或后市行情，尤其是投资者在分析个股行情时，一般采用收盘价作为计算依据。

但收盘价又最容易被主力机构调控做盘，尤其是股价到达高位或顶部区域时，如果出现一些主力机构做收盘价等反常情况，投资者要综合分析研判，防止跟进被套。比如，股价已经处于高位正在横盘整理的某个股，全天走势平淡，却突然在收盘前五分钟有大买单接盘和买进，将股价拉升。次日该股高开开始出货，然后横盘振荡或振荡回落，临收盘前继续拉尾盘做收盘价。显然，这是主力机构在做收盘价，目的是使 K 线图形走得好看一些，以引起市场关注，吸引投资者的眼球，引诱跟风盘进场接盘。

当然，股价处于高位或顶部的个股，有的主力机构会利用尾盘故意打压股价，将收盘价做得很低，以吸引部分短线抢反弹的投资者跟进，次日该股一般是高开高走，让投资者觉得有利可图，而主力机构则在股价振荡走高中悄悄出货，若干回合之后，待筹码出得差不多了，股价开始反转下跌。

图 3-28 是西安旅游（000610）2023 年 4 月 19 日星期三下午收盘时的分时走势图。从分时走势可以看出，当日该股小幅低开后，股价略有回落，成交量放大，然后股价振荡盘升。股价振荡盘升过程中，主力机构应该出了不少货。当日下午 14:33 一笔 25412 手的大买单将股价封上涨停板，明显是主力机构拉尾盘做收盘价，吸引投资者的眼球，引诱跟风盘进场接盘，同时做好 K 线图形，以便次日更好地出货。

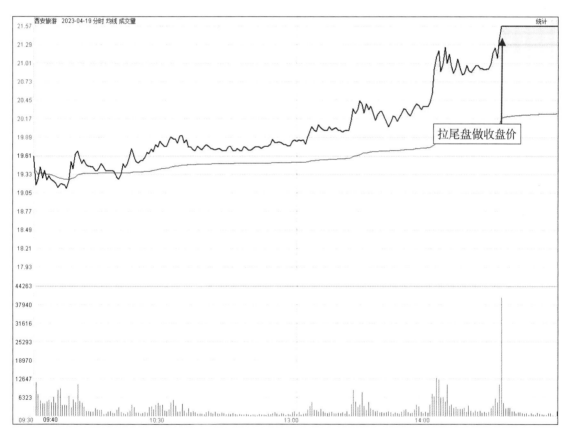

图 3-28　西安旅游（000610）分时走势图

值得投资者注意的是，该股 2023 年 4 月 13 日的分时走势中出现了主力机构拉尾盘做收盘价的情况，说明主力机构意图通过拉尾盘做收盘价和 K 线图，来引诱跟风盘接盘，达到尽快出货的目的。

图 3-29 是西安旅游（000610）2023 年 4 月 19 日星期三下午收盘时的 K 线走势图。在软件上将该股整个 K 线走势图缩小后可以看出，此时该股走势处于上升趋势中。股价从前期相对低位，即 2022 年 4 月 27 日的最低价 7.15 元，一路振荡上行，至 2022 年 12 月 30 日的最高价 21.77 元回调洗盘。

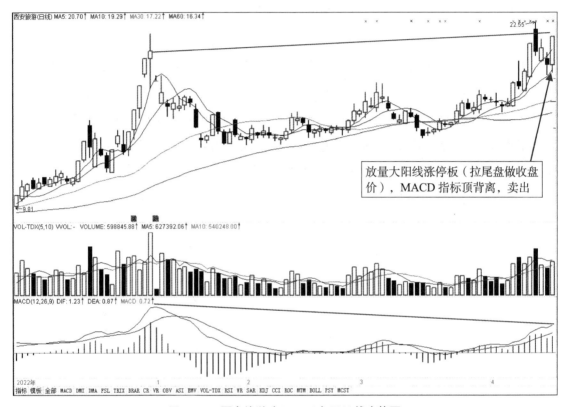

放量大阳线涨停板（拉尾盘做收盘价），MACD 指标顶背离，卖出

图 3-29　西安旅游（000610）日 K 线走势图

2023 年 1 月 13 日，该股跳空低开，收出一颗阴十字星，股价探至当日最低价 14.01 元止跌企稳，主力机构再次展开振荡盘升行情。

2023 年 4 月 19 日截图当日，该股低开，收出一个大阳线涨停板，突破前高，成交量较前一交易日放大，形成大阳线涨停 K 线形态。此时，均线呈多头排列，MACD、KDJ、RSI 等技术指标也相当强势。但从当日分时走势看，主力机构在拉尾盘做收盘价，有意做好 K 线图形，吸引投资者的眼球，引诱跟风盘进场接盘。另外，该股 K 线走势此时已经出现 MACD 指标顶背离现象，即截图当日的收盘价 21.57 元，比 2022 年 12 月 30 日收盘价 20.57 元（前一波高点）高，而 MACD 指标的高点却比前一次的高点低，预示股价在高位区域即将出现反转信号。像这种情况，投资者可以在当日或者在次日逢高卖出手中筹码。两个交易日之后，股价反转下跌。

## 2. 假突破陷阱

从普遍意义上来讲，突破是股价后市还有上涨空间的表现，当股价向上有效突破了三角形、旗形、楔形、平台或箱体等形态时，股价常常会出现一波较大幅度的上涨，突破是一个较好的买入信号。然而，主力机构却经常利用投资者的这种"突破即股价上涨"的认知，甚至通过对倒做量的手法，在K线走势上制造放量向上突破的形态，这种突破就是假突破。主力机构的操盘意图和目的，是通过制造突破形态，吸引投资者的眼球，引诱投资者跟进接盘。股价出现假突破后，强势行情一般持续不长，往往几个交易日后，股价会出现反转下跌，且下跌走势将持续较长时间。但此时，在股价突破时跟进的投资者，大部分已经被套牢在其中。如出现这种情况，建议投资者及时逢高卖出止损。

实战操盘中，建议投资者通过画趋势线识别标志性K线、成交量是否放大、均线是否拐头向下，以及MACD、KDJ等指标是否顶背离等综合性研判方法，识破和规避假突破陷阱。

图3-30是雪峰科技（603227）2022年9月7日星期三下午收盘时的K线走势图。在软件上将该股整个K线走势图缩小后可以看出，此时该股走势处于上升趋势中。股价从前期相对低位，即2018年10月19日的最低价3.36元，一路振荡盘升，至2022年7月20日的最高价11.80元（当日收盘价11.52元），开始展开高位振荡整理走势。

图3-30 雪峰科技（603227）日K线走势图

2022年9月6日，该股高开，股价冲高回落，收出一根大阳线（收盘价为11.93元，涨幅6.61%），突破前高（突破2022年7月20日的收盘价11.52元），成交量较前一交易日放大近两倍，形成放量向上突破上升三角形整理形态。

2022年9月7日截图当日，该股低开，收出一根中阳线，再次突破前高，但成交量较前一交易日萎缩。此时，均线呈多头排列，MACD、KDJ等技术指标相当强势。那么，这次的向上突破三角形整理形态，是有效突破吗？

图3-31是雪峰科技（603227）2022年9月28日星期三下午收盘时的K线走势图。从K线走势可以看出，2022年9月6日，该股收出一根放量大阳线，突破2022年7月20日的高点，形成放量向上突破上升三角形整理形态。9月7日，收出一根中阳线，突破前高，突破再次确认。但从次日（9月8日）起，该股开始横盘整理走势。

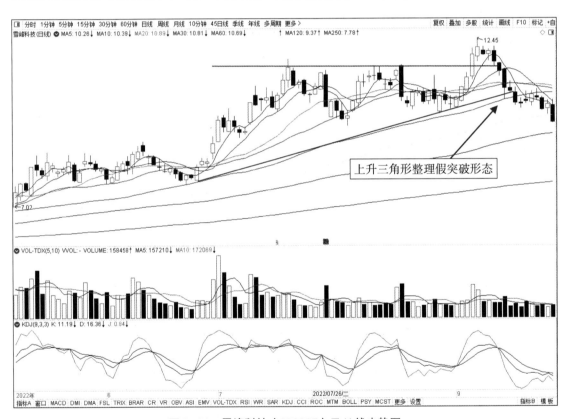

图3-31 雪峰科技（603227）日K线走势图

2022年9月14日，高位横盘整理三个交易日后，股价很快跌回到了三角形内，并且跌破了上升三角形上边颈线。之后股价展开下跌走势，向上三角形假突破形态形成，在突破时和突破之后跟庄进场买入筹码的投资者基本被套牢，这就是庄家布下的多头陷阱。

回过头来看，从成交量上看，2022年9月6日的突破确实是放量突破，但9月7日的突破却是大幅缩量的，之后三个交易日的高位横盘整理基本上也是缩量的，说明9月6日股价突破之后的上涨或上涨走势没有得到成交量的支持，这就是个大问题。从 KDJ 指标上看，9 月 7 日 KDJ 指标的 J 值已达 100 以上（超买），三条曲线拐头向下，9 月 14 日，股价跌回三角形整理区内且跌破颈线当日，股价同时也跌破了 5 日均线，KDJ 指标三条曲线形成死叉，且此时 5 日均线拐头下行，股价的弱势特征已经显现，属于明显的上升三角形假突破陷阱。像这种情况，投资者可以在当日或者次日逢高卖出手中筹码。

2022 年 9 月 19 日，股价跌破上升三角形下边支撑线。

2022 年 9 月 28 日截图当日，该股低开，收出一根放量大阴线，此时短中期均线呈空头排列，后市继续看跌。

图 3-32 是耀皮玻璃（600819）2023 年 2 月 13 日星期一下午收盘时的 K 线走势图。在软件上将该股整个 K 线走势图缩小后可以看出，此时该股走势处于上升趋势中。股价从前期相对高位，即 2022 年 3 月 22 日的最高价 7.37 元，振荡下跌，至 2022 年 10 月 31 日的最低价 4.31 元止跌企稳，下跌时间较长，跌幅较大，下跌期间有过一次较大幅度的反弹。

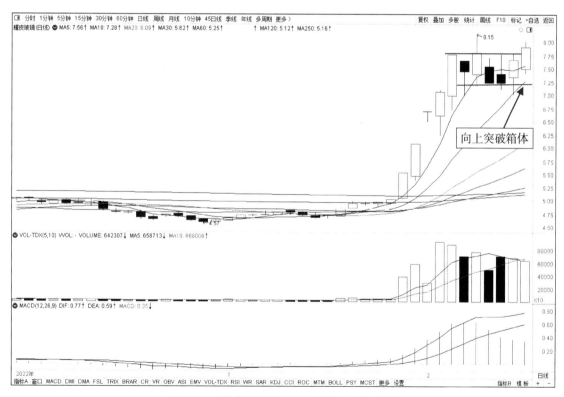

图 3-32　耀皮玻璃（600819）日 K 线走势图

2022 年 10 月 31 日股价止跌企稳后，主力机构展开振荡盘升行情，成交量呈间断性放大状态。

2023 年 1 月 16 日，该股平开，收出一根中阳线，突破前高，成交量较前一交易日放大两倍以上。当日股价向上突破 5 日、10 日、20 日、30 日和 60 日均线（一阳穿五线），

90 日均线在股价上方上行，120 日和 250 日均线在股价上方向下移动，均线蛟龙出海形态形成。此时，短期均线呈多头排列，均量线、MACD、KDJ、RSI 等技术指标开始走强，盘口的强势特征已经显现，后市快速上涨概率大。像这种情况，投资者可以在当日或次日跟庄进场逢低买入筹码。此后股价继续振荡上行，连续收出四根小阳线（十字星），正是投资者跟庄进场逢低买入筹码的好时机。

2023 年 1 月 30 日，该股高开，收出一个大阳线涨停板，突破前高，成交量较前一交易日放大十倍以上，形成大阳线涨停 K 线形态。此后，主力机构快速向上拉升股价。

2023 年 2 月 6 日，该股低开，收出一根长下影线锤头阴 K 线，成交量较前一交易日萎缩，主力机构展开高位振荡盘整走势。

2023 年 2 月 13 日截图当日，该股低开，收出一根中阳线（收盘价为 7.90 元，涨幅 3.13%），突破前高（突破 2023 年 2 月 7 日的收盘价 7.80 元，同时向上突破箱体），但成交量较前一交易日略有萎缩。此时，均线呈多头排列，MACD、KDJ、RSI 等技术指标也相当强势。那么，这次的向上突破箱体整理形态，是有效突破吗？

图 3-33 是耀皮玻璃（600819）2023 年 2 月 27 日星期一下午收盘时的 K 线走势图。从 K 线走势可以看出，2023 年 2 月 13 日，该股收出一根中阳线，突破 2023 年 2 月 7 日的高点，形成向上突破箱体整理形态。

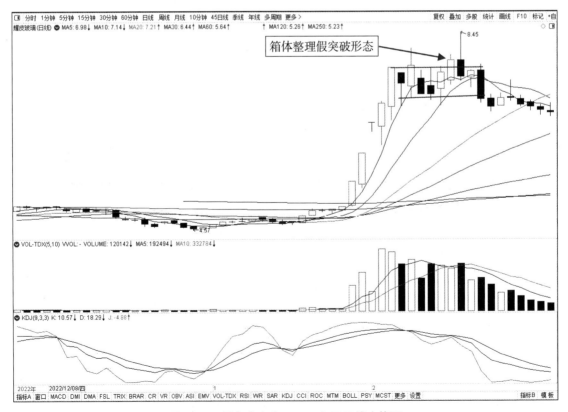

图 3-33　耀皮玻璃（600819）日 K 线走势图

2023 年 2 月 14 日，该股平开，收出一根长上影线倒锤头阴 K 线，成交量较前一交易日放大。由于高位或相对高位出现的倒锤头 K 线又称为射击之星、流星线，所以这根长上影线倒锤头阴 K 线，就是股价见顶的标志性 K 线。此时，5 日均线走平，MACD、KDJ 等技术指标已经走弱（2023 年 2 月 7 日 KDJ 指标三条曲线已经形成死叉），股价的弱势特征已经显现，属于明显的箱体假突破陷阱。像这种情况，投资者可以在当日或者次日逢高卖出手中筹码。

2023 年 2 月 16 日，该股高开，股价冲高回落，收出一根大阴线，成交量较前一交易日放大，股价跌破箱体下边支撑线，并且跌破 5 日和 10 日均线，5 日和 10 日均线拐头下行，反转下跌趋势基本形成。

2023 年 2 月 27 日截图当日，该股低开，收出一颗阴十字星，成交量较前一交易日萎缩，此时短期均线呈空头排列，后市继续看跌。

### 3. 拉尾盘陷阱

拉尾盘陷阱，指的是股价上涨至高位之后，主力机构为了掩护出货，采取尾盘突然拉升的手法，做高股价，使原本不太好看的 K 线形态修复好，在股价走势上制造上涨假象，吸引投资者的眼球，引诱跟风盘进场接盘。

主力机构拉尾盘陷阱与做收盘价陷阱有相似之处，都是通过拉出阳线甚至光头阳线或者涨停板，美化 K 线走势，显示做多信心，使投资者感觉股价下一交易日可能高开或会继续上涨，而犹豫不卖出或跟庄追进，但实际上是主力机构为了派发筹码而设置的陷阱。

实战操盘中，投资者要注意区别，主力机构拉尾盘个股的股价在该股 K 线走势中所处的位置。如果股价处于低位，应该是主力机构通过拉尾盘吸筹或快速脱离成本区。如果股价上涨至前期下跌密集成交区回调洗盘，应该是主力机构通过拉尾盘，快速突破前期压力位（中继上涨）。还有可能是个股有重大利好消息或者重大事项即将公布，主力机构通过拉尾盘甚至以涨停的方式收集筹码。对于以上主力机构拉尾盘情况，投资者可以适当跟进，但对于利好消息要注意分辨真假，并把握操盘节奏。

图 3-34 是美利云（000815）2022 年 11 月 30 日星期三下午收盘时的分时走势图。从分时走势可以看出，当日该股小幅低开后，股价振荡回落，成交量放大。当日上午 9:37 股价快速冲高，至前一交易日收盘价上方，展开横盘振荡整理行情。当日下午 14:05 股价快速上冲，于 14:11 触及涨停板，瞬间回落，展开高位振荡。股价横盘振荡整理和高位振荡期间，主力机构应该出了不少货。14:34 一笔 47149 手的大买单将股价封上涨停板，明显是主力机构通过拉尾盘，来吸引投资者眼球，引诱跟风盘进场接盘，同时做好 K 线图形，以便次日更好地出货。

图 3-34　美利云（000815）分时走势图

值得投资者注意的是，该股 2022 年 11 月 28 日的分时走势，也出现了拉尾盘的情况，说明主力机构意图通过拉尾盘做好 K 线图，来引诱跟风盘接盘，达到尽快出货的目的。

图 3-35 是美利云（000815）2022 年 11 月 30 日星期三下午收盘时的 K 线走势图。在软件上将该股整个 K 线走势图缩小后可以看出，此时该股走势处于上升趋势中。股价从前期相对高位（前期已有一波大幅上涨），即 2022 年 3 月 17 日的最高价 21.08 元，一路振荡下跌，至 2022 年 10 月 10 日的最低价 6.91 元止跌企稳，下跌时间不长，但跌幅大，其间有过一次较大幅度的反弹。

2022 年 10 月 10 日股价止跌企稳后，主力机构再次展开振荡盘升行情。

2022 年 10 月 28 日，该股低开，收出一个大阳线涨停板，突破前高，成交量较前一交易日放大两倍以上，形成大阳线涨停 K 线形态。当日股价向上突破 5 日、10 日、60 日、90 日和 250 日均线（一阳穿五线），20 日、30 日均线在股价下方向上移动，120 日均线在股价上方下行，均线蛟龙出海形态形成。此时，短期均线呈多头排列，均量线、MACD、KDJ、RSI 等技术指标已经走强，盘口的强势特征相当明显，后市快速上涨的概率大。像这种情况，投资者可以在当日跟庄抢板或在次日择机跟庄进场买入筹码。此后，主力机构展开了快速拉升行情。

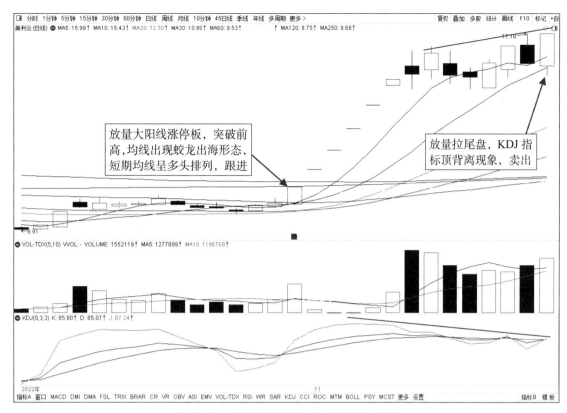

图 3-35　美利云（000815）日 K 线走势图

2022 年 11 月 30 日截图当日，该股低开，收出一个大阳线涨停板，突破前高，成交量较前一交易日放大，形成大阳线涨停 K 线形态。此时，均线呈多头排列，均量线、MACD 等技术指标也相对强势。但从当日分时走势看，主力机构拉尾盘是有意做好 K 线图形，吸引投资者的眼球，引诱跟风盘进场接盘，达到次日高开出货的目的。

另外，该股 K 线走势此时已经出现 KDJ 指标顶背离现象。即截图当日的收盘价 17.17 元，比 2022 年 11 月 22 日的收盘价 16.16 元（此前高点）高，而 KDJ 指标的高点却比前一次的高点低，预示股价在高位区域即将出现反转信号，投资者应该逐步逢高卖出手中筹码。一个交易日之后，股价反转下跌。

### 4. 假填权陷阱

假填权陷阱，是指股票在除权除息之后，主力机构摆出马上要填权的架势，将股价短暂推升走强数个交易日之后，即反转下跌，持续走低，这就是假填权陷阱（可称为贴权）。主力机构布下假填权陷阱的目的，是为了顺利派发手中筹码。

一般情况下，主力机构利用除权后的成交量放大制造假填权陷阱，有可能在除权当日进行，也可能推动股价小幅盘升几个交易日后进行，有的甚至在推动股价填权到三分之一或二分之一之后进行，这要看除权后的大势而定。只要主力机构手中筹码没有出完，就可能对倒做量展开小幅振荡盘升，设置正在逐步填权的假象，悄悄出货，直到筹码出完为止。

关于假填权陷阱，投资者要有以下认识：一是当大盘处于牛市时，个股除权后，主力机构基本会顺势填权，而大盘处于弱势时，主力机构往往会借助假填权陷阱来达到出货的目的。二是在大势向好时，在除权前庄家吸货时间较长，正准备拉升的且股本扩大在 4000 万股以下的个股，除权后极大可能填权。三是除权前股价翻了两番甚至三番的个股很难马上填权，这种个股除权前价位太高，主力机构很难出货，只有在除权后通过对倒放量假填权，逐步派发。四是上市公司在公布高送转方案前，股价就已经大幅飙升的个股，具体方案公布后，不管主力机构是真填权还是假填权，投资者最好不要参与，以防跟进被套。

图 3-36 是联特科技（301205）2023 年 7 月 6 日星期四下午收盘时的 K 线走势图。在软件上将该股整个 K 线走势图缩小后可以看出，该股是 2022 年 9 月 13 日上市的次新股。由于该股上市后大盘走势处于下跌态势，该股上市当日冲高至最高价 58.00 元回落，股价展开下跌行情。

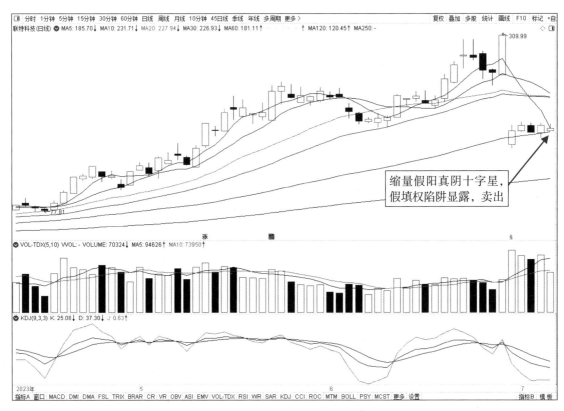

图 3-36　联特科技（301205）日 K 线走势图

2022 年 10 月 10 日，该股低开，收出一根小阴线，股价下探至当日最低价 37.11 元止跌企稳，虽然下跌时间不长，但跌幅大。

2022 年 10 月 10 日股价止跌企稳后，主力机构展开振荡盘升行情，洗盘吸筹。

2023 年 2 月 6 日，该股大幅高开（向上跳空 3.61% 开盘），收出一根长上影大阳线，突破前高，留下向上突破缺口，成交量较前一交易日放大四倍以上，形成向上突破缺口 K 线形态。此时，短中期均线呈多头排列，均量线、MACD、RSI 等部分技术指标已经走强，盘口的强势特征相当明显，后市上涨的概率大。像这种情况，投资者可以在当日跟庄抢板或在次日择机跟庄进场买入筹码。此后，主力机构展开了向上拉升行情。

2023 年 4 月 25 日，武汉联特科技股份有限公司董事会，发布关于 2022 年度利润分配预案的公告，公司以总股本 72 080 000 股为基数，向全体股东以每 10 股派发现金股利人民币 2 元（含税），合计派发现金股利人民币 14 416 000.00 元（含税）；不送红股，剩余未分配利润结转至以后年度；以资本公积金向全体股东每 10 股转增 8 股，共计转增 57 664 000 股，转增后公司总股本为 129 744 000 股。

2023 年 6 月 29 日，该股低开收出一根大阳线（收盘涨幅 19.06%），突破前高，当日最高价达到 309.99 元，上涨幅度十分惊人。

2023 年 6 月 30 日，是该股每 10 股派现金 2 元、每 10 股送转股比例 8 股的除权除息日。从分时走势可以看出，该股早盘开盘后，股价走势振荡走高，成交量明显放大，主力机构以对倒做量拉升的操盘手法，吸引投资者的眼球，引诱跟风盘进场接盘，主力机构则趁机慢慢出货。7 月 3 日至 7 月 5 日，该股展开横盘整理行情，成交量保持持续放大状态，主力机构持续大量派发出货。

2023 年 7 月 6 日截图当日，该股大幅低开，收出一根假阳真阴十字星，成交量较前一交易日萎缩，主力机构假填权陷阱显露，股价将反转下跌。像这种情况，已经跟庄进场的投资者，应该在当日或次日逢高卖出手中筹码。

# 第四章　短线实战选股

每位投资者的选股思路都是不一样的，有的偏好于短线思维，有的偏好于中（长）线思维。一般情况下，日线反映的是股价的日常波动，日线选股偏重于短线操盘，周（月）线反映的是股价的中（长）期趋势，周（月）线选股偏重于中（长）线操盘。但从本质上来说，不管是日线还是周（月）线，它们是相互联系、密不可分、可以共振的一个整体，可以互为补充、互为验证，提高准确率。A股的最大特点是牛短熊长，为此，绝大多数投资者偏向于短期日线选股。

## 一、短线实战选股基本步骤及注意问题

### 1. 短线实战选股

短线实战选股，是指依托日K线走势，选出筑底完成或回抽确认，各项技术指标开始或已经走强，主力机构即将拉升或刚开始拉升的个股。筛选过程中，要结合周（月）K线进行综合分析判断，月线主要看趋势，周线主要配合选股，日线和分时相结合选择买卖点。

短线实战选股，除非强势股，即各项技术指标开始或已经走强的个股，比如短线热点板块领涨股，可以追高外，对其他个股一般不要去追高。已经展开上涨的强势股，要认真分析股价在K线走势上所处的位置，可等股价回抽确认后再择机跟进。

图4-1是启迪环境（000826）2023年8月15日星期二下午收盘时的K线走势图。这是一个股价下跌企稳后展开初期上涨，然后再次展开横盘整理洗盘吸筹行情，股价突破前高和平台，投资者可以及时跟进的实战选股案例。在软件上将该股整个K线走势图缩小后可以看出，此时个股走势处于上升趋势中。股价从前期相对高位，即2022年7月26日的最高价4.66元，一路振荡下跌，至2023年6月26日的最低价2.69元止跌企稳，下跌时间较长，跌幅大，下跌期间有过多次较大幅度的反弹。

2023年6月26日股价止跌企稳后，主力机构开始向上推升股价，成交量温和放大，K线走势呈红多绿少态势。其间，收出过一个大阳线涨停板，为吸筹建仓型涨停板。

2023年7月27日，该股平开，股价冲高回落（当日股价最高上冲至3.43元），收出一颗十字星，成交量较前一交易日放大近两倍，主力机构展开横盘整理洗盘吸筹行情。

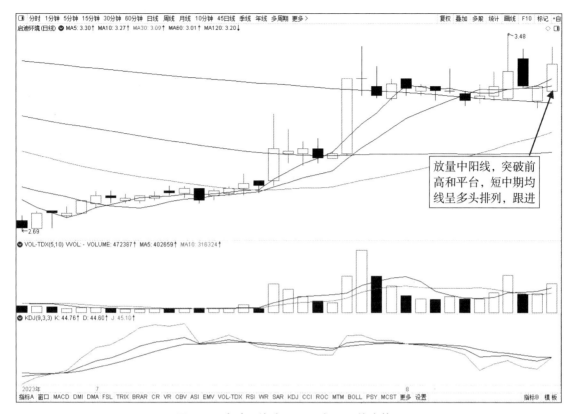

放量中阳线，突破前高和平台，短中期均线呈多头排列，跟进

图 4-1　启迪环境（000826）日 K 线走势图

2023 年 8 月 15 日截图当日，该股低开，收出一根中阳线，突破前高和平台，成交量较前一交易日大幅放大。此时，5 日均线与 10 日均线形成金叉，短中期均线呈多头排列，均量线、MACD、KDJ、RSI 等部分技术指标已经走强，盘口的强势特征也已显现，后市快速上涨的概率大。像这种情况，投资者可以在当日或次日择机跟庄进场逢低买入筹码。之后，主力机构展开了一波拉升行情。

### 2. 短线实战选股的基本步骤

选股时间按投资者的习惯而定，盘中选股或是盘后选股都可以。一般是盘中跟踪分析筛选，收盘前确定且买入。有的投资者更习惯于收盘后选股，主要是分析研判的时间更充足。

收盘前或收盘后选股，基本步骤可以按如下方式展开。

（1）打开沪深北股市的涨幅排名，也可按板块涨幅排名，选出涨幅在 3% 以上的个股（涨幅比例可根据大势情况适当提高）。

图 4-2 是 2023 年 9 月 12 日星期二下午收盘后的涨幅排名。

（2）进入个股的 K 线走势图依次下翻查看，选择那些筑底完成或回抽确认，主力机构即将拉升或刚开始拉升或上涨初中期的个股，并依次记录。

| | 代码 | 名称 | 涨幅% | 现价 | 涨跌 | 买价 | 卖价 | 总量 | 现量 | 涨速% | 换手% | 今开 | 最高 | 最低 | 昨收 | 市盈(动) | 总金额 | 量比 | 细分行业 |
|---|---|---|---|---|---|---|---|---|---|---|---|---|---|---|---|---|---|---|---|
| 1 | 300255 | 常山药业 | 20.08 | 6.40 | 1.07 | 6.40 | - | 100.7万 | 968 | 0.00 | 10.80 | 5.67 | 6.40 | 5.50 | 5.33 | - | 6.07亿 | 6.64 | 其他生物制药 |
| 2 | 300731 | 科创新源 | 20.02 | 23.56 | 3.93 | 23.56 | - | 215163 | 886 | 0.00 | 17.91 | 20.05 | 23.56 | 19.60 | 19.63 | 127.47 | 4.65亿 | 4.11 | 橡胶制品 |
| 3 | 300194 | 福安药业 | 18.99 | 4.70 | 0.75 | 4.69 | 4.70 | 218.1万 | 19119 | -0.20 | 22.53 | 3.99 | 4.74 | 3.98 | 3.95 | 17.38 | 9.75亿 | 13.12 | 化学制剂 |
| 4 | 301297 | 富乐德 | 17.76 | 30.10 | 4.54 | 30.09 | 30.10 | 560627 | 2172 | -1.85 | 71.24 | 24.34 | 30.67 | 24.06 | 25.56 | 130.47 | 15.6亿 | 1.86 | 半导体设备 |
| 5 | 301007 | 德迈仕 | 13.67 | 21.95 | 2.64 | 21.96 | 21.96 | 680831 | 4392 | 0.64 | 55.08 | 21.00 | 22.64 | 20.57 | 19.31 | 69.05 | 14.7亿 | 3.73 | 盘金与发动机系 |
| 6 | 300199 | 翰宇药业 | 13.56 | 10.47 | 1.25 | 10.47 | 10.48 | 108.3万 | 7925 | 0.00 | 16.26 | 9.54 | 11.06 | 9.52 | 9.22 | - | 11.3亿 | 6.12 | 化学制剂 |
| 7 | 688606 | 奥泰生物 | 12.85 | 58.75 | 6.69 | 58.75 | 58.76 | 46549 | 275 | -0.36 | 12.43 | 51.90 | 59.70 | 51.73 | 52.06 | 32.72 | 2.65亿 | 7.55 | 诊断试剂 |
| 8 | 300499 | 高澜股份 | 12.41 | 15.04 | 1.66 | 15.04 | - | 578308 | 8751 | 0.27 | 21.31 | 13.35 | 15.38 | 13.30 | 13.38 | - | 8.36亿 | 5.64 | 其他专用设备 |
| 9 | 301313 | 凡拓数创 | 12.11 | 49.44 | 5.34 | 49.43 | 49.44 | 168503 | 1252 | 0.00 | 65.86 | 43.27 | 52.92 | 43.00 | 44.10 | - | 8.26亿 | 2.93 | 其他专业服务 |
| 10 | 000813 | 德展健康 | 10.09 | 3.49 | 0.32 | 3.49 | - | 526779 | 1378 | 0.00 | 2.43 | 3.18 | 3.49 | 3.18 | 3.17 | - | 1.79亿 | 3.27 | 化学制剂 |
| 11 | 600839 | 四川长虹 | 10.07 | 4.59 | 0.42 | 4.59 | - | 412.9万 | 32498 | 0.00 | 8.95 | 4.15 | 4.59 | 4.12 | 4.17 | 52.40 | 18.0亿 | 2.18 | 电视 |
| 12 | 600725 | 云维股份 | 10.07 | 3.17 | 0.29 | 3.17 | - | 142743 | 296 | 0.00 | 1.16 | 2.90 | 3.17 | 2.90 | 2.88 | 900.50 | 4396万 | 0.49 | 贸易 |
| 13 | 002355 | 兴民智通 | 10.06 | 7.44 | 0.68 | 7.44 | - | 132.7万 | 2424 | 0.00 | 21.51 | 6.81 | 7.44 | 6.61 | 6.76 | - | 9.37亿 | 1.27 | 轮胎轮毂 |
| 14 | 002165 | 红宝丽 | 10.05 | 4.71 | 0.43 | 4.71 | - | 121.2万 | 6392 | 0.00 | 16.66 | 4.34 | 4.71 | 4.30 | 4.28 | 227.05 | 5.53亿 | 10.19 | 聚氨酯 |
| 15 | 000766 | 通化金马 | 10.05 | 9.42 | 0.86 | 9.42 | - | 713111 | 150 | 0.00 | 7.38 | 9.27 | 9.42 | 8.57 | 8.56 | 422.41 | 6.56亿 | | 化学制剂 |
| 16 | 000851 | 高鸿股份 | 10.03 | 6.91 | 0.63 | 6.91 | - | 106.5万 | 4611 | 0.00 | 9.41 | 6.50 | 6.91 | 6.41 | 6.28 | 1159.94 | 7.17亿 | 1.62 | 其他通信设备 |
| 17 | 605365 | 立达信 | 10.03 | 18.32 | 1.67 | 18.32 | - | 140249 | 454 | 0.00 | 24.49 | 16.58 | 18.32 | 16.58 | 16.65 | 45.08 | 2.56亿 | 1.07 | LED |
| 18 | 600719 | 大连热电 | 10.03 | 8.12 | 0.74 | 8.12 | - | 414046 | 781 | 0.00 | 10.23 | 7.76 | 8.12 | 7.76 | 7.30 | 7.94 | 3.34亿 | 1.46 | 热力服务 |
| 19 | 002166 | 莱茵生物 | 10.03 | 8.12 | 0.74 | 8.12 | - | 752246 | 1704 | 0.00 | 14.80 | 7.72 | 8.12 | 7.69 | 7.38 | 83.24 | 6.06亿 | 13.41 | 中药 |
| 20 | 002281 | 光迅科技 | 10.02 | 31.85 | 2.90 | 31.85 | - | 502683 | 1010 | 0.00 | 7.38 | 28.80 | 31.85 | 28.55 | 28.95 | 53.00 | 15.6亿 | 2.54 | 网络接配器及搭配 |
| 21 | 603797 | 合力科技 | 10.01 | 21.77 | 1.98 | 21.77 | - | 70145 | 67 | 0.00 | 4.47 | 20.43 | 21.77 | 20.21 | 19.79 | 57.12 | 1.49亿 | 4.88 | 其他汽车零部件 |
| 22 | 002902 | 铭普光磁 | 10.00 | 27.38 | 2.49 | 27.38 | - | 308934 | 218 | 0.00 | 20.67 | 25.61 | 27.38 | 25.61 | 24.89 | 320.62 | 8.21亿 | 0.95 | 网络接配器及搭配 |
| 23 | 603348 | 文灿股份 | 10.00 | 42.67 | 3.88 | 42.67 | - | 109265 | 68 | 0.00 | 4.15 | 38.79 | 42.67 | 38.69 | 38.79 | 404.21 | 4.51亿 | 3.27 | 其他汽车零部件 |
| 24 | 603887 | 城地香江 | 10.00 | 8.80 | 0.80 | 8.80 | - | 570917 | 274 | 0.00 | 12.67 | 8.80 | 8.80 | 8.39 | 8.00 | 343.56 | 4.71亿 | 8.35 | 云基础设施服务 |
| 25 | 603607 | 京华激光 | 10.00 | 18.15 | 1.65 | 18.15 | - | 149046 | 211 | 0.00 | 8.35 | 16.21 | 18.15 | 15.88 | 16.50 | 44.05 | 2.60亿 | 0.87 | 其他包装 |
| 26 | 603023 | 威帝股份 | 10.00 | 4.73 | 0.43 | 4.73 | - | 183271 | 318 | 0.00 | 3.26 | 4.73 | 4.73 | 4.73 | 4.30 | 642.93 | 8669万 | 2.15 | 汽车电子电气系 |
| 27 | 002957 | 科瑞技术 | 10.00 | 17.71 | 1.61 | 17.71 | - | 201105 | 357 | 0.00 | 4.90 | 16.05 | 17.71 | 15.84 | 16.10 | 57.24 | 3.48亿 | 3.40 | 工业专用设备 |
| 28 | 001268 | 联合精密 | 9.99 | 29.41 | 2.67 | 29.41 | - | 197133 | 249 | 0.00 | 56.01 | 27.00 | 29.41 | 24.66 | 26.74 | 47.44 | 5.33亿 | 10.76 | 机械基础件 |
| 29 | 600186 | 莲花健康 | 9.98 | 5.29 | 0.48 | 5.29 | - | 161.3万 | 1889 | 0.00 | 8.99 | 4.93 | 5.29 | 4.76 | 4.81 | 94.60 | 8.26亿 | 1.10 | 调味品 |
| 30 | 600520 | 文一科技 | 9.97 | 14.89 | 1.35 | 14.89 | - | 100348 | 391 | 0.00 | 6.33 | 14.89 | 14.89 | 14.89 | 13.54 | - | 6.12亿 | 0.87 | 半导体设备 |
| 31 | 601188 | 龙江交通 | 9.97 | 3.64 | 0.33 | 3.64 | - | 494220 | 900 | 0.00 | 3.76 | 3.32 | 3.64 | 3.27 | 3.31 | 20.29 | 1.74亿 | 1.16 | 高速公路 |
| 32 | 001313 | 粤海饲料 | 9.97 | 10.15 | 0.92 | 10.15 | - | 388038 | 529 | 0.00 | 17.79 | 9.50 | 10.15 | 9.43 | 9.23 | - | 3.90亿 | 5.19 | 水产饲料 |
| 33 | 600536 | 华映科技 | 9.97 | 3.20 | 0.29 | 3.20 | - | 565.4万 | 4919 | 0.00 | 20.46 | 2.77 | 3.20 | 2.70 | 2.91 | - | 10.0亿 | 1.34 | 面板 |
| 34 | 601908 | 京运通 | 9.94 | 5.20 | 0.47 | 5.20 | - | 655755 | 1814 | 0.00 | 2.72 | 4.73 | 5.20 | 4.72 | 4.73 | 113.08 | 3.31亿 | 4.82 | 光伏加工设备 |
| 35 | 300476 | 胜宏科技 | 9.78 | 23.91 | 2.13 | 23.91 | 23.92 | 845953 | 8409 | 0.00 | 9.88 | 21.80 | 25.99 | 21.77 | 21.78 | 29.93 | 19.9亿 | 4.18 | PCB |

图 4-2 涨幅排名

图 4-3 是浙江世宝（002703）2023 年 6 月 30 日星期五下午收盘时的 K 线走势图。这是一个主力机构展开初期上涨后，再展开横盘整理洗盘吸筹构筑平台，股价突破前高和平台，K 线走势形态良好的实战选股案例。在软件上将该股整个 K 线走势图缩小后可以看出，此时个股走势处于上升趋势中。股价从前期相对高位，即 2022 年 12 月 13 日的最高价 11.36 元振荡下跌（回调洗盘），至 2023 年 4 月 25 日的最低价 7.14 元止跌企稳，下跌时间虽然不长，但跌幅大。

2023 年 4 月 25 日股价止跌企稳后，主力机构开始向上推升股价，成交量放大，K 线走势呈红多绿少态势。其间，收出过三个大阳线涨停板，为吸筹建仓型涨停板。

2023 年 6 月 14 日，该股高开，股价冲高回落（当日股价最高上冲至 10.48 元），收出一根螺旋桨阴 K 线，成交量较前一交易日大幅放大，主力机构展开横盘整理洗盘吸筹行情，成交量呈逐步萎缩状态。

2023 年 6 月 30 日截图当日，该股低开，收出一个大阳线涨停板，突破前高和平台，成交量较前一交易日放大，形成大阳线涨停 K 线形态。此时，均线呈多头排列，MACD、KDJ、RSI 等技术指标已经走强，盘口的强势特征已经显现，后市快速上涨的概率大。像这种情况，投资者可以在当日跟庄抢板或在次日择机跟庄进场买入筹码。之后，主力机构展开了一波快速拉升行情。

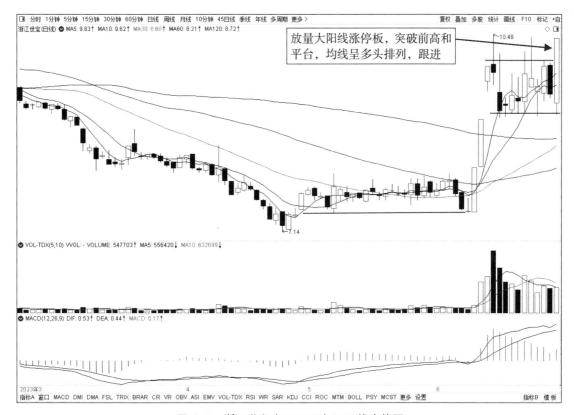

放量大阳线涨停板，突破前高和平台，均线呈多头排列，跟进

图4-3　浙江世宝（002703）日K线走势图

（3）选择各项技术指标开始走强或已经放量上涨的个股。前面两步将正在上涨的、K线走势较好的个股筛选出来了。此时，投资者可以运用主要技术指标进行分析。比如，可以用量比、均量线、MACD、换手率等主要技术指标综合分析研判。放量上涨的个股是指当日的收盘价高于上一个交易日的收盘价，并且有所放量的个股。放量就代表有换手，特别是对于涨停板，没开板没换手很正常，但开板之后还是没换手就不正常了。当然，股价处于底部区域或相对低位，主力机构专门为了骗筹而打开的涨停板，成交量可能会小一些，换手率也会低一些。但只要有换手就代表有筹码交换，就可能是主力机构的交换接盘，也算是带量上涨。

图4-4是华映科技（000536）2023年8月31日星期四下午收盘时的K线走势图。这是一个各项技术指标已经走强的实战选股案例。在软件上将该股整个K线走势图缩小后可以看出，此时个股走势处于上升趋势中（后底比前底高）。股价从前期相对高位，即2023年2月16日的最高价2.48元振荡下跌（回调洗盘），至2023年6月27日的最低价1.73元止跌企稳，下跌时间虽然不长，但跌幅较大。

2023年6月27日股价止跌企稳后，主力机构开始向上推升股价，成交量温和放大，K线走势呈红多绿少态势。

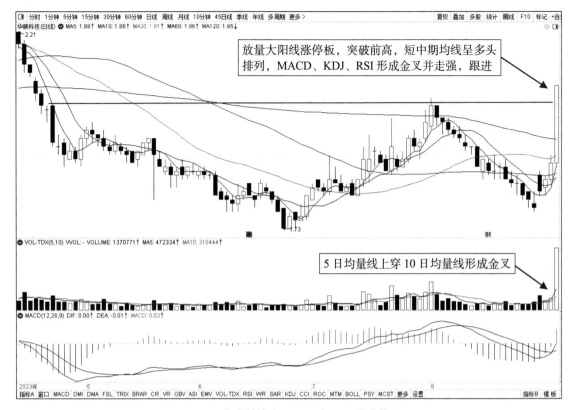

图 4-4 华映科技（000536）日 K 线走势图

2023 年 8 月 2 日，该股平开，股价回落，收出一根中阴线，成交量较前一交易日萎缩，主力机构展开回调洗盘行情，成交量呈逐步萎缩状态。

2023 年 8 月 25 日，该股低开，股价冲高回落，收出一颗阴十字星，成交量较前一交易日略有放大，股价止跌企稳。之后，主力机构向上推升股价。

2023 年 8 月 31 日截图当日，该股平开，收出一个大阳线涨停板，突破前高，成交量较前一交易日放大五倍以上（当日换手率为 4.96%），形成大阳线涨停 K 线形态。此时，短中期均线呈多头排列，5 日均量线已经上穿 10 日均量线形成金叉，MACD、KDJ、RSI 形成金叉并走强，盘口的强势特征也已显现，后市快速上涨的概率大。像这种情况，投资者可以在当日跟庄抢板或在次日择机跟庄进场买入筹码。之后，主力机构展开了一波快速拉升行情。

通过上述三个步骤，所选出来的股票应该不会太弱，当然有一些股票选出来之后不一定马上就有很好的表现，甚至还可能回调，但只要趋势不变就值得关注。

### 3. 短线实战选股应注意的问题

做短线是为了赚快钱，要想短线操盘盈利，第一步就是要选对股票，这是对投资者是否感知市场，熟悉个股走势的重要考验。重要的一点是，短线选股应该重点关注热点概念板块，只有对新热点、新概念板块有足够的敏锐性和预见性，才能选出短期内能够快速上涨的强势股。在短线实战选股过程中，投资者还要注重以下问题。

（1）要注重K线走势和形态的变化。短线选股首先要分析目前股价在个股K线走势中所处的位置，要选走出底部（底部抬高）或回抽确认的个股。其次要关注K线形态的变化，比如W底、头肩底、圆弧底、箱体底、上升通道等，这些K线形态的形成并放量突破颈线位或突破颈线位回抽确认时，就是跟庄进场买入筹码的最佳时机。

图4-5是沈阳化工（000698）2020年7月2日星期四下午收盘时的K线走势图。这是一个突破箱体底K线形态的实战选股案例。在软件上将该股整个K线走势图缩小后可以看出，此时该股走势处于底部横盘筑底突破阶段。股价从前期相对高位，即2020年2月7日的最高价5.45元振荡下跌（回调洗盘），至2020年5月22日的最低价3.01元止跌企稳，下跌时间虽然不长，但跌幅较大。

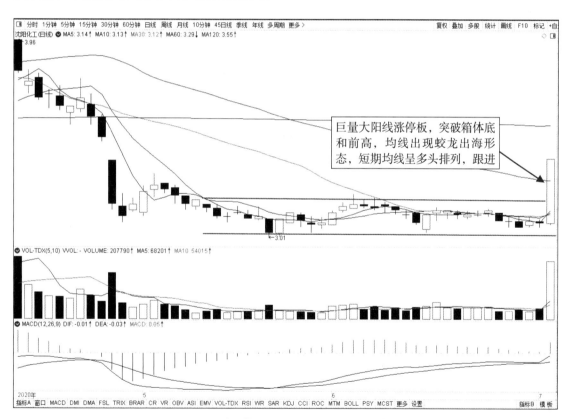

图4-5　沈阳化工（000698）日K线走势图

2020年5月22日股价止跌企稳后，主力机构开始展开小幅振荡整理筑底，成交量呈间断性放大状态，K线走势呈红多绿少态势。

2020年7月2日截图当日，该股平开，收出一个大阳线涨停板，突破箱体底（整理平台）和前高，成交量较前一交易日放大五倍以上（当日换手率为 2.64%），形成大阳线涨停 K 线形态。当日股价向上突破 5 日、10 日、30 日和 60 日均线（一阳穿四线），120 日均线在股价上方向上移动，均线蛟龙出海形态形成。此时，短期均线呈多头排列，5 日均量线上穿 10 日均量线形成金叉，MACD、KDJ、RSI 形成金叉并走强，盘口的强势特征也已显现，后市快速上涨的概率大。像这种情况，投资者可以在当日跟庄抢板或在次日择机跟庄进场买入筹码。之后，主力机构展开了一波快速拉升行情。

（2）要注重成交量的变化。量在价先，量是价的动力和源泉，只有把成交量与股价结合起来综合分析个股的走势才有实战意义。成交量的放大，意味着换手率提高，平均持仓成本拉高，上挡抛压逐渐减轻，股价持续上涨。当然，主力机构控盘程度高的个股，股价也会出现缩量上攻的情形，但缩量上攻的时间不会持续太久，否则平均持仓成本无法拉高，抛压增加，股价上涨就缺乏动能。所以，短线选股要关注成交量的变化，一定要选底部或相对低位放量（最好是温和放量）上涨的股票，或者选择缩量回调洗盘、突破颈线位回抽确认，然后放量上涨的个股。

图 4-6 是通达动力（002576）2023 年 1 月 5 日星期四下午收盘时的 K 线走势图。这是一个缩量回调洗盘然后放量上涨的实战选股案例。在软件上将该股整个 K 线走势图缩小

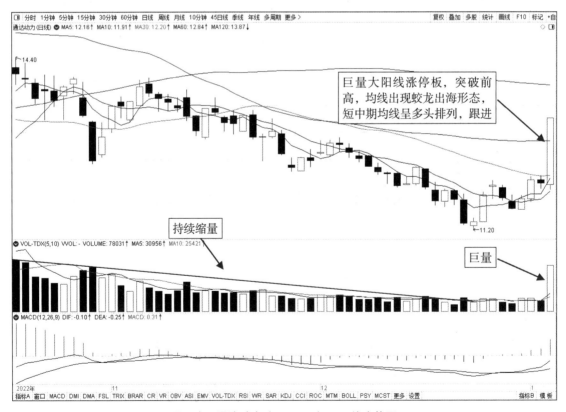

图 4-6　通达动力（002576）日 K 线走势图

后可以看出，此时该股走势处于止跌回升突破阶段。股价从前期相对高位，即2022年8月10日的最高价21.14元缩量回调洗盘，至2022年12月23日的最低价11.20元止跌企稳，回调洗盘时间虽然不长，但跌幅大，下跌期间有过一次较大幅度的反弹。

2022年12月23日股价止跌企稳后，主力机构开始推升股价，成交量呈温和放大状态。

2023年1月5日截图当日，该股低开，收出一个大阳线涨停板，突破前高，成交量较前一交易日放大四倍以上（当日换手率为4.82%），形成大阳线涨停K线形态。当日股价向上突破5日、30日、60日均线（一阳穿三线），10日均线在股价下方向上移动，120日均线在股价上方下行，均线蛟龙出海形态形成。此时，短中期均线呈多头排列，5日均量线上穿10日均量线形成金叉，MACD、KDJ、RSI等技术指标走强，盘口的强势特征已经显现，后市快速上涨的概率大。像这种情况，投资者可以在当日跟庄抢板或在次日择机跟庄进场买入筹码。之后，主力机构展开了一波快速拉升行情。

（3）要注重均线走势和形态变化。短线操盘主要参考5日、10日、30日均线。5日均线上穿10日、30日均线形成金叉，10日均线上穿30日均线形成金叉，是跟庄进场买进筹码的时机，如果下穿形成死叉则是卖出筹码的时机。5日、10日、30日三条均线呈多头排列，是股价走势强劲的表现。股价缩量回抽至5日、10日或30日均线，回抽确认后是买入筹码的好时机。当然，股价究竟要回抽至哪一条均线时买入，应视个股走势和大盘情况而定。5日、10日、30日三条均线都向下排列称空头排列，是股价弱势的表现，不宜盲目跟庄进场买入筹码。

图4-7是中远海特（600428）2022年8月12日星期五下午收盘时的K线走势图。这是一个缩量回调洗盘然后放量上涨，再回调后突破前高（颈线）的实战选股案例。在软件上将该股整个K线走势图缩小后可以看出，此时该股走势处于回调之后突破前高（颈线）的阶段。股价从前期相对高位（前期有过一大波上涨），即2021年9月23日的最高价8.48元缩量回调洗盘，至2022年4月27日的最低价3.50元止跌企稳，回调洗盘时间虽然不长，但跌幅大，其间有过两次较大幅度的反弹。

2022年4月27日股价止跌企稳后，主力机构开始推升股价（其间有过一段横盘整理洗盘吸筹走势），成交量放大。

2022年7月27日，该股低开，收出一根中阴线，成交量较前一交易日大幅萎缩，主力机构展开挖坑洗盘走势，成交量呈萎缩状态。

2022年8月11日，该股高开，收出一根大阳线（收盘涨幅8.28%），突破前高，成交量较前一交易日放大近两倍，挖坑结束。当日股价向上突破5日、10日、30日、60日和120日均线（一阳穿五线），均线蛟龙出海形态形成。此时，MACD、KDJ等部分技术指标开始走强，盘口的强势特征开始显现，后市上涨的概率大，投资者可以在当日或次日跟庄进场买入筹码。

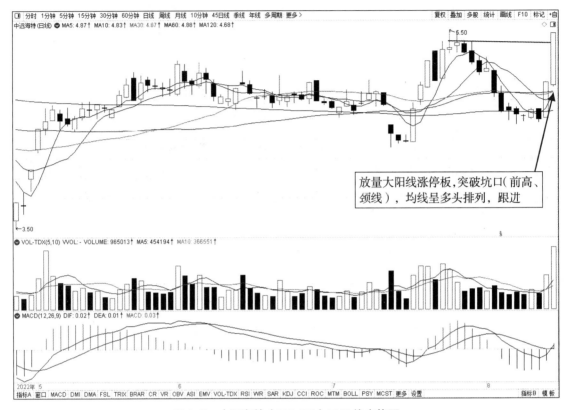

放量大阳线涨停板，突破坑口（前高、颈线），均线呈多头排列，跟进

图4-7　中远海特（600428）日K线走势图

2022年8月12日截图当日，该股低开，收出一个大阳线涨停板，突破坑口（前高、颈线），成交量较前一交易日放大近两倍，形成大阳线涨停K线形态。此时，均线呈多头排列，5日均量线上穿10日均量线形成金叉，MACD、KDJ、RSI形成金叉并走强，其他技术指标同步走强，盘口的强势特征也已相当明显，后市快速上涨的概率大。像这种情况，投资者可以在当日跟庄抢板或在次日择机跟庄进场买入筹码。之后，主力机构展开了一波快速拉升行情。

（4）要注重分析一些重要的常用技术指标。软件上的各种技术指标很多，各有侧重，投资者想要全部学懂弄通很难，其实也没有必要，只要熟悉运用其中几种常用技术指标即可，比如MACD、KDJ、RSI等指标，知道超买、超卖、底背离、顶背离、金叉、死叉的实战运用就可以了。由于技术指标的灵敏性和滞后性特征明显，主力机构常常利用技术指标进行骗线和挖坑，所以，投资者不能仅靠技术指标来分析判断股价的走势和强弱，一定要综合各方面因素尤其是股价在K线走势中所处的位置、量价关系等展开深入的分析研判。

图4-8是中路股份（600818）2021年2月19日星期五下午收盘时的K线走势图。在

软件上将该股整个 K 线走势图缩小后可以看出，股价从前期相对高位，即 2020 年 6 月 5 日的最高价 15.10 元，一路振荡下跌，至 2021 年 2 月 5 日的最低价 6.60 元止跌企稳，下跌时间较长，跌幅大，下跌期间有过三次较大幅度的反弹。

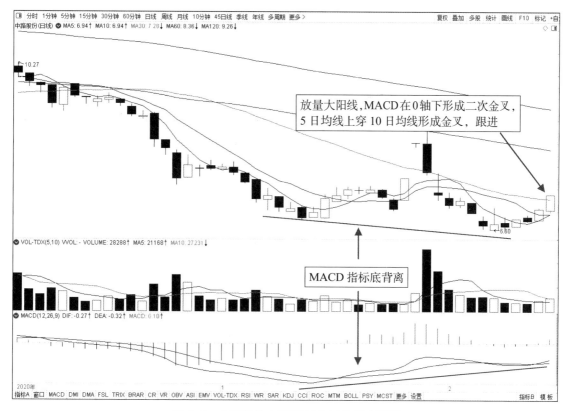

图 4-8　中路股份（600818）日 K 线走势图

从 2021 年 1 月 13 日开始，股价走势处于下跌状态，而 MACD 指标图形上的绿色能量柱却逐渐缩短，即当股价的低点比前一次的低点低，而 MACD 指标的低点却比前一次的低点高，出现了 MACD 指标底背离现象，预示股价接近底部，可能出现反转，投资者可以做好跟庄进场准备。

2021 年 2 月 5 日股价止跌企稳后，主力机构开始向上推升股价，成交量同步放大。2 月 18 日，MACD 指标快线 DIF 向上穿过（突破）慢线 DEA 形成 0 轴线下方的第二个金叉，预示股价开始转强，可视为第一个买点，投资者可以跟庄进场逢低分批买进筹码。

2021 年 2 月 19 日截图当日，该股低开，收出一根大阳线（收盘涨幅为 4.54%），突破前高，成交量较前一交易日明显放大。此时，5 日均线上穿 10 日均线形成金叉，MACD、KDJ、RSI 等技术指标开始走强，股价的强势特征开始显现。像这种情况，投资者可以在当日或次日跟庄进场逢低买入筹码。之后，主力机构展开了一波时间较长、幅度较大的振荡盘升行情。

## 二、短线实战选股应把握的原则

A股行情一般可分为牛市、熊市、平衡市（牛皮市）或振荡市等几种情况，由于个股股性不同，导致个股在不同的市场行情中，它们的涨跌表现也不尽相同。所以，投资者在短线选股时，要根据市场行情和个股的股性来筛选。一般应遵循以下原则。

### 1. 现金为王原则

证券投资是高风险、高收益的行业，作为普通投资者，控制好风险是第一重要的事情，如果大势不好或对个股行情把握不准，抑或是心情不好时，可以不选股、不操作，空仓休整一段时间。老话说得好，"仓里有粮，心中不慌。"

### 2. 顺应趋势原则

要顺应大盘的运行趋势选股，因为绝大多数股票都随大盘趋势运行，大盘处于上升趋势时选出和买入的股票获利机会大。所以，选股时，要对大盘以及个股的运行趋势有一个明确的判断，在确认大盘和个股趋势向上时再选股操作，最大限度地保证资金的安全。

### 3. 强势原则

"强者恒强，弱者恒弱"告诉我们，炒股要炒强势股，选择股票更要选择强势股和领涨股。一是个股走势要强于大盘，即总体涨幅高于大盘，上涨时涨速快，下跌时抗跌性强，强于大势，走出独立的上涨行情。二是从技术层面看，一些重要的技术指标，比如股价收在均线之上，均线趋势向上且呈多头排列，均量线、MACD、KDJ、RSI 等重要技术指标形成金叉等，这种个股后市行情应该能够持续强势一段时间。

图4-9是通化金马（000766）2023年9月15日星期五下午收盘时的K线走势图。在软件上将该股整个K线走势图缩小后可以看出，股价从前期相对低位，即2021年1月14日的最低价2.78元，一路振荡盘升，至2022年11月15日的最高价6.63元，展开回调洗盘行情。

2023年6月26日，股价探至当日最低价4.53元止跌企稳，回调洗盘结束。

2023年7月4日，该股低开，收出一个大阳线涨停板，突破坑口（前高），成交量较前一交易日放大四倍以上，形成大阳线涨停K线形态。当日股价向上突破5日、10日、30日、60日和120日均线（一阳穿五线），均线蛟龙出海形态形成。此时，均线呈多头排列，5日均量线上穿10日均量线形成金叉，MACD、KDJ、RSI形成金叉并走强，其他技术指标同步走强，盘口的强势特征也已显现，后市上涨的概率大。像这种情况，投资者可以在当日或次日逢低分批买入筹码。当日大盘走势为横盘振荡整理，可见该股走出了与大盘相反的独立上涨行情。之后，主力机构继续向上推升股价。

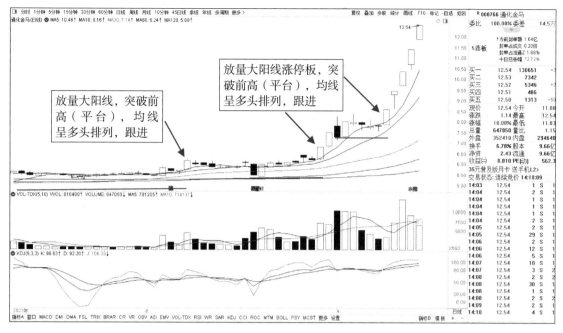

图 4-9 通化金马（000766）日 K 线走势图

2023 年 8 月 8 日，该股高开，收出一根大阳线（收盘涨幅 7.91%），突破前高（平台），成交量较前一交易日放大。此时，均线呈多头排列，5 日均量线、MACD、KDJ、RSI 等各项技术指标持续走强，后市持续上涨的概率大。像这种情况，投资者可以在当日或次日继续逢低分批买入筹码。当日大盘走势疲软（小幅下跌），可见该股持续走出了与大盘相反的独立上涨行情。之后，主力机构继续向上推升股价。

2023 年 8 月 30 日，该股高开，收出一个大阳线涨停板，突破前高（平台），形成大阳线涨停 K 线形态，成交量较前一交易日放大近三倍以上。此时，均线呈多头排列，5 日均量线、MACD、KDJ、RSI 等各项技术指标持续强势，股价后市持续上涨的概率大。当日大盘走势为横盘振荡整理，可见该股继续走出了与大盘相反的独立上涨行情。像这种情况，投资者可以在当日跟庄抢板或在次日择机跟庄进场买入筹码。之后，主力机构继续向上推升股价。

2023 年 9 月 11 日，该股高开，收出一个大阳线涨停板，突破前高（平台），形成大阳线涨停 K 线形态，成交量较前一交易日放大。此时，均线呈多头排列，MACD、KDJ、RSI 等各项技术指标相当强势，股价后市快速上涨的概率大。像这种情况，投资者可以在当日跟庄抢板或在次日择机跟庄进场买入筹码。当日大盘走势略有反弹，但仍难改下跌走势，可见该股连续走出了与大盘相反的独立上涨行情。之后，主力机构快速向上拉升股价。

2023 年 9 月 15 日截图当日，该股大幅高开，收出一个大阳线涨停板，成交量较前一交易日大幅萎缩，至当日，主力机构已经连续拉出五个涨停板，股价远离 30 日均线且涨幅大。此时，虽然均线呈多头排列，但5日均量线已经拐头向下，KDJ、RSI指标已经超过80以上，已进入超买阶段，随时可能出现回落。像这种情况，投资者可以在次日逢高卖出手中筹码，落袋为安。可继续跟踪观察。

## 4. 主力机构进驻原则

有主力机构进驻的个股，成交一般都比较活跃，盘口经常有大买单出现，有被控盘操盘的迹象，且关键位置有护盘和压盘迹象，成交量放出巨量后会再次萎缩，回调洗盘成交量呈逐渐萎缩状态，这些迹象表明主力机构实力较强。这样的个股可以在低位或相对低位跟进，也可以在回调洗盘之后突破颈线时加仓买进。

图4-10是粤桂股份（000833）2021年8月13日星期五下午收盘时的K线走势图。在软件上将该股整个K线走势图缩小后可以看出，股价从前期相对高位，即2020年4月8日的最高价6.41元，一路振荡下跌，至2021年2月9日的最低价3.97元止跌企稳，下跌时间较长，跌幅较大，下跌期间有过两次较大幅度的反弹。

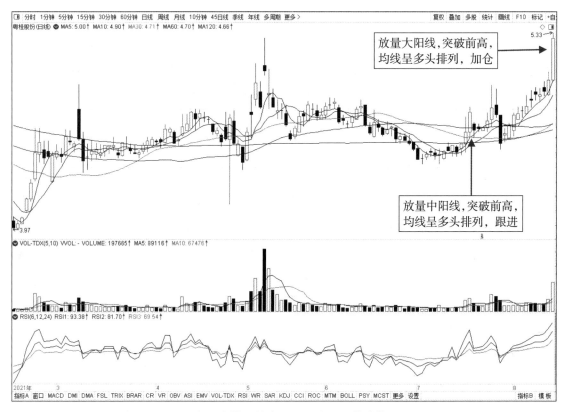

图4-10　粤桂股份（000833）日K线走势图

2021年2月9日股价止跌企稳后，主力机构开始向上推升股价，成交量同步放大。

2021年7月19日，该股平开，收出一根中阳线，突破前高，成交量较前一交易日明显放大。此时，均线呈多头排列，均量线、MACD、KDJ、RSI等技术指标走强，股价的强势特征已经显现。像这种情况，投资者可以在当日或次日跟庄进场逢低买入筹码。从当日分时走势可以看出，该股10:30出现脉冲式放量拉升，应该是主力机构大买单买进所致，当日收盘涨幅为3.02%。之后，主力机构继续向上推升股价。

2021年8月13日截图当日，该股平开，收出一根大阳线，突破前高，成交量较前一交易日放大两倍以上。此时，均线呈多头排列，均量线、MACD、KDJ、RSI等技术指标持续走强，股价的强势特征已经相当明显。像这种情况，投资者可以在当日或次日跟庄进场买入筹码。从当日分时走势可以看出，该股10:04和14:00分别出现了两次脉冲式放量拉升，应该是主力机构大买单买进所致，当日收盘涨幅为5.80%。之后，主力机构快速向上拉升股价。

图4-11是粤桂股份（000833）2021年7月19日星期一上午开盘后至10:30的分时截图。从当日分时走势可以看出，该股10:30出现脉冲式放量拉升，应该是主力机构大买单买进所致。

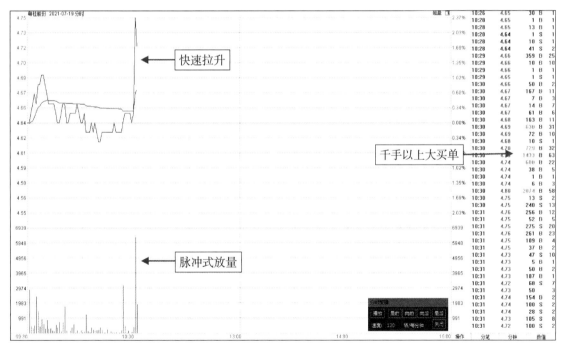

图4-11　粤桂股份（000833）分时走势图

图4-12是粤桂股份（000833）2021年8月13日星期五上午开盘后至14:00的分时截图。从当日分时走势可以看出，该股10:04和14:00分别出现了两次脉冲式放量拉升，应该是主力机构大买单买进所致。

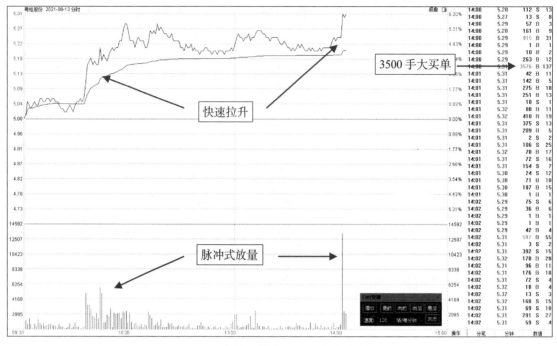

图 4-12 粤桂股份（000833）分时走势图

### 5. 热点题材原则

短线选股时，最好选择热门板块中走势最强的领涨股或排名靠前的强势股。一般情况下，市场的热点板块是资金做多的集中板块，往往涨幅惊人。另外，投资者还要重点关注一些短线题材股，比如个股业绩预增、个股即将或正在合资合作、个股股权转让、个股收购等重大资产重组、个股高送转分配预案等重要题材股。就短线操盘来说，投资者应该选择以上热点题材板块中的强势股，但热点题材股炒作时间短，实战操盘中要速战速决、快进快出。

图 4-13 是联合精密（001268）2023 年 9 月 8 日星期五下午收盘时的 K 线走势图。该股是 2022 年 6 月 30 日上市的次新股。上市后，股价上涨至 2022 年 7 月 7 日的最高价 44.49 元，然后展开振荡下跌行情，至 2023 年 8 月 25 日的最低价 19.99 元止跌企稳，下跌时间长，跌幅大。

2023 年 8 月 25 日股价止跌企稳后，主力机构快速推升股价，收集筹码，然后展开横盘整理洗盘吸筹行情。

2023 年 9 月 8 日截图当日，该股涨停开盘，收出一个一字涨停板，突破整理平台和前高，留下向上突破缺口，成交量较前一交易日放大，形成向上突破缺口和一字涨停 K 线形态，涨停原因类别为"光刻机概念＋新股与次新股及核准制次新股常规概念"炒作。此时，均线呈多头排列，均量线、MACD、KDJ、RSI 等技术指标走强，股价的强势特征非常明显，后市持续快速上涨的概率大。像这种情况，投资者可以在当日跟庄抢板，或次日集合竞价时以涨停价挂买单排队等候买进，然后持股待涨，待股价出现明显见顶信号时再撤出。

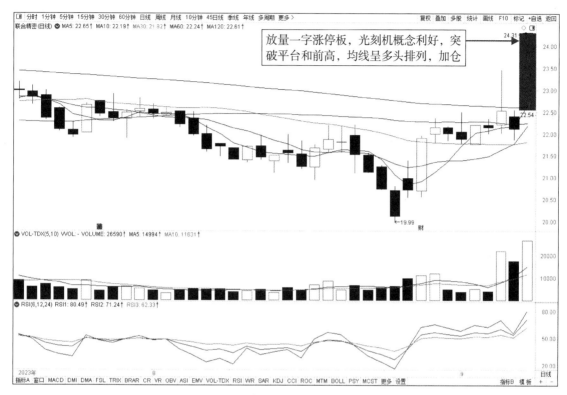

图 4-13　联合精密（001268）日 K 线走势图

## 三、短线实战选股技巧

选股是一项十分细致的技术活。前面分析的短线选股应把握的五条原则非常重要，这也是短线选股的一个总要求。但在筛选个股的具体操作上，投资者应该形成一个严格的比较系统的短线选股技巧或者说选股思路，以避免买进就跌、卖出就涨的尴尬局面，克服追涨杀跌且大概率亏损的操作模式。

这里简要分析八种短线选股技巧，为了突出重点和叙述方便，每一种技巧都是单独分析研究的，但在实战选股操作中，投资者一定要结合个股股价在 K 线走势中所处的位置，综合运用政策面、基本面、技术面、消息面等各方因素，准确研判行情走势，谨慎选择。

### 1. 成交量选股

成交量是最客观、最直接的市场要素之一。一般情况下，成交量的放大与萎缩，决定了股票的上涨与下跌（高位或相对高位的放缩量另论），一只股票要持续上涨，一定要有成交量的配合。所以，在短线选股上，一定要重视成交量的变化。

（1）选择底部放量的个股。对于短线操作来说，要选择下跌时间较长、跌幅较大、跌至底部区域量能萎缩到极小，然后开始放量（温和放量）的个股。这种底部放量的个股，预示股价即将出现反转，上涨是大概率事件，量能放大的越明显，上涨的动能就会越充足。

图4-14是东百集团（600693）2022年4月1日星期五下午收盘时的K线走势图。在软件上将该股整个K线走势图缩小后可以看出，股价从前期相对高位，即2021年5月26日的最高价4.75元，一路振荡下跌，至2022年3月16日的最低价3.55元止跌企稳，下跌时间较长，跌幅较大，下跌期间有过两次较大幅度的反弹。

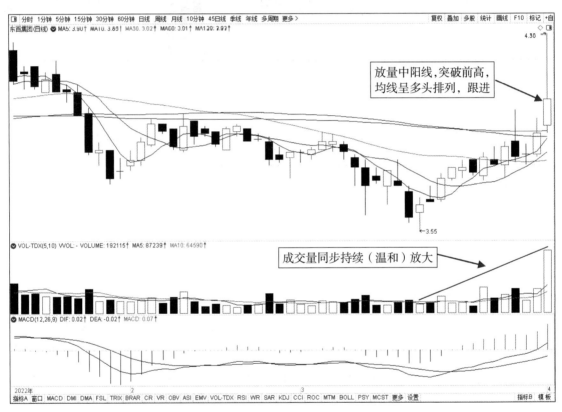

图4-14　东百集团（600693）日K线走势图

2022年3月16日股价止跌企稳后，主力机构开始向上推升股价，成交量同步持续（温和）放大，K线走势呈红多绿少态势。

2022年4月1日截图当日，该股高开，股价冲高回落收出一根长上影线中阳线（当日该股最高价至4.30元，差一分钱触及涨停。从当日分时走势看，10:17出现了一次脉冲式放量拉升，应该是主力机构大买单买进所致），成交量较前一交易日放大两倍以上。此时，均线呈多头排列，均量线、MACD、RSI等技术指标走强，股价的强势特征非常明显，后市持续快速上涨的概率大。像这种情况，投资者可以在当日或次日跟庄进场逢低买进筹码，持股待涨，待股价出现明显见顶信号时再撤出。

（2）选择底部突然放量的个股。一般情况下，底部突然放量的个股，后市有成为"黑马"的可能，因为能够大涨的股票在底部必然有大的成交量。当然，个股后市的上涨走势也不是一帆风顺的，而是伴随着主力机构回调洗盘、挖坑打压，振荡盘整曲折前行。

图 4-15 是中国神华（601088）2020 年 7 月 6 日星期一下午收盘时的 K 线走势图。在软件上将该股整个 K 线走势图缩小后可以看出，股价从前期相对高位，即 2019 年 3 月 4 日的最高价 21.68 元，一路振荡下跌，至 2020 年 6 月 30 日的最低价 14.31 元止跌企稳，下跌时间长，跌幅大，下跌期间有过多次较大幅度的反弹。

图 4-15 中国神华（601088）日 K 线走势图

2020 年 6 月 30 日股价止跌企稳后，从 7 月 1 日起，主力机构快速向上拉升股价，连续四天收出大（中）阳线，成交量急速放大，走出了快速填权行情。像这种情况，投资者可以重点关注后期走势，寻机跟进。

（3）选择较长时间横盘振荡整理之后放量上涨的个股。这种个股在经过低位或初期上涨之后，展开了较长时间的横盘振荡整理，会出现连续放量且股价逐步上涨的走势，此时普通投资者可以大胆跟进。

图 4-16 是中马传动（603767）2023 年 6 月 20 日星期二下午收盘时的 K 线走势图。

在软件上将该股整个 K 线走势图缩小后可以看出，股价从前期相对高位，即 2022 年 5 月 20 日的最高价 12.21 元，一路振荡下跌，至 2023 年 4 月 25 日的最低价 6.45 元止跌企稳，下跌时间长，跌幅大，下跌期间有过三次较大幅度的反弹。

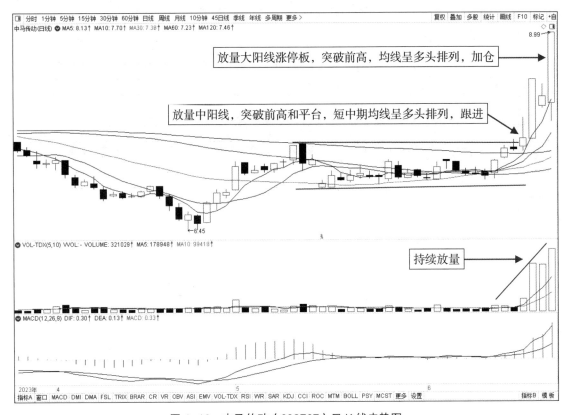

图 4-16　中马传动（603767）日 K 线走势图

2023 年 4 月 25 日股价止跌企稳后，主力机构开始向上推升股价，成交量温和放大，K 线走势呈红多绿少态势。

2023 年 5 月 15 日，该股高开，股价回落，收出一根中阴线，主力机构展开横盘振荡洗盘吸筹行情，成交量呈间断性放大状态。

2023 年 6 月 15 日，该股高开，股价冲高回落，收出一根长上影线中阳线，突破前高和平台，成交量较前一交易日放大近三倍。此时，短中期均线呈多头排列，5 日均量线向上与 10 日均量线形成金叉，MACD、RSI 等技术指标走强，股价的强势特征已经显现，后市持续快速上涨的概率大。像这种情况，投资者可以在当日或在次日跟庄进场买进筹码。之后，股价继续放量上涨。

2023 年 6 月 20 日截图当日，该股低开，收出一个大阳线涨停板，成交量较前一交易日大幅放大。此时，均线呈多头排列，均量线、MACD、KDJ、RSI 等技术指标走强，股价的强势特征非常明显，后市快速上涨的概率大。像这种情况，投资者可以在当日或次日跟庄进场加仓买进筹码，持股待涨，待股价出现明显见顶信号时再撤出。

（4）选择初期上涨回调（挖坑）洗盘、止跌企稳之后放量上涨或放量突破颈线的个股。这种放量上涨的个股，主力机构即将展开或已经展开中继上涨（拉升）行情。

图4-17是翠微股份（603123）2022年1月4日星期二下午收盘时的K线走势图。在软件上将该股整个K线走势图缩小后可以看出，股价从前期相对高位，即2021年5月24日的最高价8.87元，一路振荡下跌，至2021年10月29日的最低价6.11元止跌企稳，下跌时间虽然不是很长，但跌幅较大，下跌期间有过一次较大幅度的反弹。

图4-17　翠微股份（603123）日K线走势图

2021年10月29日股价止跌企稳后，主力机构开始向上推升股价，成交量逐渐放大，K线走势呈红多绿少态势。

2021年11月30日，该股低开，股价冲高回落，收出一根假阳真阴倒锤头K线，主力机构展开回调洗盘吸筹行情，成交量呈逐渐萎缩状态。

2021年12月17日，该股平开，收出一根大阳线，成交量较前一交易日放大两倍以上。之后，主力机构展开横盘振荡洗盘吸筹行情，成交量呈萎缩状态。

2022年1月4日截图当日，该股高开，收出一个大阳线涨停板，突破平台和前高（颈线），形成大阳线涨停K线形态，成交量较前一交易日放大近两倍。此时，均线呈多头排列，均量线、MACD、KDJ、RSI 形成金叉向上走强，股价的强势特征十分明显，后市持续快速上涨的概率大。像这种情况，投资者可以在当日跟庄抢板，或在次日集合竞价时以涨停价挂买单排队等候买进，然后持股待涨，待股价出现明显见顶信号时再撤出。

（5）关注成交量走出圆弧底的个股。成交量走出圆弧底的个股，投资者要特别重视，当成交量逐渐从走平开始放大且股价同步上涨时，是投资者跟庄进场买入筹码的时机。

图 4-18 是招商南油（601975）2022 年 5 月 6 日星期五下午收盘时的 K 线走势图。在软件上将该股整个 K 线走势图缩小后可以看出，股价从前期高位，即 2019 年 4 月 10 日的最高价 5.49 元，一路振荡下跌，至 2022 年 4 月 27 日的最低价 1.70 元止跌企稳，下跌时间长，跌幅大，下跌期间有过两次较大幅度的反弹。

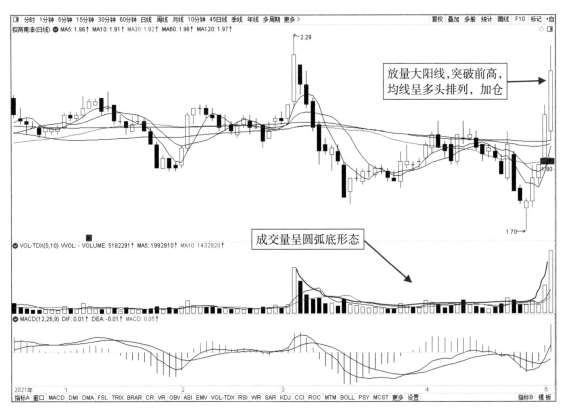

图 4-18　招商南油（601975）日 K 线走势图

下跌过程中的 2022 年 3 月 3 日，该股高开，股价冲高回落，收出一根略带上影线的大阳线（从当日分时走势看，该股 13:00 涨停，13:33 涨停板被大卖单砸开，收盘涨幅7.21%），成交量较前一交易日放大五倍以上。之后，主力机构展开回调洗盘行情，成交量呈逐渐萎缩状态，成交量圆弧底形态开始慢慢形成。

2022 年 5 月 5 日，该股跳空高开，股价冲高回落，收出一根略带上影线的大阳线（当日最高价 2.08 元，差一分钱涨停，收盘涨幅 7.89%），留下向上突破缺口，股价收在所有均线的上方，成交量较前一交易日放大三倍以上。此时，均线呈多头排列，均量线、MACD、KDJ、RSI 等技术指标走强，股价的强势特征已经显现，后市快速上涨的概率大。像这种情况，投资者可以在当日或次日跟庄进场逢低买进筹码。

2022 年 5 月 6 日截图当日，该股低开，股价冲高回落，收出一根略带上下影线的大阳线（从当日分时走势看，该股 13:21 涨停，14:25 涨停板被大卖单砸开，收盘涨幅 6.34%），成交量较前一交易日放大两倍以上，成交量圆弧底形态形成。表明该股股价经过长期的下跌之后，卖方抛压逐渐减轻，空方能量得到有效释放。此时，该股均线呈多头排列，均量线、MACD、KDJ、RSI 等技术指标已经走强，股价的强势特征十分明显，后市持续快速上涨的概率大。像这种情况，高位被套的投资者可以持股不动，等待反弹，手中没有筹码的投资者可以在当日或次日逢低加仓买进筹码，持股待涨，待股价出现明显见顶信号时再撤出。

### 2.底部标志性 K 线选股

关于底部标志性 K 线，前面章节也有过一些分析。在底部区域能够显示主力机构已经开始进场的标志性 K 线，主要有底部（低位）大阳线（也称送钱线，如果是涨停板当然更好）、低位长上影线阳 K 线（也称仙人指路）、低位长下影线阳 K 线（也称定海神针）、低位十字星（也称早晨之星或希望之星，如果是阳十字星更好）四种。还有一些底部或低位 K 线组合和形态，也表明主力机构已经进场吸筹建仓，比如双针探底 K 线组合、早晨之星 K 线组合、红三兵 K 线组合、看涨吞没 K 线组合、两阳夹一阴 K 线组合、底部双雄 K 线组合，以及 V 形底、W 底、三重底、头肩底、圆弧底等 K 线形态。当个股底部区域或相对低位出现以上标志性 K 线、K 线组合和形态，如果有成交量的配合，投资者可以将其列为重点标的。

图 4-19 是亨通光电（600487）2022 年 4 月 27 日星期三下午收盘时的 K 线走势图。在软件上将该股整个 K 线走势图缩小后可以看出，股价从前期相对高位，即 2021 年 11 月 18 日的最高价 17.94 元，一路振荡下跌，至 2022 年 4 月 27 日的最低价 9.30 元止跌企稳，下跌时间虽然不长，但跌幅大。

2022 年 4 月 27 日止跌企稳当日也即截图当日，该股低开，收出一根大阳线（收盘涨幅 4.07%），成交量较前一交易日放大。此时，虽然均线系统很弱，但均量线（形成向上金叉）、KDJ（三条曲线已形成金叉）、RSI（拐头向上即将金叉）等技术指标开始走强，股价的强势特征开始显现，后市上涨的概率大。像这种情况，激进型投资者可以在当日或次日逢低分批买进筹码，其他投资者可以待 5 日均线向上穿过 10 日均线形成金叉之后再跟进。

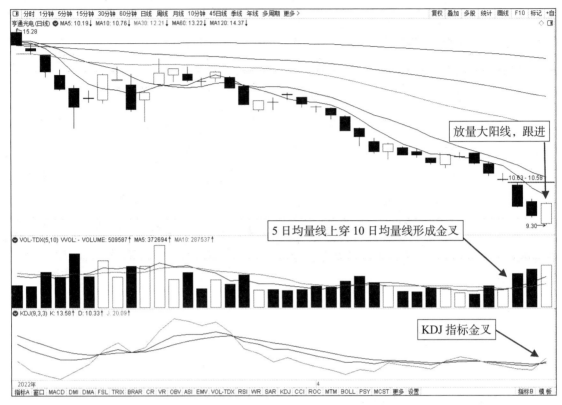

图 4-19　亨通光电（600487）日 K 线走势图

图 4-20 是国药股份（600511）2022 年 10 月 12 日星期三下午收盘时的 K 线走势图。在软件上将该股整个 K 线走势图缩小后可以看出，股价从前期相对期高位，即 2022 年 5 月 11 日的最高价 33.38 元，一路振荡下跌，至 2022 年 10 月 11 日的最低价 24.36 元止跌企稳，下跌时间虽然不长，但跌幅大。

2022 年 10 月 11 日股价止跌企稳当日，该股低开，收出一根长下影线假阳真阴锤头 K 线（单针探底），成交量较前一交易日放大。

2022 年 10 月 12 日截图当日，该股平开，收出一根长下影线锤头阳 K 线（当日最低价探至 24.37 元，比前一交易日最低价 24.36 元高出一分钱），成交量与前一交易日基本持平，一阴一阳两根长下影线锤头 K 线，形成双针探底 K 线组合。此时，虽然均线系统很弱，但 KDJ、RSI 等部分技术指标开始走强，股价的强势特征开始显现，后市上涨的概率大。像这种情况，激进型投资者可以在双针探底 K 线组合形成当日或者次日逢低买进筹码，其他投资者可以待 5 日均线向上穿过 10 日均线形成金叉之后再跟进。

### 3. 均线选股

大多数投资者都会利用均线系统进行选股，因为不同周期的均线能够反映出不同周期股价的基本走势，同时也能反映出市场平均买卖力度，根据均线的走势以及股价和均线之

图 4-20 国药股份（600511）日 K 线走势图

间的关系，投资者可以很好地研判个股的买入点位。

一般情况下，均线选股操作系统由 5 日、10 日、30 日、60 日和 120 日均线组成。短线选股可以参考 5 日、10 日和 30 日均线金叉或多头排列选择方法，中长线投资者可以参考 60 日、120 日和 250 日均线金叉和多头排列选择方法。当然，投资者也可以根据自己的操盘习惯将 20 日、90 日均线列入均线系统，进行组合搭配选股。

（1）选择短期均线金叉向上的个股。短期均线金叉也可以称为上涨初期均线黄金交叉形态，或简称为均线黄金交叉或均线第一次金叉。比如，5 日均线向上穿过 10 日均线，10 日均线向上穿过 30 日均线且 30 日均线同时向上移动，所形成的两个交叉都是短期均线金叉形态。短期均线金叉形态是一种预示后市短期行情看好，可以积极看多做多的信号。

图 4-21 是健之佳（605266）2022 年 10 月 10 日星期一下午收盘时的 K 线走势图。在软件上将该股整个 K 线走势图缩小后可以看出，此时股价走势处于高位下跌之后的反弹趋势中。股价从前期相对高位，即 2022 年 1 月 11 日的最高价 88.69 元，一路振荡下跌，至 2022 年 9 月 26 日的最低价 41.25 元止跌企稳，下跌时间较长，跌幅大，尤其是下跌后期，主力机构借助大盘下跌之势，加速杀跌洗盘，此时均线呈空头排列形态。

2022 年 9 月 26 日股价止跌企稳后，主力机构开始向上推升股价，收集筹码。9 月 30 日，该股低开，收出一根小阳线，突破前高，成交量较前一交易日萎缩，股价突破 30 日和 60 日均线且收在 60 日均线上方。当日 5 日均线向上穿过 10 日均线形成黄金交叉形态。此时，短中期均线呈多头排列，MACD、KDJ、RSI 等技术指标开始走强，股价的强势特征开始显现，投资者可以在当日或次日跟庄进场逢低分批买入筹码。

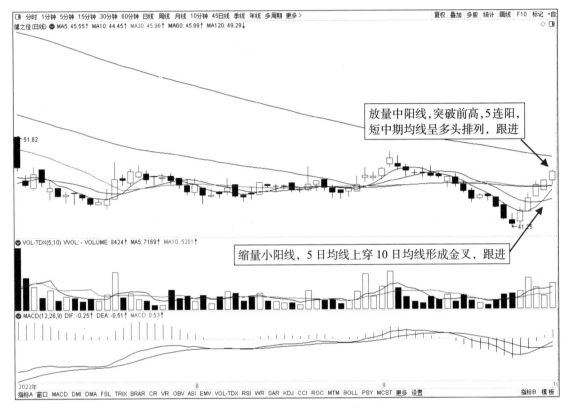

图 4-21 健之佳（605266）日 K 线走势图

2022 年 10 月 10 日截图当日，该股高开，收出一根中阳线，突破前高，成交量较前一交易日放大两倍，5 日均线即将向上穿过 30 日和 60 日均线形成第二个金叉。此时，该股连续收出 5 连阳，短中期均线呈多头排列，股价的强势特征已经显现，后市上涨的概率大。像这种情况，投资者可以在当日或次日跟庄进场逢低买入筹码。

（2）选择短期均线多头排列的个股。短期均线多头排列是指 5 日、10 日和 30 日均线由上自下排列（即短周期均线在上、长周期均线在下），同时各均线的方向均向上。短期均线多头排列表示行情正处于上涨阶段。

图 4-22 是派能科技（688063）2022 年 4 月 27 日星期三下午收盘时的 K 线走势图。在软件上将该股整个 K 线走势图缩小后可以看出，此时该股走势处于上升趋势中。股价从前期相对高位，即 2021 年 7 月 30 日的最高价 316.44 元振荡下跌，至 2022 年 3 月 16 日的最低价 112.41 元止跌企稳，此时均线呈空头排列。股价下跌时间虽然不是很长，但跌幅

大。下跌后期，主力机构借助当时大盘下跌之势，加速杀跌洗盘，收集了不少筹码建仓。下跌期间有过一次较大幅度的反弹。

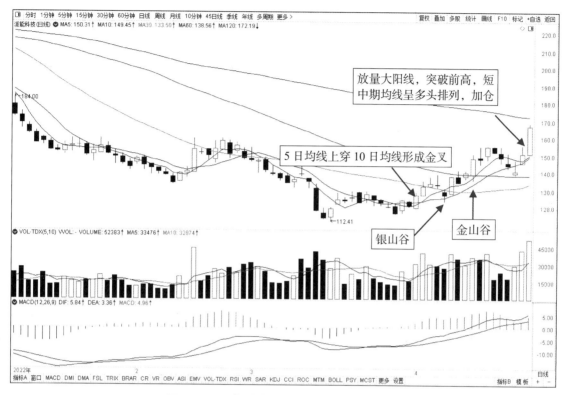

图 4-22　派能科技（688063）日 K 线走势图

2022 年 3 月 16 日股价止跌企稳后，主力机构展开振荡盘升行情，成交量呈逐步放大状态。

2022 年 4 月 6 日，该股低开，收出一根小阳线，突破前高，成交量较前一交易日明显放大，当日 5 日均线向上穿过 10 日均线形成金叉。此时，均线系统较弱（只有 5 日和 10 日均线上行），但均量线、MACD、KDJ、RSI 等技术指标开始走强，股价的强势特征开始显现，后市上涨的概率大，像这种情况，投资者可以在当日或次日跟庄进场逢低分批买进筹码。

2022 年 4 月 13 日，该股高开，收出一根小阴线，成交量较前一交易日萎缩。当日 10 日均线向上穿过 30 日均线形成均线银山谷形态。均线银山谷形态，是在股价上涨过程中均线黄金交叉形态之后，短中期均线向上穿过中长期均线所形成的均线形态，即短期均线由下而上穿过中期均线，中期均线由下而上穿过长期均线，从而形成一个尖头朝上的不规则三角形。均线银山谷形态的形成，表明多方已经积蓄了足够大的上攻能量，这既是一个股价见底后上涨的信号，也是一个后市看多并可以跟庄进场买进筹码的信号。均线银山谷形态之后形成的尖头朝上的不规则三角形，称为均线金山谷形态。4 月 19 日，该股高开，收出一根中阳线，突破前高，成交量较前一交易日明显放大。当日 10 日均线向上穿过 60 日均线形成均线金山谷形态。

2022 年 4 月 27 日截图当日，该股高开，收出一根大阳线，突破前高，成交量较前一交易日明显放大。此时，短中期均线呈多头排列，均量线、MACD、KDJ、RSI 等技术指标开始走强，股价的强势特征已经显现，后市持续快速上涨的概率大。像这种情况，投资者可以在当日或次日跟庄进场加仓买进筹码。

（3）选择短期均线黏合向上发散的个股。短期均线黏合向上发散也称为均线首次黏合向上发散形态，是指个股经过较长时间的下跌，在底部区域筑底的过程中，或是上涨初期之后的横盘振荡整理洗盘吸筹的末期，5 日、10 日和 30 日均线逐渐收敛，相互缠绕黏合，然后股价向上突破均线黏合，各均线逐渐向上形成发散状态。股价向上突破均线黏合形态，以及均线向上发散初期，如果有放大的成交量配合，突破的可信度和可靠性非常高，预示一波上涨行情或反弹行情即将展开。

图 4-23 是人民网（603000）2022 年 12 月 1 日星期四下午收盘时的 K 线走势图。在软件上将该股整个 K 线走势图缩小后可以看出，此时该股走势处于上升趋势中。股价从前期相对高位，即 2019 年 3 月 13 日的最高价 34.60 元，一路振荡下跌，至 2022 年 4 月 27

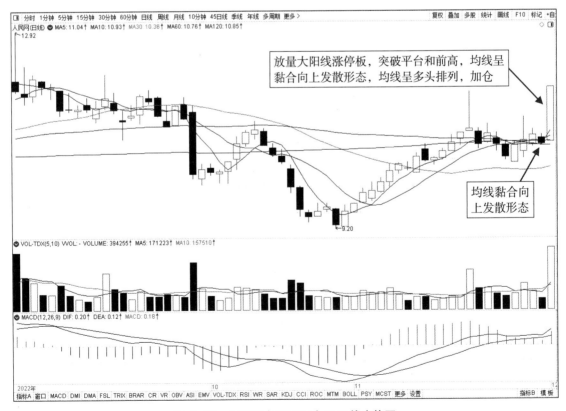

图 4-23　人民网（603000）日 K 线走势图

日的最低价 8.28 元止跌企稳，下跌时间长，跌幅大，尤其是下跌后期，主力机构借助当时大盘大跌之势，加速杀跌洗盘，此时均线呈空头排列形态，下跌期间有过多次较大幅度的反弹。

2022 年 4 月 27 日股价止跌企稳后，主力机构快速推升股价，收集筹码，K 线走势呈红多绿少态势。

2022 年 8 月 31 日，该股低开，股价冲高至当日最高价 12.92 元回落，收出一根长上影线倒锤头阴 K 线，成交量较前一交易日放大三倍以上，主力机构展开回调洗盘行情，成交量呈逐渐萎缩状态。

2022 年 10 月 28 日，该股低开，收出一根大阴线（当日涨幅 -3.65%），股价探至当日最低价 9.20 止跌止稳，成交量与前一交易日持平，回调洗盘行情结束，随后主力机构快速向上推升股价，收集筹码，K 线走势呈红多绿少态势，成交量呈逐渐放大状态。

2022 年 11 月 21 日，该股低开，收出一根中阴线，成交量较前一交易日大幅萎缩，股价展开横盘整理走势，成交量呈萎缩状态，均线逐渐走平，其中 5 日、10 日、60 日和 120 均线逐渐收敛，相互缠绕，形成均线黏合形态。

2022 年 12 月 1 日截图当日，该股高开，收出一个大阳线涨停板，突破平台和前高，形成大阳线涨停 K 线形态，成交量较前一交易日放大五倍以上。当日股价向上突破由 5 日、10 日、60 日和 120 均线形成的均线黏合形态，均线黏合向上发散形态形成。此时，均线呈多头排列，均量线、MACD、KDJ、RSI 等各项技术指标走强，股价的强势特征十分明显，后市持续快速上涨的概率大。像这种情况，投资者可以在当日跟庄抢板，或在次日集合竞价时以涨停价挂买单排队等候买进，持股待涨，待股价出现明显见顶信号时再撤出。

（4）选择一阳（中阳线或大阳线）向上穿过短期均线的个股。一阳（中阳线或大阳线）向上穿过短期均线，也称为上涨初期均线蛟龙出海形态，是在股价上涨（反弹）过程中或股价横盘振荡整理洗盘吸筹的末期，所形成的一种均线形态。一阳的阳线实体越长越好，最好是涨停板，且需要有放大的成交量配合，当日收盘价要收在三条以上均线的上方，才能表明突破确认，预示一波上涨（反弹）行情即将展开。

图 4-24 是中国科传（601858）2022 年 10 月 31 日星期一下午收盘时的 K 线走势图。在软件上将该股整个 K 线走势图缩小后可以看出，此时该股走势处于长期下跌之后的反弹趋势中。股价从前期相对高位，即 2019 年 6 月 26 日的最高价 14.36 元，一路振荡下跌，至 2022 年 10 月 11 日的最低价 6.95 元止跌企稳，下跌时间长，跌幅大，此时均线呈空头排列形态。下跌后期，主力机构借助当时大盘大跌之势，加速杀跌洗盘，收集了不少筹码建仓。

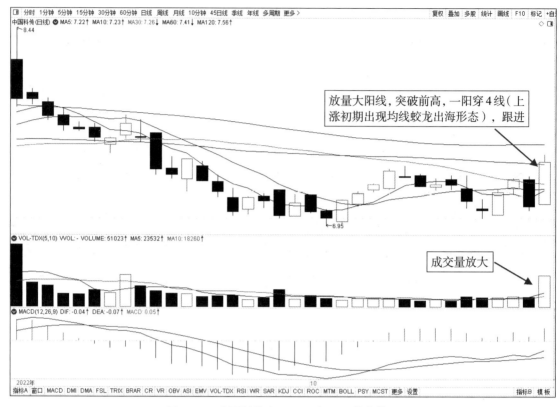

图 4-24　中国科传（601858）日 K 线走势图

2022 年 10 月 11 日股价止跌企稳后，主力机构快速推升股价，收集筹码。

2022 年 10 月 31 日截图当日，该股高开，收出一根大阳线（涨幅 4.80%），突破前高，成交量较前一交易日放大近三倍。当日股价向上突破 5 日、10 日、30 日和 60 日均线（一阳穿四线），收盘收在 60 日均线上方，上涨初期均线蛟龙出海形态形成。此时，均线系统较弱（只有 5 日、10 日和 120 日均线向上移动），但均量线、MACD、KDJ、RSI 等各项技术指标开始走强，股价的强势特征开始显现，后市上涨的概率大。像这种情况，投资者可以在当日或次日跟庄进场逢低分批买入筹码。

（5）选择均线形成银山（金山）谷形态的个股。

图 4-25 是杭州热电（605011）2023 年 5 月 12 日星期五下午收盘时的 K 线走势图。在软件上将该股整个 K 线走势图缩小后可以看出，此时该股走势处于长期下跌之后的反弹趋势中。股价从前期相对高位，即 2022 年 3 月 17 日的最高价 24.00 元，振荡下跌，至 2023 年 4 月 25 日的最低价 13.88 元止跌企稳，股价下跌时间长，跌幅大，此时短中期均线呈空头排列形态。下跌后期，主力机构借助当时大盘下跌之势，加速杀跌洗盘，收集了不少筹码建仓。

2023 年 4 月 25 日股价止跌企稳后，主力机构快速向上推升股价，K 线走势呈红多绿少态势，成交量呈逐步放大状态。

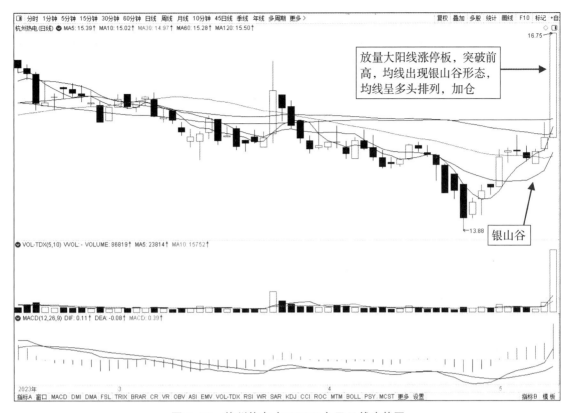

图 4-25 杭州热电（605011）日 K 线走势图

2023 年 5 月 5 日，该股高开，收出一颗阳十字星，突破前高，成交量较前一交易日萎缩，当日 5 日均线向上穿过 10 日均线形成金叉。此时，均线系统较弱（只有 5 日和 120 日均线上行），但 MACD、KDJ、RSI 等技术指标开始走强，股价的强势特征开始显现，后市上涨的概率大，像这种情况，投资者可以在当日或次日跟庄进场逢低分批买进筹码。

2023 年 5 月 12 日截图当日，该股平开，收出一个大阳线涨停板，突破前高，形成大阳线涨停 K 线形态，成交量较前一交易日放大六倍以上。当日 10 日均线向上穿过 30 日均线形成金叉，均线银山谷形态形成。此时，均线呈多头排列，均量线、MACD、KDJ、RSI 等技术指标已经走强，股价的强势特征已经十分明显，后市持续快速上涨的概率大。像这种情况，通投资者可以在当日跟庄抢板，或在次日集合竞价时以涨停价挂买单排队等候买进，持股待涨，待股价出现明显见顶信号时再撤出。

### 4. 换手率选股

个股换手率高，表明有主力机构资金在其中运作，这样的个股交投活跃、流通性好，是投资者短线追逐的对象，也是市场的热门股或强势股。

（1）选择下跌时间长、跌幅大、底部或相对低位放量、换手率高的个股。这种个股除有主力机构资金活动外，还有其他投资者在积极参与，后市有一定的上升空间。投资者可重点选择已经止跌企稳，短期均线拐头向上出现金叉或银山谷形态且换手率高的个股。

（2）选择在初期上涨阶段连续两天以上高换手率的个股。这类个股止跌企稳后迅速展开初期上涨行情，成交量同步放大，连续两天以上换手率各在 6% 左右，这很可能是领涨板块中的龙头股或者是强势股。

（3）选择中期回调或横盘振荡整理洗盘行情结束后，换手率走高的个股。初期上涨行情之后，主力机构展开回调或横盘振荡整理洗盘行情，清洗获利盘和前期套牢盘，拉高市场平均成本。缩量洗盘结束后，主力机构再次启动上涨行情，成交量放大，换手率走高，应该是中继行情的开始。

投资者运用换手率选股和运用换手率判断个股的趋势一样，一是要依据个股的流通盘来分析；二是要结合其他技术指标，进行综合分析判断后再做出选择。

图 4-26 是久远银海（002777）2023 年 3 月 13 日星期一下午收盘时的 K 线走势图。在软件上将该股整个 K 线走势图缩小后可以看出，此时股价处于长期大幅下跌企稳之后的上涨（反弹）走势中。股价从前期相对高位，即 2022 年 1 月 4 日的最高价 28.95 元，一路振荡下跌，至 2022 年 10 月 11 日的最低价 11.90 元止跌企稳，下跌时间较长，跌幅大。

2022 年 10 月 11 日股价止跌企稳后，主力机构向上推升股价，收集筹码。

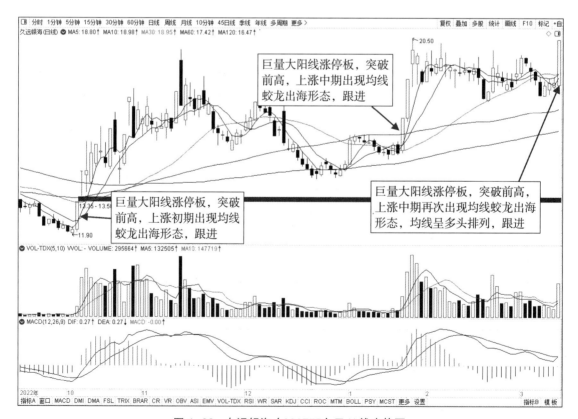

图 4-26　久远银海（002777）日 K 线走势图

2022 年 10 月 12 日，该股平开，收出一个大阳线涨停板，突破前高，形成大阳线涨停 K 线形态，成交量较前一交易日放大七倍以上，换手率 2.28%（由于长期下跌缩量及涨停的因素，较前一交易日来说，2.28% 的换手率属于高换手率巨量涨停）。当日股价向上突破 5 日、10 日和 30 日均线（一阳穿三线），收盘收在 30 日均线上方，上涨初期均线蛟龙出海形态形成。此时，均线系统较弱（只有 5 日、10 日和 60 日均线向上移动），但均量线、MACD、KDJ、RSI 等各项技术指标开始走强，股价的强势特征开始显现，后市上涨的概率大。像这种情况，投资者可以在当日或次日跟庄进场逢低分批买入筹码。

2023 年 1 月 18 日，该股高开，收出一个大阳线涨停板，突破前高，形成大阳线涨停 K 线形态，成交量较前一交易日放大三倍以上，换手率 4.62%。当日股价向上突破 5 日、10 日、30 日和 60 日均线（一阳穿四线），120 日均线在股价下方上行，上涨中期均线蛟龙出海形态形成，初期上涨行情之后的回调洗盘行情结束。此时，均线（除 30 日均线外）呈多头排列，均量线、MACD、KDJ、RSI 等各项技术指标走强，股价的强势特征已经显现，后市上涨的概率大。像这种情况，投资者可以在当日或次日跟庄进场逢低买入筹码。

2023 年 3 月 13 日截图当日，该股低开，收出一个大阳线涨停板，突破前高和平台，形成大阳线涨停 K 线形态，成交量较前一交易日放大四倍以上，换手率 7.41%。当日股价向上突破 5 日、10 日和 30 日均线（一阳穿三线），60 日和 120 日均线在股价下方上行，上涨中期均线蛟龙出海形态再次形成，中期强势调整洗盘行情结束，回抽确认。此时，均线呈多头排列，均量线、MACD、KDJ、RSI 等各项技术指标走强，股价的强势特征已经相当明显，后市快速上涨的概率大。像这种情况，投资者可以在当日或次日跟庄进场逢低买入筹码。

### 5. MACD 指标选股

MACD 指标即指数平滑异同移动平均线指标，投资者都比较熟悉。这个指标属于趋势指标，MACD 上穿 O 轴（多空分界线）是 MACD 指标的一个标志性买入信号，即当 MACD 从负数转向正数，是买进信号，MACD 从正数转向负数，是卖出信号。所以，投资者可以选择 MACD 指标在 0 轴线下方形成第二个金叉或在 0 轴线上方形成第一个金叉的个股（0 轴线下方第一个金叉，一般是假金叉，不能盲目跟进；0 轴线上方第二个金叉，一般情况下也可以跟进，但要视个股情况具体分析，这些在前面 MACD 指标骗线章节中已经有过分析）进行操作。

另外，也可以选择 MACD 指标底背离的个股，即股价继续下跌中，MACD 绿色能量柱却逐渐缩短，股价的低点比前一次低点低，而 MACD 指标的低点却比前一次的低点高的个股。但 MACD 指标底背离形成于底部区域，投资者选择后，宜短线操盘。

值得注意的是，利用 MACD 指标选股，一定要结合大盘以及个股走势和其他技术指标，进行综合分析判断后再做出选择。

图 4-27 是本钢板材（000761）2021 年 4 月 1 日星期四下午收盘时的 K 线走势图。在软件上将该股整个 K 线走势图缩小后可以看出，股价从前期相对高位，即 2019 年 4 月 2 日的最高价 4.85 元，一路振荡下跌，至 2021 年 2 月 4 日的最低价 2.76 元止跌企稳，下跌时间长，跌幅大，下跌期间有过多次较大幅度的反弹。

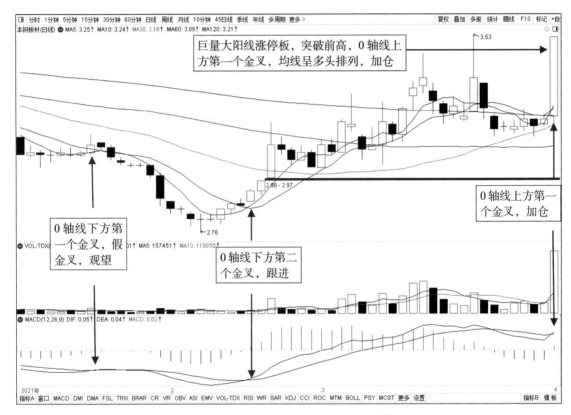

图 4-27　本钢板材（000761）日 K 线走势图

2021 年 2 月 4 日股价止跌企稳后，主力机构向上推升股价，收集筹码。

从该股的 K 线走势可以看出，股价下跌途中的 2021 年 1 月 20 日，MACD 指标形成 0 轴线下方第一个金叉，这是一个假金叉，次日股价转弱再次展开下跌行情。

2021 年 2 月 18 日，该股高开，收出一根中阳线，突破前高，成交量较前一交易日放大，当日 MACD 指标形成 0 轴线下方第二个金叉，此时 5 日均线上穿 10 日均线金叉，股价走势开始转强，投资者可以跟庄进场逢低买进筹码。此后股价振荡上行。

2021 年 4 月 1 日截图当日，该股高开，收出一个大阳线涨停板，突破前高，形成大阳线涨停 K 线形态，成交量较前一交易日放大近六倍，当日 MACD 指标形成 0 轴线上方第一个金叉。此时，均线呈多头排列，均量线、KDJ、RSI 等各项技术指标走强，股价的强势特征已经相当明显，后市快速上涨的概率大。像这种情况，投资者可以在当日或次日跟庄进场逢低买入筹码。

图 4-28 是招商港口（001872）2022 年 11 月 15 日星期二下午收盘时的 K 线走势图。在软件上将该股整个 K 线走势图缩小后可以看出，股价从前期相对高位，即 2022 年 3 月 3 日的最高价 18.44 元，振荡下跌，至 2022 年 10 月 31 日的最低价 13.55 元止跌企稳，下跌时间较长，跌幅较大。

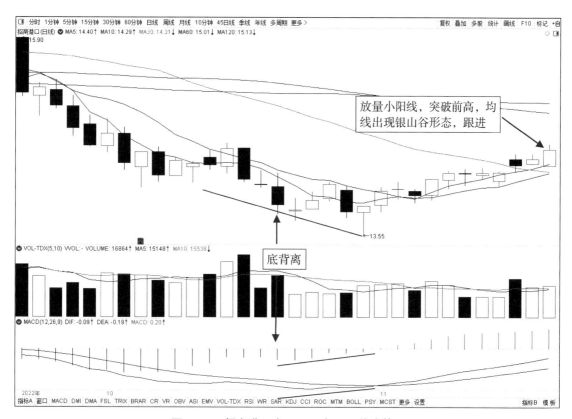

图 4-28　招商港口（001872）日 K 线走势图

该股的 K 线走势显示，从股价下跌过程中的 2022 年 10 月 24 日开始，股价的走势还处于下跌中，而 MACD 指标图形上的绿色能量柱却逐渐缩短，即当股价的低点比前一次的低点低，而 MACD 指标的低点却比前一次的低点高，出现 MACD 指标底背离现象，预示股价接近底部，可能出现反转，投资者可以做好跟庄进场准备。2022 年 10 月 31 日股价下探至当日最低价 13.55 元止跌回升。

2022 年 11 月 15 日截图当日，该股高开，收出一根小阳线，突破前高，成交量较前一交易日放大，当日 10 日均线向上穿过 30 日均线形成金叉，均线银山谷形态形成。此时，均线系统较弱（只有 5 日和 10 日均线向上），但 MACD、KDJ、RSI 等各项技术指标开始走强，股价的强势特征已开始显现，后市上涨的概率大。像这种情况，投资者可以在当日或次日跟庄进场逢低买入筹码。

### 6. KDJ 指标选股

KDJ 指标即随机指标。当 KDJ 指标的 K 值小于 20 时，短期内股价容易出现反弹；当 K 值大于 80 时，短期内股价容易出现回调；当白色的 K 值在 50 以下的低水平，形成一底比一底高的现象，并且 K 值由下向上连续两次交叉黄色的 D 值形成金叉时，股价会产生较大的涨幅；当白色的 K 值在 50 以上的高水平，形成一顶比一顶低的现象，并且 K 值由上向下连续两次交叉黄色的 D 值形成死叉时，股价会产生较大的跌幅。所以，投资者利用 KDJ 指标选股，要选 K 值在 50 以下低水平时，由下向上穿过 D 值形成金叉的个股，当然金叉的位置越低越好，金叉的点位越多越好。

另外，也可以选择 KDJ 指标底背离的个股，即股价的走势还在下跌，K 线走势一波比一波低，而 KDJ 指标的走势却在低位一底比一底高的个股。一般情况下，KDJ 在低位要反复出现多次底背离，才能确认反转态势，投资者选择后，宜短线操盘。

值得注意的是，由于 KDJ 指标过于灵敏，利用 KDJ 指标选股，一定要结合大盘以及个股走势和其他技术指标，综合分析判断后再做出选择。

图 4-29 是麦趣尔（002719）2022 年 12 月 21 日星期三下午收盘时的 K 线走势图。在软件上将该股整个 K 线走势图缩小后可以看出，此时该股整体走势处于上升趋势中。股价从前期相对高位，即 2022 年 8 月 15 日的最高价 11.24 元回调洗盘，至 2022 年 10 月 11 日的最低价 6.77 元止跌企稳，下跌时间不长，但跌幅大。

2022 年 10 月 11 日股价止跌企稳后，主力机构开始向上推升股价，收集筹码。

2022 年 10 月 12 日，该股平开，收出一根大阳线，收盘涨幅 3.92%，此时 KDJ 指标形成金叉，这根中阳线也称为"核心阳线"，对股价的后市有支撑作用。之后，主力机构继续向上推升股价。

2022 年 12 月 21 日截图当日，该股低开，收出一个大阳线涨停板，突破前高，成交量较前一交易日放大两倍以上，形成大阳线涨停 K 线形态。此时 KDJ 指标形成金叉，这个大阳线涨停板称为"核心阳线"。当日股价向上突破 5 日、10 日、30 日均线（一阳穿三线），均线蛟龙出海形态形成。此时，均线（除 120 日均线外）呈多头排列，均量线、MACD、RSI 等各项技术指标走强，股价的强势特征已经相当明显，后市快速上涨的概率大。像这种情况，投资者可以在当日跟庄抢板或在次日集合竞价时以涨停价挂买单排队等候买进。

### 7. RSI 指标选股

RSI 指标，即相对强弱指标，是一种超买超卖指标，实战用法是低点买高点卖。RSI 指标有三个指数，其中 RSI1 表示 6 日相对强弱，RSI2 表示 12 日相对强弱，RSI3 表示

图 4-29 麦趣尔（002719）日 K 线走势图

24 日相对强弱。一般情况下，RSI 以 50 为中界线，大于 50 就是多头行情，小于 50 就是空头行情；RSI 大于 80 为超买状态（尤其在 80 数值上方形成 M 头或头肩顶形态时），后市看跌；RSI 小于 20 为超卖状态（当 6 日 RSI 连续两次下跌到同一位置获得支撑反弹，形成 W 底或头肩底形态时），后市看涨；当 6 日 RSI 在低位向上穿越 12 日 RSI 时，形成 RSI 低位金叉，后市看涨。所以，投资者利用 RSI 指标选股，要选 RSI 在 50 以下形成金叉的个股，当然金叉的位置越低越好，金叉的点位越多越好。

另外，也可以选择 RSI 指标底背离的个股，即股价连续创新低的同时 RSI 指标没有创新低的个股。

图 4-30 是瑞玛精密（002976）2022 年 5 月 27 日星期五下午收盘时的 K 线走势图。在软件上将该股整个 K 线走势图缩小后可以看出，此时该股整体走势处于高位下跌之后的反弹趋势中。股价从前期相对高位，即 2022 年 2 月 16 日的最高价 30.66 元振荡下跌，至 2022 年 4 月 27 日的最低价 13.60 元止跌企稳，下跌时间虽然不长，但跌幅大。

2022 年 4 月 27 日股价止跌企稳后，主力机构开始向上推升股价，收集筹码。

2022 年 4 月 29 日，该股高开，收出一个大阳线涨停板，突破前高，成交量较前一交易日大幅放大，形成大阳线涨停 K 线形态。此时 RSI 指标在 50 以下形成金叉。当日 5 日均线向上突破 10 日均线形成金叉。此时，均线系统很弱，但均量线、MACD、KDJ 等各项技术指标开始走强，股价的强势特征开始显现，后市上涨的概率大。像这种情况，投资者可以在当日或次日跟庄进场逢低买进筹码。之后，主力机构继续向上推升股价。

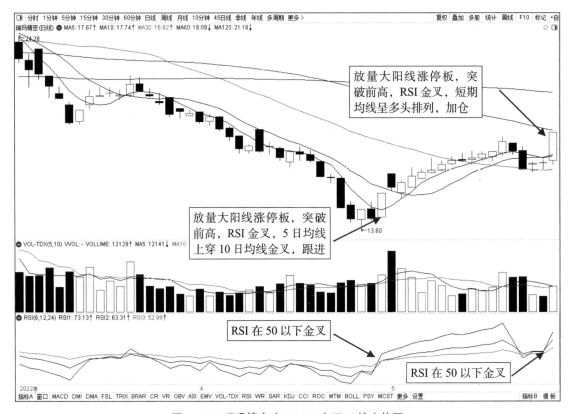

图 4-30　瑞玛精密（002976）日 K 线走势图

2022 年 5 月 27 日截图当日，该股高开，收出一个大阳线涨停板，突破前高，成交量较前一交易日大幅放大，形成大阳线涨停 K 线形态。此时，RSI 指标在 50 以下再次形成金叉，短期均线（5 日、10 日和 30 日均线）呈多头排列，MACD、KDJ 等各项技术指标走强，股价的强势特征已经比较明显，后市快速上涨的概率大。像这种情况，投资者可以在当日跟庄抢板或在次日择机买进筹码。

## 8. BOLL 指标选股

BOLL 指标即布林线指标，由上轨线、中轨线、下轨线和价格线组成。一般情况下，上轨线表示安全上行的最高价位，对股价起着压力的作用，所以上轨线被称为压力线。下轨线在低价位置，可起到支撑作用，所以下轨线被称为支撑线，中轨线通常是在下轨支撑和上轨压力之间转换，同时对上涨或下跌趋势起到催化作用。

当 BOLL 指标的带状区宽收窄时，是行情即将选择突破方向的信号，但最终是否突破，要看价格线是否突破中轨线且是否有成交量放大相配合。当 BOLL 指标的带状区宽大幅放大，则代表股价的涨幅区间变大，但如果达到半年以来的最大值，行情就有反转下跌的风险；当上轨继续放大，而下轨开始收敛或者相反的情况出现，都是行情转势的先兆。所以，投资者利用 BOLL 指标选股，要选价格线突破中轨线且股价在 BOLL 中轨线上方运行，而且有成交量放大配合的个股。

图 4-31 是春兴精工（002547）2022 年 5 月 18 日星期三下午收盘时的 K 线走势图。在软件上将该股整个 K 线走势图缩小后可以看出，此时该股整体走势处于高位下跌之后的反弹趋势中。股价从前期相对高位，即 2021 年 6 月 10 日的最高价 5.94 元振荡下跌，至 2022 年 4 月 27 日的最低价 2.77 元止跌企稳，下跌时间虽然不长，但跌幅大。

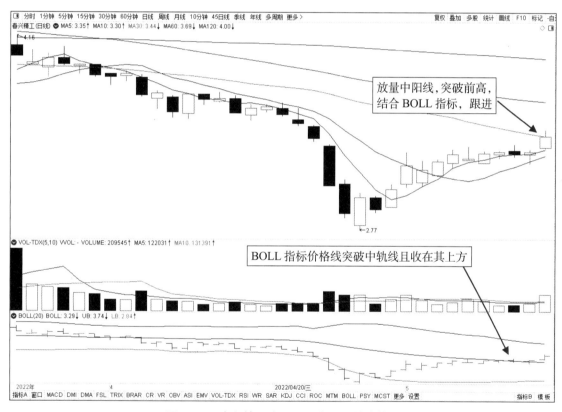

图 4-31　春兴精工（002547）日 K 线走势图

2022 年 4 月 27 日股价止跌企稳后，主力机构开始向上推升股价，收集筹码，K 线走势呈红多绿少态势，成交量呈温和放大状态。

2022 年 5 月 9 日，该股低开，收出一根中阳线，突破前高，成交量较前一交易日萎缩，当日 5 日均线向上突破 10 日均线形成金叉。此时，均线系统很弱（只有 5 日均线向上运行），但 MACD、KDJ、RSI 等技术指标开始走强，股价的强势特征开始显现，后市上涨的概率大。像这种情况，投资者可以在当日或次日跟庄进场逢低分批买进筹码。之后，主力机构继续向上推升股价。

2022 年 5 月 16 日，该股高开，收出一颗阴十字星，成交量较前一交易日放大，BOLL 指标价格线突破中轨线且收在其上方。5 月 17 日，该股平开，收出一颗阳十字星，成交量较前一交易日放大，BOLL 指标价格线继续收在中轨线上方。

2022 年 5 月 18 日截图当日，该股高开，收出一根中阳线，突破前高，成交量较前一交易日放大两倍以上，当日 BOLL 指标价格线继续收在中轨线上方。此时，均线系统仍较弱（只有 5 日、10 日均线向上运行），但 MACD、KDJ、RSI 等技术指标已经走强，股价的强势特征较为明显，后市上涨的概率大。像这种情况，投资者可以在当日或次日跟庄进场逢低买入筹码。

# 第五章 实战买点分析

前一章详细分析研究了短线选股的问题，选准目标股票后，就是如何把握买点的问题了。这里探讨分析的买点即买入的时机，这种买入时机基于短线或短期行情操盘跟庄为主，遵循顺势而为，波段为王的操盘原则。首先，投资者要认识到，在实战操盘跟庄过程中，是很难买在最低点的，当然也很难卖在最高点，有了这个认识，才不会错过买入时机。其次，在把握买点时，要以目标股票 K 线走势为依据，弄清股价在 K 线走势中所处的位置，在综合分析大盘走势、概念热点、个股基本面、技术面、资金面、消息面以及盘口变化等各方面因素的前提下，谨慎买入。

## 一、利用分时及分时形态把握买点

分时盘口的买入时机，是以目标股票 K 线走势处于上升趋势为前提，以分时价格线一般不破前一交易日收盘价为原则，利用当天的分时走势（分时形态）来选择和确定跟庄进场买入筹码的时机。

一般情况下，将每个交易日上午开盘后半小时和下午收盘前半小时作为跟庄进场买入的时机较为合适，特殊情况如个股开盘后横盘整理洗盘等跟进时机除外。这里简要分析八种分时盘口买入时机和方式。

### 1. 涨停分时打开时买入

一般情况下，主力机构在低位或相对低位拉出第一个涨停板之后，次日应该会再次拉出涨停板，如果感到抛压较重的话，会通过打开涨停板的方式，清洗获利盘和前期套牢盘，拉高市场平均成本，同时增补部分仓位，为后市拉升做准备。对于这种早盘涨停之后再打开的涨停板，投资者要结合此时个股 K 线走势、当日盘口分时走势（主要看成交量是否有效放大），进行综合分析判断后，及时抓住涨停板打开的时机，快速跟庄进场买进筹码，因为涨停板打开后，可能很快会被封回。

图 5-1 是黑芝麻（000716）2022 年 8 月 25 日星期四上午开盘后至 9:41 的分时截图。这是该股当日开盘后 11 分钟的分时截图。由于前一交易日拉出了一个放量大阳线涨停板，各项技术指标非常强势，投资者可以在当日集合竞价时做好跟庄抢板买进的准备。从这 11 分钟的分时截图可以看出，当日该股涨停开盘后，成交量迅速放大，9:39 涨停板被一笔

143000多手的大卖单砸开（这笔143000多手的大卖单中，有前期获利盘出逃的卖单，也有主力机构恐吓诱骗投资者卖出手中筹码的杀跌盘），投资者可以在涨停板被大卖单砸开时，迅速跟庄进场买进筹码。

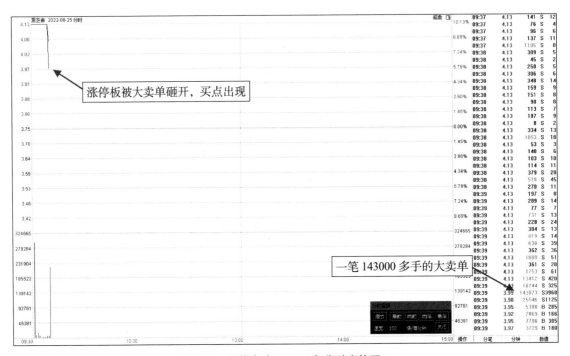

图5-1　黑芝麻（000716）分时走势图1

图5-2是黑芝麻（000716）2022年8月25日星期四下午收盘时的分时走势图。从分时盘口看，当日上午9:39涨停板被大卖单砸开，9:40一笔28000多手的大买单将股价封回涨停板，之后成交量逐步萎缩，至收盘涨停板没再打开。由于当日封回涨停板的时间早，且开板时间短暂，回调幅度小，盘口的强势特征仍十分明显，后市股价快速上涨的概率大。像这种情况，当日没有买入筹码的投资者，可以在次日择机跟庄进场加仓买进筹码。

图5-3是黑芝麻（000716）2022年8月25日星期四下午收盘时的K线走势图。在软件上将该股整个K线走势图缩小后可以看出，此时该股走势处于上升趋势中。股价从前期相对高位，即2020年8月18日的最高价4.90元，一路振荡下跌，至2022年4月28日的最低价2.83元止跌企稳，下跌时间长，跌幅大。

2022年4月28日股价止跌企稳后，主力机构开始向上推升股价，收集筹码，展开初期上涨行情，K线走势呈红多绿少态势（从5月31日起，主力机构连续拉出四个涨停板，涨幅较大）。

2022年6月7日，该股大幅低开（向下跳空5.18%开盘），股价回落收出一根跌停阴K线，成交量较前一交易日明显放大，主力机构展开初期上涨之后的回调洗盘吸筹行情，

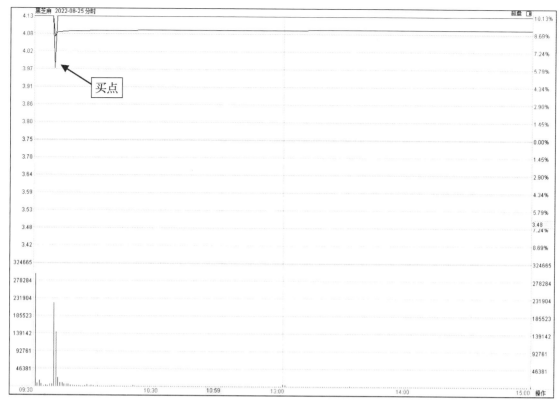

图 5-2 黑芝麻（000716）分时走势图 2

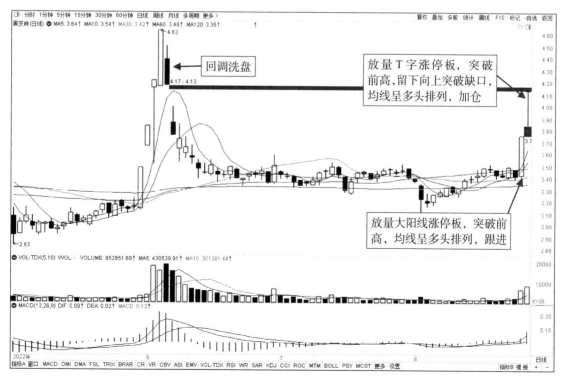

图 5-3 黑芝麻（000716）日 K 线走势图

此时投资者可以在当日先卖出手中筹码，待股价回调洗盘到位后再将筹码接回来。股价回调至 30 日均线附近时，再次展开横盘振荡整理洗盘吸筹（补仓）行情，均线系统由多头排列逐渐走平，逐渐缠绕交叉黏合，成交量呈萎缩状态。

8 月 24 日，该股高开，收出一个大阳线涨停板，突破前高和振荡整理平台，成交量较前一交易日放大三倍以上，形成大阳线涨停 K 线形态。此时，均线呈多头排列，均量线、MACD、KDJ、RSI 等技术指标开始走强，股价的强势特征已经显现，后市上涨的概率大。像这种情况，投资者可以在当日跟庄抢板或在次日择机跟庄进场买入筹码。

8 月 25 日截图当日，该股涨停开盘，收出一个 T 字涨停板（当日涨停板被打开），突破前高，留下向上突破缺口，成交量较前一交易日明显放大，形成向上突破缺口和 T 字涨停 K 线形态。此时，均线呈多头排列，均量线、MACD、KDJ、RSI 等技术指标走强，股价的强势特征已经非常明显，后市持续快速上涨的概率大。像这种情况，投资者可以在当日或次日跟庄进场买入筹码。

### 2. 股价高开快速上冲减压时买入

股价高开快速上冲减压时买入，是指目标股票以高于前一交易日收盘价的价格开盘，在迅速放大的成交量的配合下，股价快速上冲触及涨停板或接近涨停价瞬间回落，投资者可以在股价快速回调时买入。这种减压操作，展开时间短，股价回调幅度较小，很快就会封上（回）涨停板。

这种涨停板之前一般已经收出过涨停板，或者经过较长时间的振荡整理（或振荡盘升）洗盘，股价走势已经处于上升趋势，受利好冲击当日快速上冲触及涨停板或接近涨停价瞬间回落，主力机构操盘的目的是测试市场抛压，快速清洗前期获利盘。

图 5-4 是钒钛股份（000629）2022 年 7 月 4 日星期一上午开盘后至 9:35 的分时截图。由于前一交易日该股收出了一个放量大阳线涨停板，各项技术指标相当强势，投资者可以在当日集合竞价时做好跟庄抢板买进的准备。从当日分时盘口看，该股早盘大幅高开（向上跳空 4.78% 开盘），股价分两个波次上冲，成交量同步放大，于 9:34 封上涨停板。9:35 涨停板被三笔万手以上大卖单砸开，投资者可以在涨停板被大卖单砸开时，迅速跟庄进场买进筹码。由于当日早盘大幅高开，盘口的强势特征特别明显，投资者也可以在集合竞价时或开盘后或第一波上冲回调时，及时跟进买入筹码。

图 5-5 是钒钛股份（000629）2022 年 7 月 4 日星期一下午收盘时的分时走势图。从分时盘口看，9:35 涨停板被大卖单砸开，9:37 一笔 31000 多手的大买单将股价封回涨停板，之后成交量逐步萎缩，至收盘涨停板没有再打开。由于当日封回涨停板的时间早，且开板时间短暂，回调幅度小，明显是主力机构为测试市场抛压，快速清洗前期获利盘而

展开的短暂减压调整，盘口的强势特征仍十分明显，后市股价快速上涨的概率大。像这种情况，当日没有买入筹码的投资者，可以在次日集合竞价时以涨停价挂买单排队等候加仓买进。

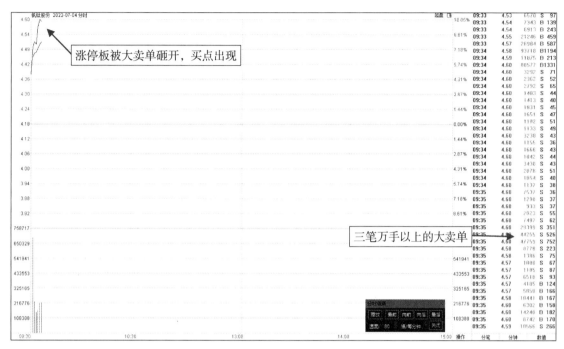

图 5-4　钒钛股份（000629）分时走势图 1

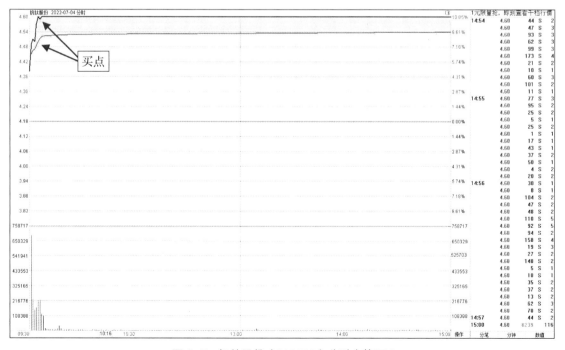

图 5-5　钒钛股份（000629）分时走势图 2

图 5-6 是钒钛股份（000629）2022 年 7 月 4 日星期一下午收盘时的 K 线走势图。在软件上将该股整个 K 线走势图缩小后可以看出，此时个股走势处于上升趋势中。股价从前期相对高位（前期有过一波大涨），即 2021 年 9 月 8 日的最高价 5.12 元，一路振荡回落，至 2022 年 4 月 27 日的最低价 2.76 元止跌企稳，下跌时间较长，跌幅大，下跌后期，主力机构趁大盘大跌之机，打压股价收集了不少筹码建仓。

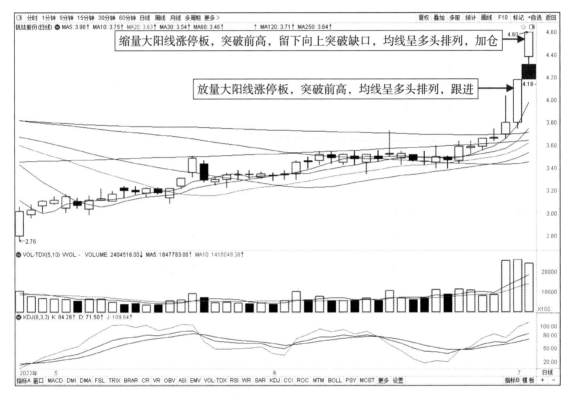

图 5-6　钒钛股份（000629）日 K 线走势图

2022 年 4 月 27 日股价止跌企稳后，主力机构展开振荡盘升洗盘吸筹行情，K 线走势呈红多绿少态势，均线系统逐渐形成多头排列形态。

2022 年 7 月 1 日，该股平开，收出一个大阳线涨停板，突破前高，成交量较前一交易日略有放大，形成大阳线涨停 K 线形态。此时，均线呈多头排列，均量线、MACD、KDJ、RSI 等技术指标走强，股价的强势特征已经相当明显，后市快速上涨的概率大。像这种情况，投资者可以在当日跟庄抢板或次日集合竞价时以涨停价挂买单排队等候买进。

7 月 4 日截图当日，该股大幅跳空高开（向上跳空 4.78% 开盘），收出一个大阳线涨停板，突破前高，留下向上突破缺口，成交量较前一交易日萎缩（涨停的原因），形成向上突破缺口和大阳线涨停 K 线形态。此时，均线呈多头排列，均量线、MACD、KDJ、RSI 等技术指标强势，盘口的强势特征非常明显，次日股价继续涨停且快速上涨的概率大。像这种情况，投资者可以在当日跟庄抢板，或次日集合竞价时以涨停价挂买单排队等候加仓买进，持股待涨，待股价出现明显见顶信号时再撤出。

### 3. 有效支撑时买入

有效支撑时买入，是指目标股票高开（平开）后股价上涨，分时价格线在分时均价线上方大面积受到支撑（分时价格线运行中偶尔跌破或缠绕分时均价线），随后在放大的成交量推动下，分时价格线翘头上行，此时即为买点。当然，激进型投资者也可以在股价整理期间择机跟庄进场。投资者须要注意的是，分时价格线贴近或缠绕分时均价线运行的时间不能过长，以防主力机构进行打压洗盘。

图5-7是如意集团（002193）2022年12月2日星期五上午开盘后至10：13的分时走势图。该股早盘平开后，随着成交量的放大，分时价格线快速振荡上行，随后展开小幅横盘振荡整理行情，分时价格线在分时均价线上方较长时间、较大面积受到支撑。10：13分股价在成交量的推动下突破前高上涨，投资者可以在分时价格线回调后，拐头向上突破前高时跟庄进场买进筹码。当然，投资者也可以在该股早盘平开后或股价横盘整理时择机跟庄进场逢低买入筹码。

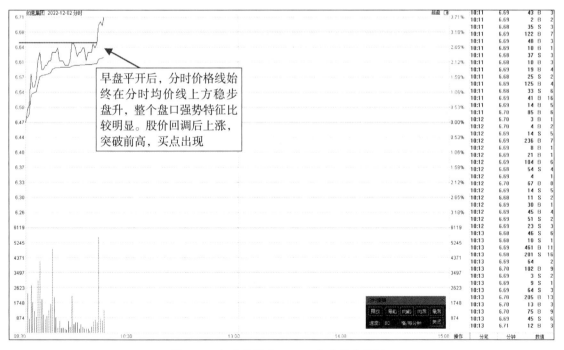

图5-7　如意集团（002193）分时走势图1

图5-8是如意集团（002193）2022年12月2日星期五下午收盘时的分时走势图。从盘口看，该股早盘平开后，分时价格线快速振荡上行，成交量同步放大，随后展开小幅横盘振荡整理行情，分时价格线在分时均价线上方较长时间、较大面积受到支撑。当日上午

10:13 股价在成交量的推动下突破前高上涨。10:21 一笔 18000 多手的大买单将股价封上涨停板，之后成交量逐步萎缩，至收盘涨停板没有被打开。当日封板时间早，且封板后涨停板没有被打开，盘口的强势特征十分明显，后市股价快速上涨的概率大。

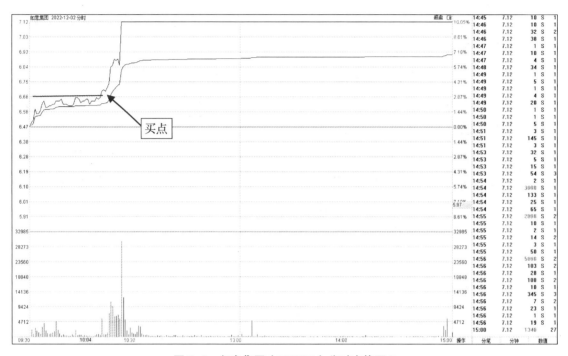

图 5-8　如意集团（002193）分时走势图 2

图 5-9 是如意集团（002193）2022 年 12 月 2 日星期五下午收盘时的 K 线走势图。在软件上将该股整个 K 线走势图缩小后可以看出，此时该股走势处于上升趋势中。股价从前期相对高位，即 2019 年 4 月 11 日的最高价 11.49 元，一路振荡下跌，至 2022 年 4 月 27 日的最低价 4.36 元止跌企稳，下跌时间长，跌幅大。之后，主力机构展开振荡盘升（挖坑）洗盘吸筹行情。其间主力机构拉出过四个大阳线涨停板，均为吸筹建仓型涨停板。

2022 年 12 月 2 日截图当日，该股平开，收出一个大阳线涨停板，突破前高，成交量较前一交易日放大三倍以上，形成大阳线涨停 K 线形态。此时，均线呈多头排列，MACD、KDJ、RSI 等技术指标走强，盘口的强势特征非常明显，股价下一交易日继续涨停且快速上涨的概率大。像这种情况，投资者可以在当日跟庄抢板买进筹码，或次日择机跟庄进场加仓买进筹码。

### 4. 振荡盘升时买入

振荡盘升时买入，是指目标股票高开或平开后股价上涨，分时价格线依托分时均价线振荡上行，成交量逐渐放大，分时价格线偶尔会向下跌破分时均价线，但不破前一交易日收盘价。分时价格线在振荡盘升过程中，突破开盘后第一波高点时，即为买点。当然，投

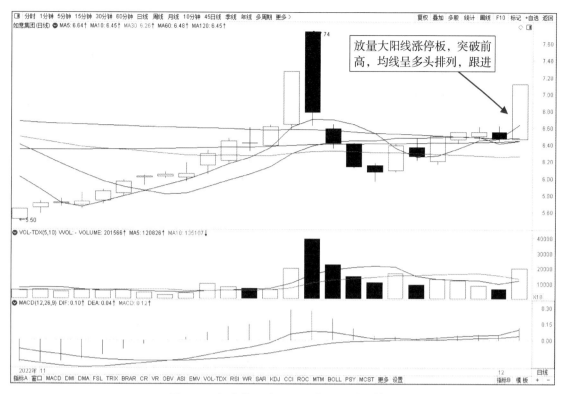

图 5-9　如意集团（002193）日 K 线走势图

资者也可以在股价高开或平开后，股价快速冲高或回调时跟庄进场。

图 5-10 是日久光电（003015）2023 年 9 月 5 日星期二上午开盘后至 10:52 的分时走势图。从分时走势看，该股早盘平开后，分时价格线（股价）快速上行，然后展开横盘振荡整理走势，股价回调没有跌破前一交易日收盘价。10:52 分时价格线突破开盘后第一波高点上行，此时即为买点。当然，投资者也可以在早盘开盘后，股价快速冲高时跟庄进场买入筹码。

图 5-11 日久光电（是 003015）2023 年 9 月 5 日星期二下午收盘时的分时走势图。从分时盘口看，该股早盘平开后，分时价格线快速上行，然后展开横盘整理走势，股价回调没有跌破前一交易日收盘价。10:52 分时价格线突破开盘后第一波高点上行。从盘口看，全天分时价格线依托分时均价线振荡上行，其间股价虽然偶尔跌破分时均价线，但跌幅不深，振荡盘升走势比较平稳流畅，没有大起大落现象，说明主力机构筹码集中度比较高，控盘比较到位，整个盘口比较强势，后市股价上涨的概率大。

图 5-12 是日久光电（003015）2023 年 9 月 5 日星期二下午收盘时的 K 走势图。在软件上将该股整个 K 线走势图缩小后可以看出，此时股价走势处于高位下跌之后的反弹趋势中。股价从前期相对高位 2021 年 9 月 10 日的最高价 17.53 元，一路振荡下跌，至 2022 年 4 月 27 日的最低价 7.19 元止跌企稳。下跌时间虽然不是很长，但跌幅大。

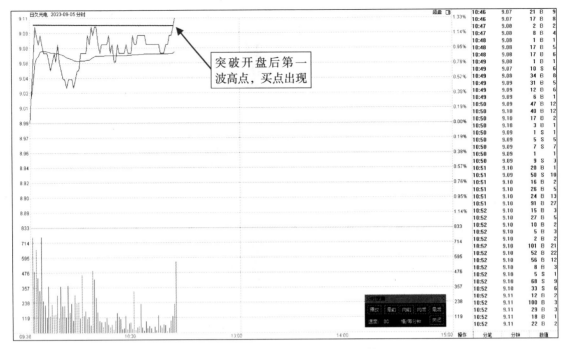

图 5-10　日久光电（003015）分时走势图 1

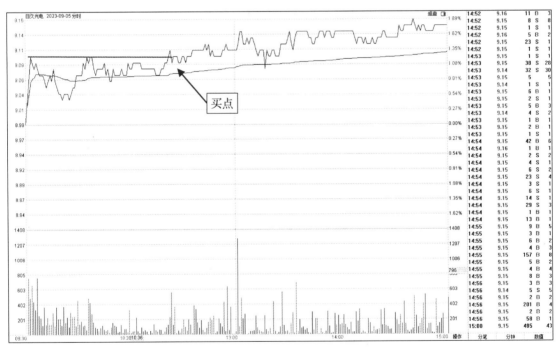

图 5-11　日久光电（是 003015）分时走势图 2

2022 年 4 月 27 日股价止跌企稳后，主力机构展开大幅振荡盘升（挖坑）行情，高抛低吸与洗盘吸筹并举，赚取差价、清洗获利盘、继续收集筹码。投资者也可以高抛低吸，短线操盘。

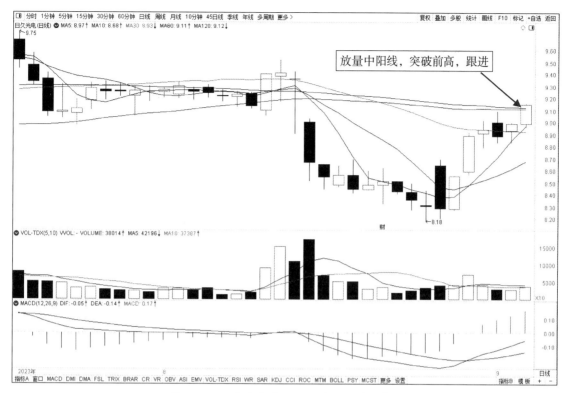

图 5-12　日久光电（003015）日 K 线走势图

2023 年 9 月 5 日截图当日，该股平开，收出一根中阳线，突破前高，成交量较前一交易日放大。此时，均线系统较弱（只有 5 日、10 日和 60 日均线上行），但 MACD、KDJ、RSI 等技术指标走强，股价的强势特征比较明显，短期可继续看好。像这种情况，投资者可以在当日或次日跟庄进场逢低买入筹码，持股待涨，待股价出现明显见顶信号时再撤出。

### 5. 突破分时平台时买入

突破分时平台时买入，是指目标股票早盘高开或平开后，股价上涨到某一价位，展开横盘振荡整理，分时价格线贴近或缠绕分时均价线上下波动，波动的幅度较小，横盘整理一段时间后，盘中突然放量拉升，股价突破分时整理平台，即为买点。当然，投资者也可以在股价高开或平开后，或股价在横盘振荡整理时跟庄进场。

图 5-13 是襄阳轴承（000678）2022 年 7 月 22 日星期五上午开盘后至 10 : 32 的分时走势图。从分时盘口看，该股早盘平开后，股价急速上冲然后回调，围绕前一交易日收盘价，展开横盘振荡整理行情，振荡整理幅度不大。10 : 32 股价抬头向上突破整理平台，成交量迅速放大，此时即为买点。当然，投资者也可以在早盘开盘后，股价快速冲高或横盘振荡整理时跟庄进场。

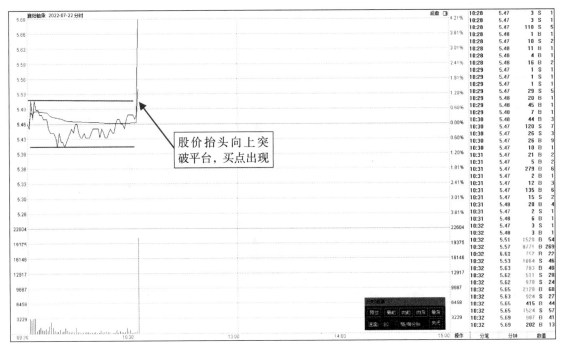

图 5-13　襄阳轴承（000678）分时走势图 1

图 5-14 是襄阳轴承（000678）2022 年 7 月 22 日星期五下午收盘时的分时走势图。从分时盘口看，该股早盘平开后，股价急速上冲然后回调，围绕前一交易日收盘价，展开横盘振荡整理行情，振荡整理幅度不大。10:32 股价抬头向上突破整理平台，成交量迅速

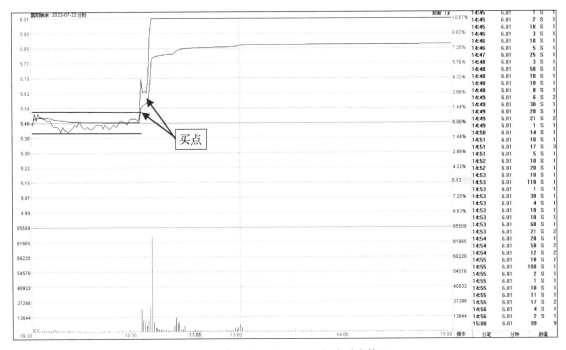

图 5-14　襄阳轴承（000678）分时走势图 2

放大。10:33股价回调，之前没有跟进买入筹码的投资者，此时可以快速跟庄进场买入筹码。10:36股价快速上冲，于10:38封上涨停板，然后成交量萎缩，至收盘涨停板没有打开。当日该股封板时间较早，封板后涨停板没有被打开，封板结构好，盘口的强势特征十分明显，后市股价快速上涨的概率大。

图5-15是襄阳轴承（000678）2022年7月22日星期五下午收盘时的K线走势图。在软件上将该股整个K线走势图缩小后可以看出，此时该股走势处于上升趋势中。股价从前期相对高位，即2020年3月30日的最高价6.99元，一路振荡下跌，至2022年4月27日的最低价4.06元止跌企稳，下跌时间长，跌幅大。

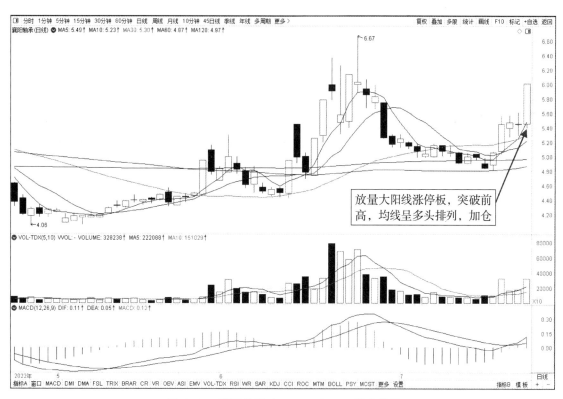

图5-15　襄阳轴承（000678）日K线走势图

2022年4月27日股价止跌企稳后，主力机构开始向上推升股价，收集筹码，K线走势呈红多绿少态势。其间主力机构拉出过五个大阳线涨停板，均为吸筹建仓型涨停板。

2022年7月22日截图当日，该股平开，收出一个大阳线涨停板，突破前高，形成大阳线涨停K线形态，成交量较前一交易日放大近两倍。此时，均线呈多头排列，均量线、MACD、KDJ、RSI等各项技术指标走强，股价的强势特征十分明显，后市持续快速上涨的概率大。像这种情况，投资者可以在当日跟庄抢板，或在次日集合竞价时以涨停价挂买单排队等候买进，然后持股待涨，待股价出现明显见顶信号时再撤出。

### 6. 形成 W 字分时形态时买入

形成 W 字分时形态时买入也称小双底形态买入，是指目标股票开盘后，股价上攻出现回落，再度上攻，再次回落，又一次上攻，此时分时价格线在盘口形成一个 W 字形态（小双底形态），投资者在分时价格线突破 W 字形态左边最高价时，即为买点。

W 字分时形态，是一种分时盘口主力机构洗盘形态，每个交易日上午开盘后不久，投资者在操盘过程中能经常发现这种分时形态。如果目标股票 K 线走势处于上升趋势且大盘走势尚可的话，出现这种形态，预示着股价将出现一波上涨行情。但要注意的是，高开的 W 字分时形态回调时不能回补缺口，低开的 W 字分时形态必须回补低开的缺口，才能显示个股和分时盘口的强势，体现出主力机构做多的决心。

图 5-16 是盛达资源（000603）2022 年 11 月 1 日星期二上午开盘后至 9:49 的分时走势图。从分时盘口看，该股早盘高开后，股价急速上攻小幅回落，再度上攻再次回落，又一次上攻，此时分时价格线在盘口形成了一个 W 字分时形态，分时价格线突破 W 字分时形态左边最高价时，即为买点。之后，股价继续上攻，再次形成一个 W 字分时形态，分时价格线突破 W 字分时形态最高价时，也是买点。投资者在股价突破第一个 W 字分时形态最高价时，没有买进筹码的，可以在股价突破第二个 W 字分时形态最高价时买进。当然，投资者也可以在早盘高开后或股价快速冲高时跟庄进场买入筹码。

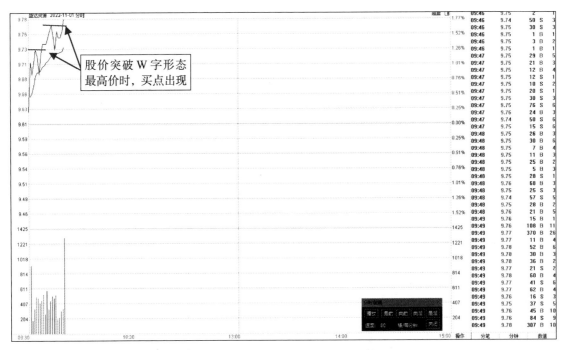

图 5-16　盛达资源（000603）分时走势图 1

图 5-17 是盛达资源（000603）2022 年 11 月 1 日星期二下午收盘时的分时走势图。

从分时盘口看，该股早盘高开后，股价在上涨过程中，分时价格线在盘口形成了多个W字形态，成交量同步放大。从盘口看，全天分时价格线依托分时均价线振荡上行，股价没有跌（刺）破分时均价线的现象，整个振荡盘升走势平稳流畅，盘口强势特征比较明显，后市股价上涨的概率大。

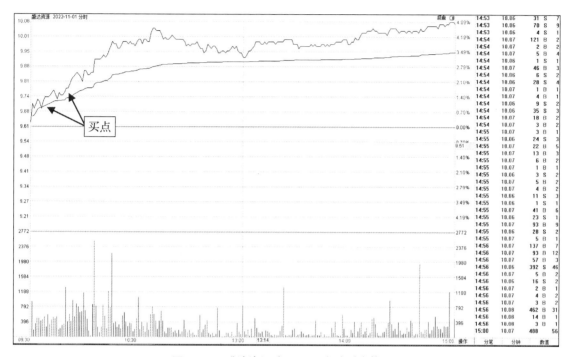

图 5-17 盛达资源（000603）分时走势图 2

图5-18是盛达资源（000603）2022年11月1日星期二下午收盘时的K线走势图。在软件上将该股整个K线走势图缩小后可以看出，此时该股正处于高位下跌之后的反弹走势中。股价从前期相对高位，即2020年8月7日的最高价22.60元，一路振荡下跌，至2022年10月25日的最低价9.44元止跌企稳，下跌时间长，跌幅大。

2022年10月25日股价止跌企稳后，主力机构展开了短暂的整理行情。

2022年11月1日截图当日，该股高开，收出一个大阳线（收盘涨幅4.79%），突破前高，成交量较前一交易日大幅放大。此时，均线系统很弱（只有5日均线向上运行），但均量线、MACD、KDJ、RSI等各项技术指标开始走强，股价的强势特征开始显现，后市上涨的概率大。像这种情况，投资者可以在当日或次日跟庄进场逢低分批买入筹码，持股待涨，待股价出现明显见顶信号时再卖出。

### 7. 形成N字分时形态时买入

形成N字分时形态时买入，是指目标股票高开或平开后，股价上攻出现回落，然后再度上攻，此时分时价格线在盘口形成一个N字形态，在分时价格线突破N字形态左边最

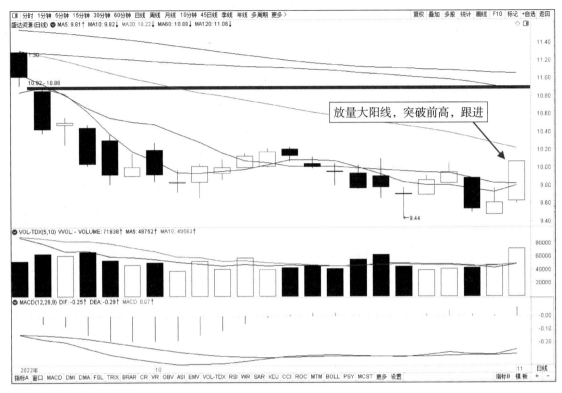

图 5-18　盛达资源（000603）日 K 线走势图

高价时，即为买点。

　　N 字分时形态和 W 字分时形态一样，是主力机构的一种洗盘形态。每个交易日上午开盘后不久，投资者在操盘过程中能经常发现这种分时形态。如目标股票 K 线走势处于上升趋势且大盘走势尚可的话，出现这种分时形态，预示着股价将出现一波上涨行情。和 W 字分时形态一样，高开的 N 字分时形态回调时不能回补缺口，低开的 N 字分时形态必须回补低开的缺口，才能显示个股和盘口的强势，体现出主力机构做多的决心。

　　图 5-19 是德展健康（000813）2023 年 9 月 12 日星期二上午开盘后至 9:38 的分时截图。从分时盘口看，该股当天略高开后，股价直接上攻回落，然后再次上攻，此时分时价格线在盘口形成了一个 N 字形态，分时价格线突破 N 字形态左边最高价时，即为买点。股价上攻过程中，回落没有回补缺口也没有跌破前一交易日的收盘价，盘口强势特征明显，投资者可以在分时价格线突破 N 字形态左边最高价时快速跟庄进场买入筹码。当然，投资者也可以在该股早盘高开后直接跟庄进场买入筹码。

　　图 5-20 是德展健康（000813）2023 年 9 月 12 日星期二下午收盘时的分时走势图。从分时盘口看，该股早盘高开后，股价在上涨过程中，分时价格线在盘口形成了 N 字分时形态，成交量同步放大。之后，股价继续振荡上行，9:51 股价触及涨停板瞬间回落，9:53 一笔 6261 手的大买单将股价封回涨停板，至收盘涨停板没有再打开，成交量呈萎缩状态。

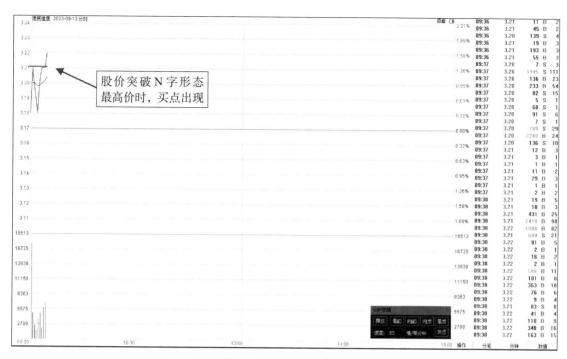

图 5-19　德展健康（000813）分时走势图 1

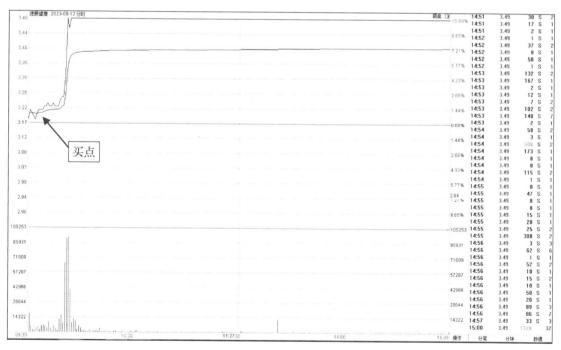

图 5-20　德展健康（000813）分时走势图 2

由于当日封板时间早，盘口的强势特征明显，后市股价上涨的概率大。

图 5-21 是德展健康（000813）2023 年 9 月 12 日星期二下午收盘时的 K 线走势图。在软件上将该股整个 K 线走势图缩小后可以看出，此时该股走势处于上升趋势中。股价从

前期相对高位，即2022年12月23日的最高价4.55元，一路振荡回落，至2023年6月26日的最低价2.83元止跌企稳，下跌时间较长，跌幅较大。

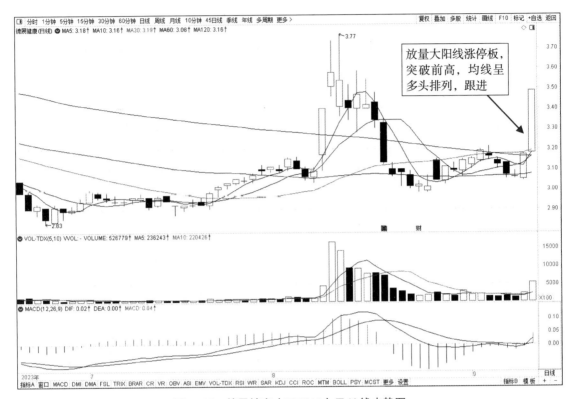

图5-21　德展健康（000813）日K线走势图

2023年6月26日股价止跌企稳后，主力机构快速推升股价，收集筹码，K线走势呈红多绿少态势，成交量逐步放大。

2023年8月11日，该股大幅低开（向下跳空4.75%开盘），股价冲高回落，收出一根长上影线假阳真阴K线，成交量较前一交易日萎缩，主力机构展开回调洗盘吸筹行情，此时投资者可以在当日先卖出手中筹码，待股价回调洗盘到位后再将筹码接回来。8月25日，该股低开，收出一根长上影线假阳真阴锤头K线，成交量较前一交易日放大，股价止跌企稳。此后股价展开振荡盘升行情，成交量逐步放大。

2023年9月12日截图当日，该股高开，收出一个大阳线涨停板，突破前高，成交量较前一交易日放大，形成大阳线涨停K线形态。此时，均线呈多头排列，均量线、MACD、KDJ、RSI等技术指标走强，股价的强势特征已经相当明显，后市上涨的概率大。像这种情况，投资者可以在当日或次日跟庄进场买进筹码，持股待涨，待股价出现明显见顶信号时再卖出。

### 8. 形成 V 字分时形态时买入

形成 V 字分时形态时买入，是指目标股票高开或平开后，股价振荡回落或冲高后回落，然后勾头急速上攻或振荡向上，此时分时价格线在盘口形成了一个 V 字形态，在分时价格线突破 V 字形态左边最高价时，即为买点。

V 字分时形态与 W 字分时形态相似，不同之处在于 V 字分时形态只有一个底部，跌幅可能比较深，会形成一个深 V 形谷底。有时 V 字分时形态会出现在股价上涨过程中的回调洗盘阶段，主力机构运作这种形态就是想进一步清洗获利盘或套牢盘，吓跑部分胆小的投资者。每个交易日上午开盘后不久，V 字分时形态这种分时走势在个股盘口出现的现象还是比较多的，如果个股 K 线走势处于上升趋势，大势向好的话，投资者在分时价格线勾头向上突破 V 字分时形态左边最高价时，即可跟庄进场买入筹码。当然，投资者也可以在 V 字分时形态初步形成，股价上攻时跟庄进场买入筹码。

图 5-22 是金开新能（600821）2021 年 9 月 15 日星期三上午开盘后至 9:40 的分时走势图。从分时盘口看，该股当天高开后，股价快速回落，然后勾头上行，分两个波次突破前一交易日收盘价，在分时盘口形成了一个 V 字分时形态，分时价格线突破 V 字形态左边最高价时，即为买点。投资者可以在分时价格线突破 V 字形态左边最高价时快速跟庄进场买入筹码。当然，投资者也可以在 V 字分时形态形成之初，股价上攻时跟庄进场买入筹码。

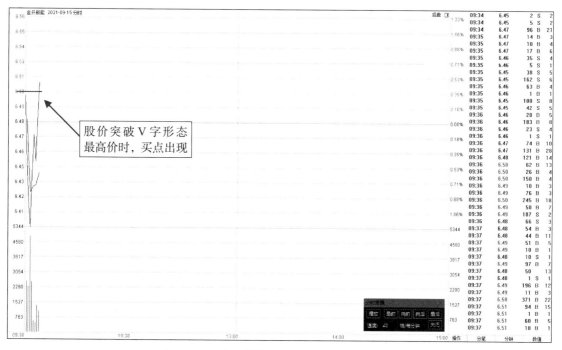

图 5-22 金开新能（600821）分时走势图 1

图 5-23 是金开新能（600821）2021 年 9 月 15 日星期三下午收盘时的分时走势图。从分时盘口看，该股当天高开后，股价快速回落，然后勾头上行，分两个波次突破前一交易日收盘价，在分时盘口形成了一个 V 字分时形态，成交量同步放大。从盘口看，全天分时价格线依托分时均价线振荡上行，股价偶尔跌（刺）破分时均价线，但回调幅度不深，盘口强势特征比较明显，后市股价上涨的概率大。

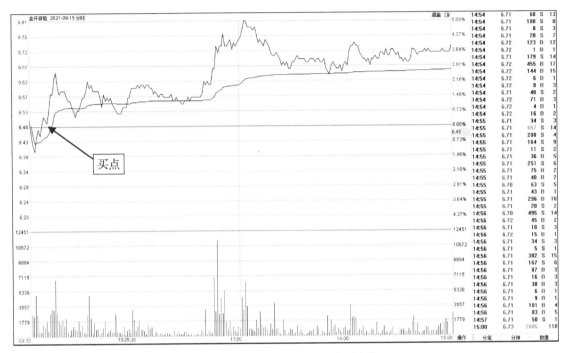

图 5-23　金开新能（600821）分时走势图 2

图 5-24 是金开新能（600821）2021 年 9 月 15 日星期三下午收盘时的 K 线走势图。在软件上将该股整个 K 线走势图缩小后可以看出，此时该股走势处于上升趋势中。股价从前期相对高位（前期有过一波大涨），即 2019 年 9 月 11 日的最高价 6.35 元，一路振荡回落，至 2020 年 4 月 30 日的最低价 3.34 元止跌企稳，下跌时间较长，跌幅大，下跌期间有过两次较大幅度的反弹。

2020 年 4 月 30 日股价止跌企稳后，主力机构展开了长时间、大幅度的振荡盘升行情。振荡盘升期间，主力机构采取高抛低吸与洗盘吸筹并举的操盘手法，赚取差价、清洗获利盘、拉高市场平均成本。投资者也可以高抛低吸，短线操盘。

2021 年 9 月 15 日截图当日，该股高开，收出一根大阳线，突破前高和整理平台，成交量较前一交易日明显放大。此时，均线呈多头排列，MACD、KDJ、RSI 等技术指标走强，股价的强势特征已经相当明显，后市上涨的概率大。像这种情况，投资者可以在当日或次日跟庄进场买进筹码，持股待涨。

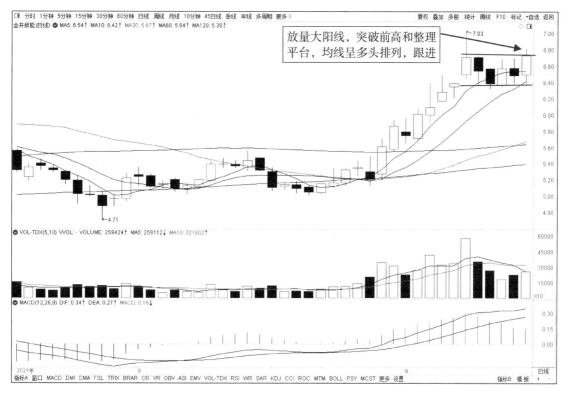

图 5-24 金开新能（600821）日 K 线走势图

## 二、利用标志性 K 线及 K 线形态把握买点

一只股票的核心位置是启动位置和回调洗盘结束的位置，判断这两个位置的关键就是标志性 K 线，标志性 K 线一定是主力机构所为。强势股主升浪都是从标志性 K 线开始启动的，比如由涨停板启动。一些强势 K 线组合形态，也是通过标志性 K 线启动上涨行情的。

前面章节对标志性反转 K 线和 K 线组合形态，有过一些分析。当个股底部或相对低位或回调洗盘之后，出现放量大阳线涨停板、放量大阳线、锤头线、十字星（早晨之星）、T 形线（蜻蜓线）等标志性 K 线，预示底部见底或回调洗盘到位，股价将反转上升或重拾升势。当 K 线走势出现早晨之星、红三兵、两阳夹一阴、上升两颗星、V 形底、W 底、三重底、圆弧底、头肩底、岛形底、箱体底等底部 K 线组合形态时，预示底部反转的信号已经非常明确，股价会通过标志性 K 线启动一波上涨行情或反弹行情，投资者可以结合均线、成交量、MACD、KDJ 等指标进行分析，在股价放量突破颈线后或在突破颈线回抽确认后跟庄进场买进筹码。这里简要分析八种标志性 K 线或 K 线形态买点。

### 1. 底部大阳线涨停板启动时买入

底部大阳线涨停板启动时买入，是指目标股票的股价经过较长时间的下跌，到达底部区域或在底部区域整理过程中，在某个交易日突然收出一个大阳线涨停板，预示着股价止跌企稳，底部反转信号已经明确，买点出现。这个大阳线涨停板，一定是主力机构所为，标志着趋势的反转和波段上涨行情的开启，投资者可以在当日或次日跟庄进场买进筹码。

图 5-25 是科华数据（002335）2022 年 4 月 27 日星期三下午收盘时的 K 线走势图。在软件上将该股整个 K 线走势图缩小后可以看出，股价从前期相对高位，即 2021 年 11 月 10 日的最高价 48.30 元，回调洗盘至 2022 年 4 月 27 日的最低价 16.40 元止跌企稳，回调洗盘时间较长，跌幅大。

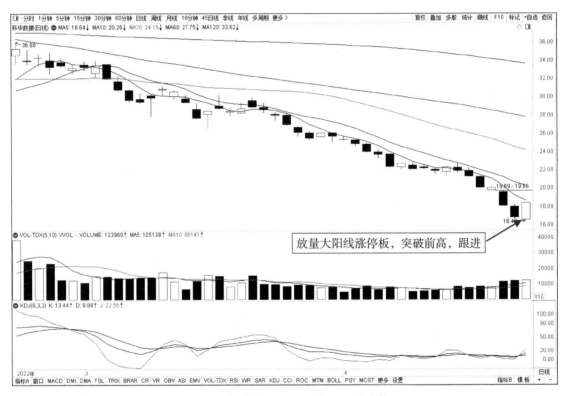

图 5-25　科华数据（002335）日 K 线走势图

2022 年 4 月 27 日截图当日（即止跌企稳当日），该股低开，收出一个大阳线涨停板（吞没了前一交易日收出的大阴线），突破前高，成交量较前一交易日放大，形成大阳线涨停 K 线形态。此时，虽然均线系统呈空头排列，但 KDJ、RSI 等部分技术指标开始走强，股价的强势特征已经开始慢慢显现，后市上涨的概率较大。像这种情况，投资者可以在次日跟庄进场逢低分批买入筹码。

图 5-26 是金科股份（000656）2023 年 5 月 26 日星期五下午收盘时的 K 线走势图。在软件上将该股整个 K 线走势图缩小后可以看出，股价从前期相对高位，即 2022 年 11 月 30 日的最高价 2.55 元振荡回落，至 2023 年 5 月 26 日的最低价 0.77 元止跌企稳，下跌时

间较长，跌幅大。

2023 年 5 月 26 日截图当日（也即止跌企稳当日），该股跌停开盘，收出一个大阳线涨停板（吞没了前一交易日收出的一字跌停板），突破前高，成交量较前一交易日放大十一倍以上，形成大阳线涨停 K 线形态。此时，虽然均线系统呈空头排列，但 KDJ、RSI 等部分技术指标开始走强，股价的强势特征已经开始慢慢显现，后市上涨的概率较大。像这种情况，投资者可以在次日跟庄进场逢低分批买入筹码。

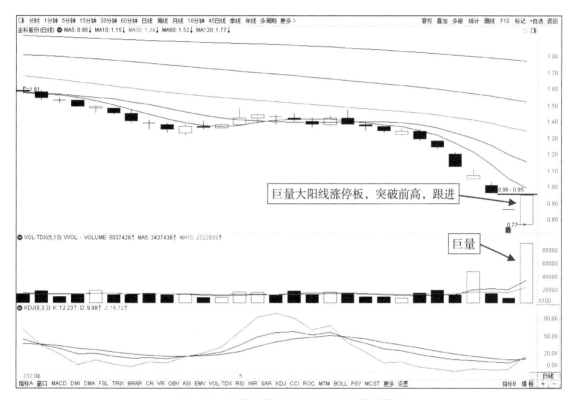

图 5-26　金科股份（000656）日 K 线走势图

## 2. 底部放量大阳线启动时买入

底部放量大阳线启动时买入，与底部大阳线涨停板启动时买入的原理基本一致，所不同的是，这种个股在收出大阳线的当日，成交量必须较前一交易日大幅放大，才能确认主力机构的做多信心，也才能确定为买点。这根放量大阳线，标志着趋势的反转和波段上涨行情的开启，投资者可以在当日或次日跟庄进场买入筹码。

图 5-27 是中京电子（002579）2022 年 4 月 27 日星期三下午收盘时的 K 线走势图。在软件上将该股整个 K 线走势图缩小后可以看出，股价从前期相对高位，即 2020 年 8 月 19 日的最高价 16.10 元，一路振荡下跌，至 2022 年 4 月 27 日的最低价 5.36 元止跌企稳，下跌时间较长，跌幅大。

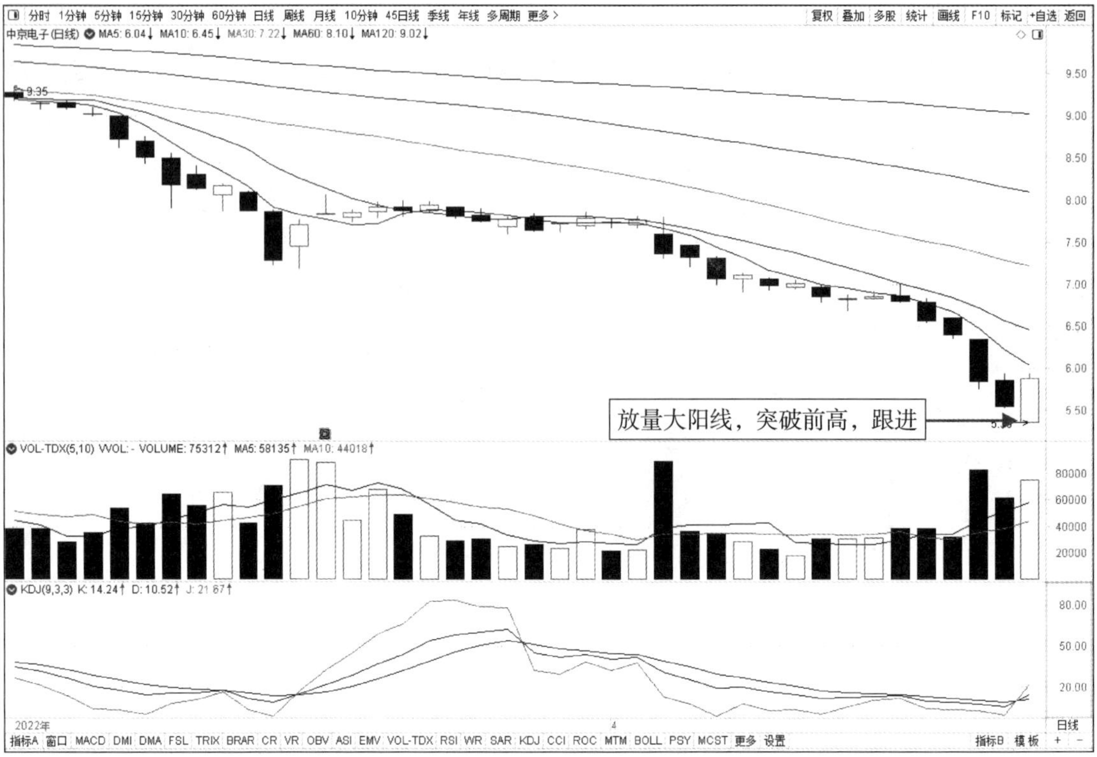

图 5-27 中京电子（002579）日 K 线走势图

2022 年 4 月 27 日截图当日（也即止跌企稳当日），该股低开，收出一根大阳线（吞没了前一交易日收出的大阴线），收盘涨幅 6.14%，突破前高，成交量较前一交易日大幅放大。此时，虽然该股均线系统呈空头排列，但 KDJ、RSI 等部分技术指标开始走强，股价的强势特征已经开始慢慢显现，后市上涨的概率较大。像这种情况，投资者可以在次日跟庄进场逢低分批买入筹码。

图 5-28 是祥鑫科技（002965）2022 年 4 月 27 日星期三下午收盘时的 K 线走势图。在软件上将该股整个 K 线走势图缩小后可以看出，股价从前期相对高位，即 2021 年 3 月 12 日的最高价 38.53 元，一路振荡下跌，至 2022 年 4 月 27 日的最低价 17.01 元止跌企稳，下跌时间较长，跌幅大。

2022 年 4 月 27 日截图当日（也即止跌企稳当日），该股大幅低开（向下跳空 4.55% 开盘），收出一根大阳线，收盘涨幅 6.62%，成交量较前一交易日放大。此时，虽然该股均线系统呈空头排列，但 KDJ、RSI 等部分技术指标开始走强，股价的强势特征已经开始慢慢显现，后市上涨的概率较大。像这种情况，投资者可以在次日跟庄进场逢低分批买进筹码。

### 3. 底部放量锤头线突破时买入

一般情况下，股价经过较长时间的下跌之后出现放量锤头线（下影线至少是 K 线实体

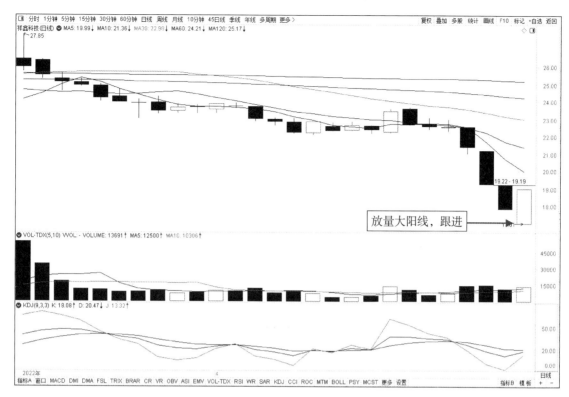

图 5-28 祥鑫科技（002965）日 K 线走势图

高度的两倍），往往意味着趋势正在或已经发生反转，后市股价上涨的概率较大。如果在收出锤头线的当日，能够放出巨大的成交量，则后市反转概率更大，股价短期持续上涨的力度也更大，可确定为买点。这根放量锤头线，标志着趋势的反转和波段上涨行情的开启，投资者可以在当日或次日跟庄进场买进筹码。

图 5-29 是万达电影（002739）2022 年 10 月 12 日星期三下午收盘时的 K 线走势图。在软件上将该股整个 K 线走势图缩小后可以看出，股价从前期相对高位，即 2022 年 6 月 30 日的最高价 14.24 元振荡下跌，至 2022 年 10 月 12 日的最低价 9.44 元止跌企稳，下跌时间虽然不长，但跌幅较大。

2022 年 10 月 12 日截图当日（也即止跌企稳当日），该股高开，收出一根锤头阳 K 线，成交量较前一交易日大幅放大。此时，虽然均线系统呈空头排列，但 KDJ、RSI 等部分技术指标开始走强，股价的强势特征已经开始慢慢显现，后市上涨的概率较大。像这种情况，投资者可以在次日跟庄进场逢低分批买入筹码。

图 5-30 是招商港口（001872）2022 年 10 月 31 日星期一下午收盘时的 K 线走势图。在软件上将该股整个 K 线走势图缩小后可以看出，股价从前期相对高位，即 2022 年 8 月 26 日的最高价 16.91 元振荡下跌，至 2022 年 10 月 31 日的最低价 13.55 元止跌企稳，下跌时间虽然不长，但跌幅较大。

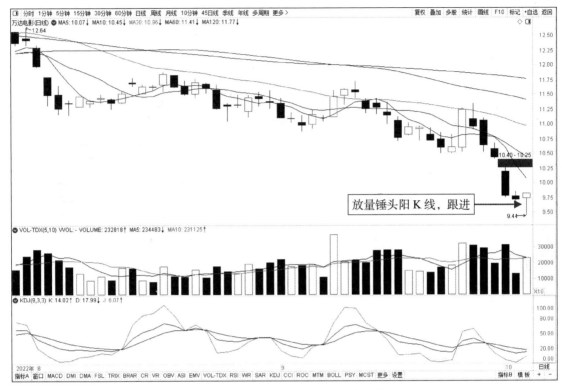

图5-29　万达电影（002739）日K线走势图

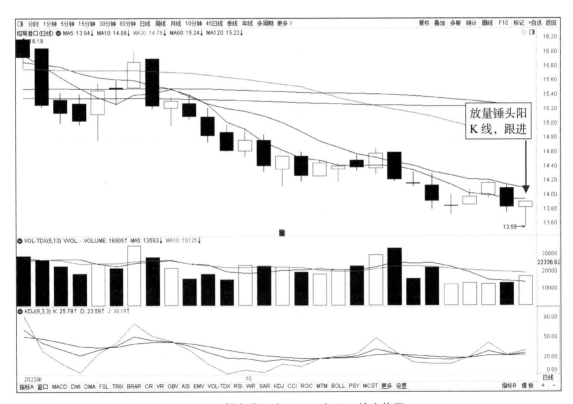

图5-30　招商港口（001872）日K线走势图

2022年10月31日截图当日（也即止跌企稳当日），该股平开，收出一根锤头阳K线，成交量较前一交易日大幅放大。此时，虽然均线系统呈空头排列，但KDJ、RSI等部分技术指标开始走强，股价的强势特征已经开始慢慢显现，后市上涨的概率较大。像这种情况，投资者可以在次日跟庄进场逢低分批买入筹码。

### 4. 早晨之星K线组合形成时买入

早晨之星也称希望之星、启明星，一般出现在一波下跌趋势的底部或低位或上涨行情的初期，股价走势在出现早晨之星之前已经有了一定的跌幅，做空动能得到了有效释放。

早晨之星K线组合由三根K线组合而成，第一根K线是阴线且阴线实体比较长；第二根K线是十字星（小阳线、小阴线或十字线均可），最好是跳空低开，这样的早晨之星K线组合最为标准，给出的见底信号最为强烈，后市上扬行情的延续力度更大；第三根K线是阳线且是一根实体较大的阳线，收盘价一定要超过第二根向下跳空十字星（线）的最高价，同时要深入到第一根阴K线实体之内的一半以上，并且成交量要有效放大。早晨之星K线组合形成之后，即可确定为买点，投资者可以在次日跟庄进场买进筹码。

图5-31是中水渔业（000798）2020年11月3日星期二下午收盘时的K线走势图。在软件上将该股整个K线走势图缩小后可以看出，股价从前期相对高位，即2020年8月20日的最高价10.13元回调洗盘，至2020年11月2日的最低价5.67元止跌企稳，回调洗盘时间不长，但跌幅大。

回调洗盘末期的2020年10月30日、11月2日（股价止跌企稳当日）和11月3日，三根K线形成早晨之星K线组合，尤其是第三根K线为放量大阳线。此时，虽然均线系统呈空头排列（120日均线上行），但均量线、KDJ、RSI等部分技术指标开始走强，股价的强势特征已经开始慢慢显现，后市上涨的概率较大。像这种情况，投资者可以在次日跟庄进场逢低买进筹码，持股待涨。

图5-32是雪人股份（002639）2021年2月9日星期二下午收盘时的K线走势图。在软件上将该股整个K线走势图缩小后可以看出，股价从前期相对高位，即2020年2月21日的最高价10.50元，一路振荡下跌，至2021年2月8日的最低价5.32元止跌企稳，下跌时间较长，跌幅大。

股价下跌末期的2021年2月5日、2月8日（股价止跌企稳当日）和2月9日，三根K线形成早晨之星K线组合，尤其是第三根K线为放量大阳线。此时，虽然均线系统呈空头排列，但KDJ、RSI等部分技术指标开始走强，股价的强势特征开始慢慢显现，后市上涨的概率较大。像这种情况，投资者可以在次日跟庄进场逢低买进筹码，持股待涨。

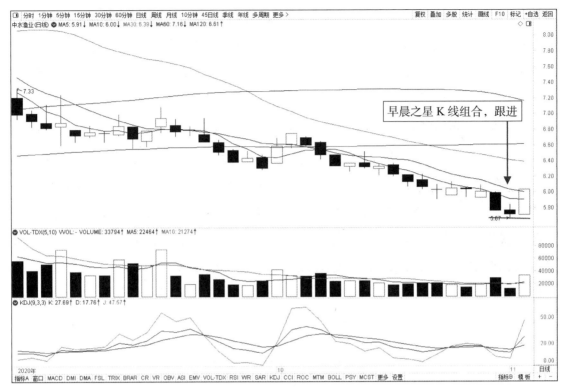

图 5-31　中水渔业（000798）日 K 线走势图

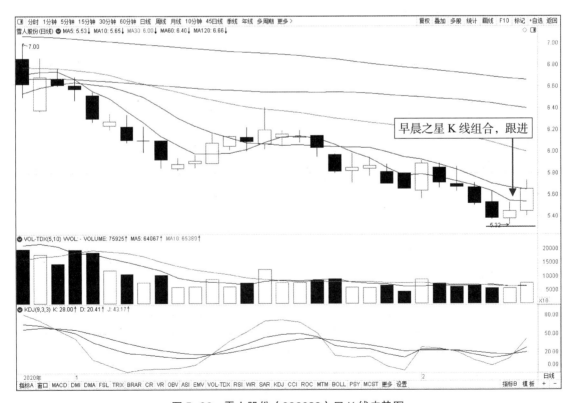

图 5-32　雪人股份（002639）日 K 线走势图

### 5. 两阳夹一阴 K 线组合形成时买入

两阳夹一阴 K 线组合也称多方炮 K 线组合，是股价由底部向上突破时出现的或在上涨途中出现的 K 线组合，是一种继续上攻且具继续做多意义的 K 线组合，它代表一种持续看多的态势，表示后市将继续看涨。

两阳夹一阴 K 线组合的构建过程属于主力机构的振仓换挡加油行为。这种 K 线组合由三根 K 线组成，第一根 K 线和第三根 K 线均为阳线，第二根 K 线为阴线，且这根阴线完全被前后两根阳线所包夹。一般情况下，第一根阳线是延续之前上涨势头的中阳以上 K 线，第二根阴线其实体置于第一根阳线的实体之内，第三根阳线实体包含了第二根阴线的实体部分且其收盘价高于第一根阳线的收盘价。

两阳夹一阴 K 线组合是日常操盘中较为常见的一种 K 线组合，是一种比较典型的强势上攻态势，也是实战中非常有价值的 K 线组合。这种 K 线组合是个股继续上涨的先兆，股谚就有"两阳夹一阴，看涨可放心"的说法。两阳夹一阴 K 线组合形成后，即可确定为买点，投资者可以在当日或次日跟庄进场买进或加仓买进筹码，当然，激进型投资者也可以在第三根阳线即将吞没第二根阴线时就跟进买入筹码。

图 5-33 是兴民智通（002355）2022 年 6 月 16 日星期四下午收盘时的 K 线走势图。在软件上将该股整个 K 线走势图缩小后可以看出，股价从前期相对高位，即 2021 年 4 月 9 日的最高价 7.87 元，一路振荡下跌，至 2022 年 4 月 27 日的最低价 3.42 元止跌企稳，下跌时间长，跌幅大，下跌期间有过多次较大幅度的反弹。

2022 年 4 月 27 日股价止跌企稳后，主力机构开始向上推升股价，收集筹码，K 线走势呈红多绿少态势，成交量呈逐步放大状态。

2022 年 6 月 14 日、15 日、16 日三根 K 线形成两阳夹一阴 K 线组合，14 日第一根阳线是继 13 日收出一个大阳线涨停板延续上涨势头的大阳线，成交量较前一交易日放大两倍以上，15 日第二根大阴线的成交量较前一交易日大阳线大幅萎缩，16 日第三根大阳线完全吞没了 15 日第二根大阴线，且成交量较前一交易日大幅放大，意味着多方已展开攻势。此时，均线（除 120 日均线外）呈多头排列，均量线、MACD、KDJ、RSI 等技术指标走强，股价的强势特征已经相当明显，后市快速上涨的概率大。像这种情况，投资者可以在当日或次日跟庄进场加仓买进筹码，持股待涨，待股价出现明显见顶信号时再卖出。

图 5-34 是华映科技（000536）2023 年 9 月 4 日星期一下午收盘时的 K 线走势图。在软件上将该股整个 K 线走势图缩小后可以看出，股价从前期相对高位，即 2020 年 12 月 25 日的最高价 3.65 元，一路振荡下跌，至 2023 年 6 月 26 日的最低价 1.73 元止跌企稳，下跌时间长，跌幅大，下跌期间有过多次较大幅度的反弹。

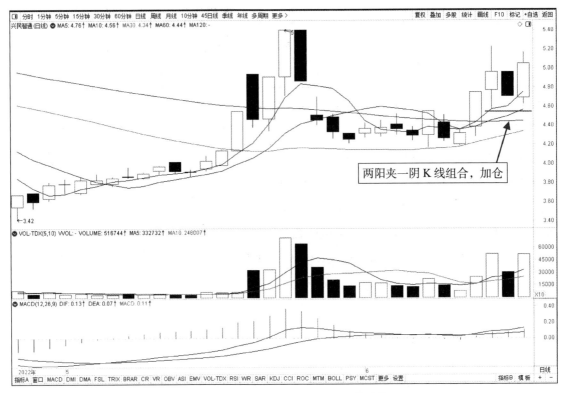

图 5-33 兴民智通（002355）日 K 线走势图

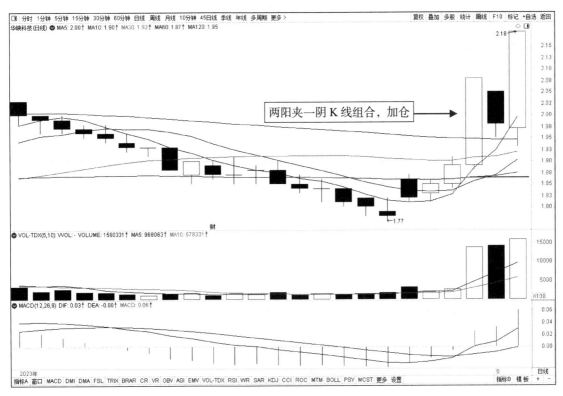

图 5-34 华映科技（000536）日 K 线走势图

2023 年 6 月 26 日股价止跌企稳后，主力机构开始向上推升股价，收集筹码，K 线走势呈红多绿少态势，成交量呈逐步放大状态。

2023 年 8 月 2 日，该股平开，股价回落，收出一根阴 K 线，成交量较前一交易日萎缩，主力机构展开缩量回调洗盘吸筹行情，此时投资者可以在当日先卖出手中筹码，待股价回调洗盘到位后再将筹码接回来。8 月 25 日，该股跳空低开，收出一颗阴十字星，成交量较前一交易日略有放大，股价止跌企稳。之后，主力机构开始向上推升股价，成交量同步放大。

2023 年 8 月 31 日、9 月 1 日、9 月 4 日三根 K 线形成两阳夹一阴 K 线组合，8 月 31 日第一根阳线是继 30 日收出一根中阳线延续上涨势头的大阳线涨停板，成交量较前一交易日放大五倍以上，9 月 1 日第二根大阴线成交量较前一交易日的大阳线涨停板略有放大，9 月 4 日第三根大阳线涨停板完全吞没了 9 月 1 日的第二根大阴线，且成交量较前一交易日明显放大，意味着多方已经展开攻势。此时，均线呈多头排列，均量线、MACD、KDJ、RSI 等技术指标走强，股价的强势特征十分明显，后市快速上涨的概率大。像这种情况，投资者可以在当日跟庄抢板或在次日跟庄进场择机买进筹码，持股待涨，待股价出现明显见顶信号时再卖出。

## 6. 上升两颗星 K 线组合形成时买入

上升两颗星 K 线组合也称临时空中加油 K 线组合，是股价由底部向上突破时出现的或在上涨途中出现的 K 线组合，表明主力机构通过这两个交易日的蓄势调整或者说通过这两颗星进行空中加油之后，还会继续向上发起攻击，是一种短线持续看涨的态势，也是比较可信的买入或加仓信号。

上升两颗星 K 线组合通常由三根 K 线组成。第一根是具有突破意义的大阳线或者中阳线，成交量放大；第二、第三根 K 线是两根（也可以是三根，称为上升三颗星 K 线组合）实体较小的 K 线，基本上并排出现在大阳线的上方。实体较小的 K 线可以是十字星、小阴线、小阳线等，两颗星或三颗星甚至四颗星应是依次逐渐缩量。无论是上升两颗星 K 线组合还是上升三颗星 K 线组合，出现在股价止跌企稳后（上升趋势的初期）或者上涨途中，都是比较可靠的短线跟庄进场信号。在出现上升两颗星 K 线组合的后一交易日，股价突破两颗星的高点时，买点出现。实战操盘中，发现某个股止跌企稳后或上涨途中出现这种 K 线组合，投资者可以积极跟庄进场买入筹码，短线持有。但如果股价跌破第一根阳线的低点，应该立马止损出局。

图 5-35 是征和工业（003033）2022 年 5 月 12 日星期四下午收盘时的 K 线走势图。在软件上将该股整个 K 线走势图缩小后可以看出，此时该股走势处于大幅下跌之后的反弹趋势中。股价从前期相对高位，即 2021 年 6 月 7 日的最高价 38.86 元，一路振荡下跌，至

2022 年 4 月 26 日的最低价 19.43 元止跌企稳，下跌时间较长，跌幅大，下跌期间有过多次较大幅度的反弹。

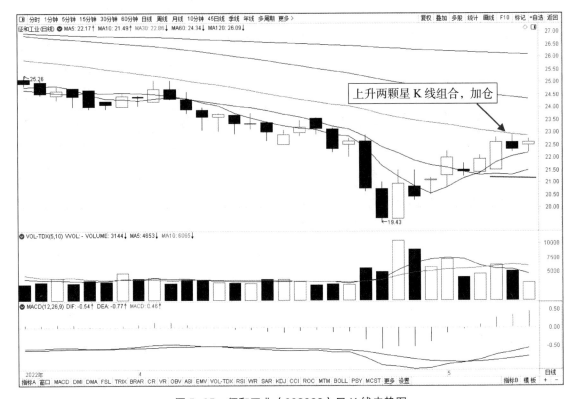

图 5-35　征和工业（003033）日 K 线走势图

2022 年 4 月 26 日股价止跌企稳后，主力机构开始向上推升股价，收集筹码，K 线走势呈红多绿少态势。

2022 年 5 月 10 日、5 月 11 日、5 月 12 日三根 K 线形成上升两颗星 K 线组合。5 月 10 日的第一根阳线，成交量较前一交易日明显放大，5 月 11 日、5 月 12 日的两颗十字星为第二和第三根 K 线，基本并行排列在第一根阳线的上方，并且成交量依次萎缩，意味着多方已经蓄势，即将展开攻势。此时，均线系统较弱（只有 5 日、10 日均线上行），但均量线、MACD、KDJ、RSI 等技术指标开始走强，股价的强势特征开始显现，后市上涨的概率大。像这种情况，投资者可以在次日股价突破两颗星高点时，跟庄进场买入筹码，持股待涨，待股价出现明显见顶信号时再卖出。

图 5-36 是苏泊尔（002032）2022 年 11 月 3 日星期四下午收盘时的 K 线走势图。在软件上将该股整个 K 线走势图缩小后可以看出，此时该股走势处于大幅下跌之后的反弹趋势中。股价从前期相对高位，即 2022 年 5 月 27 日的最高价 58.87 元振荡下跌，至 2022 年 10 月 31 日的最低价 40.00 元止跌企稳，下跌时间虽然不长，但跌幅较大。

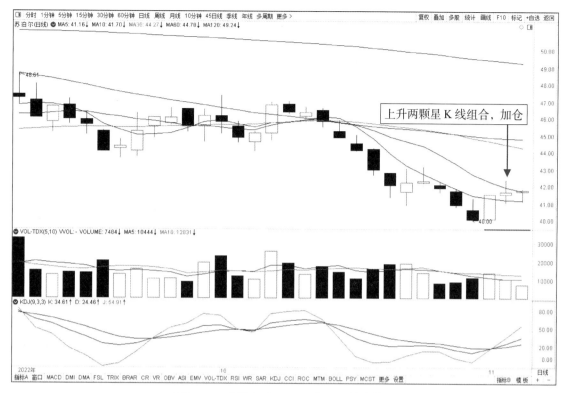

图 5-36 苏泊尔（002032）日 K 线走势图

2022 年 10 月 31 日股价止跌企稳后，11 月 1 日、11 月 2 日、11 月 3 日三根 K 线形成上升两颗星 K 线组合。11 月 1 日的第一根大阳线，成交量较前一交易日明显放大，11 月 2 日和 11 月 3 日的两颗阳十字星为第二和第三根 K 线，基本并行排列在第一根大阳线的上方，并且成交量依次萎缩，意味着多方已经蓄势，即将展开攻势。此时，虽然均线呈空头排列，但 KDJ、RSI 等部分技术指标开始走强，股价的强势特征开始显现，后市上涨的概率大。像这种情况，投资者可以在次日股价突破两颗星高点时，跟庄进场买入筹码，持股待涨，待股价出现明显见顶信号时再卖出。

### 7. V 形底等 K 线形态形成时买入

V 形底等 K 线形态形成时买入，是指股价的走势在底部形成 V 形底、W 底等 K 线形态，股价突破颈线或突破颈线回抽确认时，可确定为买点，投资者可以在当日或次日跟庄进场买进筹码。类似于 V 形底、W 底的底部 K 线形态，还有箱体底、三重底、头肩底、圆弧底等形态，都可以在股价突破颈线或突破颈线回抽确认时，确定为买点。

图 5-37 是健之佳（605266）2022 年 10 月 20 日星期四下午收盘时的 K 线走势图。这是一个股价止跌企稳后，初期上涨过程中形成的 V 形底 K 线形态实战案例。在软件上将该股整个 K 线走势图缩小后可以看出，股价从前期相对高位，即 2022 年 1 月 11 日的最高

价 88.69 元，一路振荡下跌（2022 年 6 月 8 日有过一次每 10 股派现金 15.75 元、每 10 股送转股比例 3.00 股的除息除权），下跌后期，由于受当时大盘下跌调整的影响，主力机构大幅打压股价，连续收出四根阴线。2022 年 9 月 26 日收出第四根低开阴十字星，股价下探至当日最低价 41.25 元止跌企稳，成交量较前一交易日有所放大，此时均线呈空头排列，V 形底 K 线形态左侧部分形成。

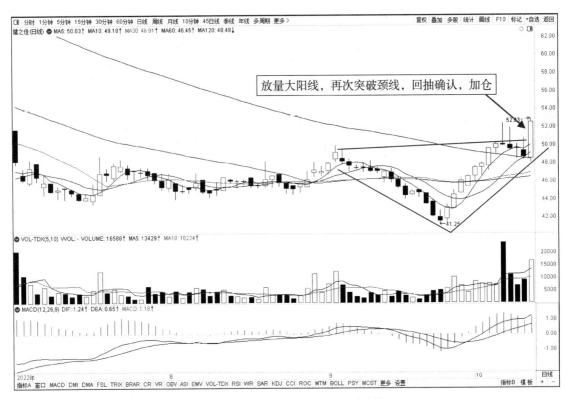

图 5-37　健之佳（605266）日 K 线走势图

2022 年 9 月 27 日，该股高开，收出一根大阳线，成交量较前一交易日明显放大，主力机构开始向上推升股价。

2022 年 10 月 12 日，该股低开，收出一根大阳线，成交量较前一交易日放大，股价突破前高（颈线）。

2022 年 10 月 14 日，该股低开，股价冲高回落，收出一根长上影线倒锤头阴 K 线，成交量较前一交易日放大三倍以上，主力机构展开回调洗盘行情，成交量呈大幅萎缩状态。

2022 年 10 月 20 日截图当日，该股低开，收出一根大阳线（收盘涨幅 7.93%），吞没之前四根阴 K 线，再次突破颈线（前高），成交量较前一交易日大幅放大，回抽确认。此时，均线（除 120 日均线外）呈多头排列，均量线、MACD、KDJ、RSI 等技术指标已经走强，股价的强势特征相当明显，后市快速上涨的概率大。像这种情况，投资者可以在当日股价突破颈线回抽确认时或在次日跟庄进场逢低买入筹码，持股待涨，待股价出现明显见顶信号时再卖出。

图5-38是中贝通信（603220）2023年2月24日星期五下午收盘时的K线走势图。这是一个股价止跌企稳后，初期上涨过程中形成的W底K线形态实战案例。在软件上将该股整个K线走势图缩小后可以看出，此时该股走势处于上升趋势中。股价从前期相对高位，即2021年11月30日的最高价17.92元振荡下跌，至2022年10月11日的最低价9.58元止跌企稳，下跌时间较长，跌幅大。

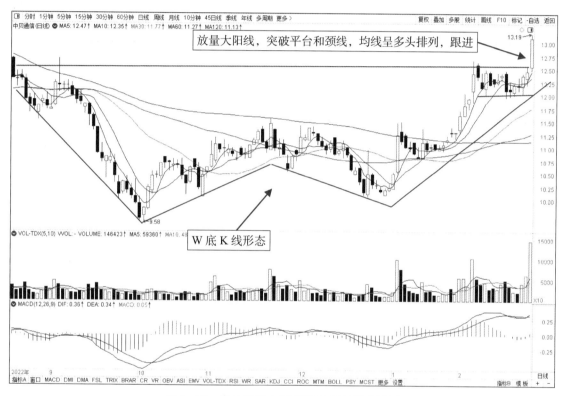

图5-38　中贝通信（603220）日K线走势图

2022年10月11日该股最低价9.58元止跌企稳，形成第一个底部，然后主力机构开始推升股价，继续收集筹码，2022年11月23日，该股低开，冲高至最高价11.36元回落展开调整洗盘，成交量呈逐步萎缩状态，回落至2022年12月29日最低价10.10元（比前次低点略高）止跌企稳，形成第二个底部。之后，主力机构继续向上推升股价，随着成交量开始缓慢放大，股价再次上扬。2023年2月6日，该股高开，收出一根大阳线，成交量较前一交易日放大近三倍，股价突破前高（颈线）。

2023年2月7日，该股高开，收出一根阴K线，成交量较前一交易日大幅萎缩，主力机构展开横盘整理洗盘，成交量呈萎缩状态。

2023 年 2 月 24 日截图当日，该股高开，收出一根大阳线（收盘涨幅 5.05%），突破整理平台和颈线（前高），成交量较前一交易日放大两倍以上，回抽确认。此时，均线呈多头排列，均量线、MACD、KDJ、RSI 等技术指标已经走强，股价的强势特征相当明显，后市上涨的概率大。像这种情况，投资者可以在当日股价突破颈线回抽确认时或在次日跟庄进场逢低买入筹码，持股待涨，待股价出现明显见顶信号时再卖出。

### 8. 上涨初期横盘振荡整理洗盘放量突破平台时买入

股价上涨初期横盘振荡整理洗盘放量突破平台时买入，是指股价下跌企稳后展开初期上涨行情，上涨到一定幅度后，主力机构展开横盘振荡整理洗盘走势，K 线（股价）走势形成一个横盘振荡整理平台，某一交易日股价放量向上突破平台，振荡洗盘行情结束，买点出现。

放量突破平台是指当日的收盘价高于平台的最高价，无论高多少，均视为突破，且高出的价格越多，可靠性和有效性就越高。放量突破平台上边阻力线后的理论涨幅，应该等于横盘的长度，即所谓"横有多长，竖有多高"。股价突破振荡整理洗盘平台之后，该股后市一般都有一波不错的涨幅，但投资者要注意盯盘，时刻关注股价上涨到一定高度后随时可能出现的转势下跌。另外，如果股价向下跌破平台下边的支撑线，应该立马止损出局。

图 5-39 是特力 A（000025）2022 年 5 月 25 日星期三下午收盘时的 K 线走势图。在软件上将该股整个 K 线走势图缩小后可以看出，此时该股走势处于初期上涨之后的横盘整理趋势中。股价从前期相对高位，即 2020 年 8 月 25 日的最高价 27.72 元振荡下跌，至 2022 年 4 月 27 日的最低价 10.06 元止跌企稳，下跌时间长，跌幅大。

2022 年 4 月 27 日股价止跌企稳后，主力机构展开初期上涨行情，收集筹码，K 线走势呈红多绿少态势，成交量呈温和放大状态。

2022 年 5 月 16 日，该股高开，股价回落，收出一根中阴线，成交量较前一交易日放大，主力机构展开横盘振荡整理洗盘，成交量呈逐渐萎缩状态。

2022 年 5 月 25 日截图当日，该股低开，收出一个大阳线涨停板，突破整理平台和前高，形成大阳线涨停 K 线形态，成交量较前一交易日萎缩（涨停的原因）。当日股价向上突破 5 日、10 日、30 日和 60 日均线（一阳穿四线），120 日均线在股价上方下行，均线蛟龙出海形态形成。此时，均线系统较弱（只有 5 日、10 日均线上行），但 5 日、10 日均线已经向上与 30 日均线形成金叉，MACD、KDJ、RSI 等技术指标开始走强，股价的强势特征也已显现，后市上涨的概率大。像这种情况，投资者可以在当日跟庄抢板或在次日择机跟庄进场买入筹码，持股待涨，待股价出现明显见顶信号时再卖出。

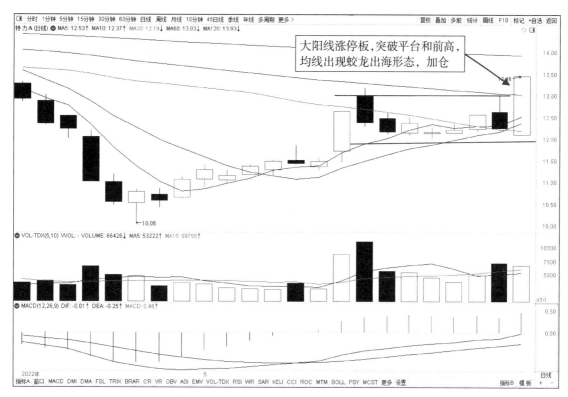

图 5-39 特力 A（000025）日 K 线走势图

图 5-40 是华建集团（600629）2023 年 4 月 13 日星期四下午收盘时的 K 线走势图。在软件上将该股整个 K 线走势图缩小后可以看出，此时该股走势处于初期上涨之后的横盘振荡整理趋势中。股价从前期相对高位，即 2022 年 5 月 19 日的最高价 8.93 元振荡下跌，至 2022 年 10 月 28 日的最低价 4.17 元止跌企稳，下跌时间不是很长，但跌幅大。

2022 年 10 月 28 日股价止跌企稳后，主力机构展开初期上涨行情，收集筹码，K 线走势呈红多绿少态势，成交量呈温和放大状态。

2023 年 2 月 16 日，该股高开，股价冲高回落，收出一根大阴线，成交量较前一交易日放大，主力机构展开横盘振荡整理洗盘行情，成交量呈逐渐萎缩状态。

2023 年 4 月 13 日截图当日，该股高开，收出一根大阳线，突破整理平台和前高，成交量较前一交易日放大两倍以上。此时，均线呈多头排列，均量线、MACD、KDJ、RSI 等技术指标开始走强，股价的强势特征开始显现，后市上涨的概率大。像这种情况，投资者可以在当日或次日跟庄进场买入筹码，持股待涨，待股价出现明显见顶信号时再卖出。

## 三、利用均线及均线形态把握买点

前面章节对均线的运用、均线骗线、均线选股等，都进行过一些分析。从实战意义上看，均线对股价的走势有着重要的影响，当股价运行在均线之上时，均线对股价起着支撑和助

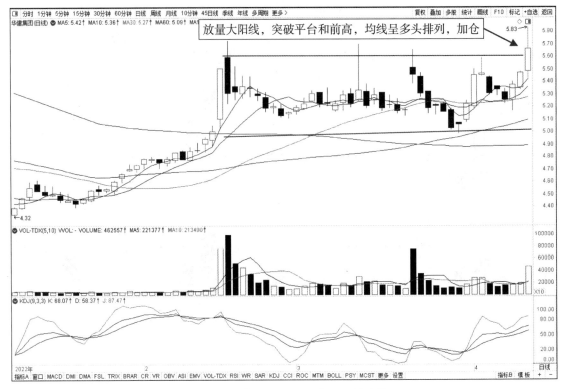

放量大阳线，突破平台和前高，均线呈多头排列，加仓

图 5-40 华建集团（600629）日 K 线走势图

涨的作用，而当股价运行在均线之下时，均线对股价则起着压力和助跌的作用。从技术上来分析，通过均线的金叉或死叉、均线黏合向上发散或向下发散、均线多头排列或空头排列等，可以预判股价的运行趋势和涨跌，确认买卖点。

当然，由于均线具有滞后性的特征，在运用均线预判买点时，一定要结合股价在 K 线走势中所处的位置、成交量、MACD、KDJ、RSI 等技术指标进行综合分析后，再做出买入决策。这里简要分析七种均线或均线形态买点。

### 1. 20 日均线支撑买入

从均线技术层面分析，20 日均线是短期趋势的一个分界点。股价在 20 日均线上方时，表示短期走强，反之，则短期走弱，交易机会减少。从 K 线（股价）走势看，大多数强势个股在第一波上涨行情结束后，会展开回调洗盘行情，向下跌破 5 日均线、10 日均线和 20 日均线，然后止跌回升，成交量同步放大。如果股价在 20 日均线位置止跌或反弹至 20 日均线位置站稳，20 日均线就是极限的回调位置，买点出现，投资者可以在 20 日均线获得支撑时执行买入操作。

（1）股价向上突破 20 日均线时买入。

个股在回调（下跌）企稳后，股价向上突破且站稳 20 日均线，成交量同步放大，投资者可以逢低分批买入筹码。

图 5-41 是佛山照明（000541）2022 年 7 月 20 日星期三下午收盘时的 K 线走势图。在软件上将该股整个 K 线走势图缩小后可以看出，股价从前期相对高位，即 2021 年 2 月 2 日的最高价 7.26 元调整下跌，至 2022 年 4 月 27 日的最低价 4.40 元止跌企稳，调整下跌时间长，跌幅大。

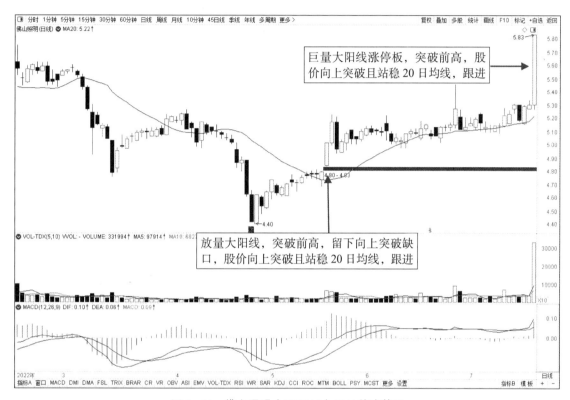

图 5-41 佛山照明（000541）日 K 线走势图

2022 年 4 月 27 日股价止跌企稳后，主力机构快速推升股价，收集筹码，K 线走势呈红多绿少态势，成交量呈温和放大状态。

2022 年 5 月 20 日，该股跳空高开，收出一根大阳线，突破前高，留下向上突破缺口，成交量较前一交易日放大近三倍。此时，股价向上突破且站稳 20 日均线，均量线、MACD、KDJ、RSI 等技术指标开始走强，股价的强势特征开始显现，后市上涨的概率大。像这种情况，投资者可以在当日或次日跟庄进场逢低分批买入筹码。之后，主力机构继续向上推升股价。

2022 年 7 月 20 日截图当日，该股平开，收出一个大阳线涨停板，突破前高，成交量较前一交易日放大八倍以上，形成大阳线涨停 K 线形态。此时，股价向上突破且站稳 20 日均线，均量线、MACD、KDJ、RSI 等技术指标走强，股价的强势特征已经相当明显，后市快速上涨的概率大。像这种情况，投资者可以在当日跟庄抢板或次日跟庄进场买入筹码，持股待涨，待股价出现明显见顶信号时再卖出。

（2）处于上升趋势中的个股，股价回调或平台整理至 20 日均线且不跌破支撑时买入。

对于已经处于上涨途中的个股，如果一时找不准买点，投资者可以待股价回踩 20 日均线且不跌破支撑时，跟庄进场逢低买入筹码。

图 5-42 是九芝堂（000989）2023 年 3 月 31 日星期五下午收盘时的 K 线走势图。在软件上将该股整个 K 线走势图缩小后可以看出，此时该股走势处于上涨趋势中。股价从前期相对高位，即 2022 年 12 月 13 日的最高价 10.41 元，回调洗盘，成交量呈逐步萎缩状态。

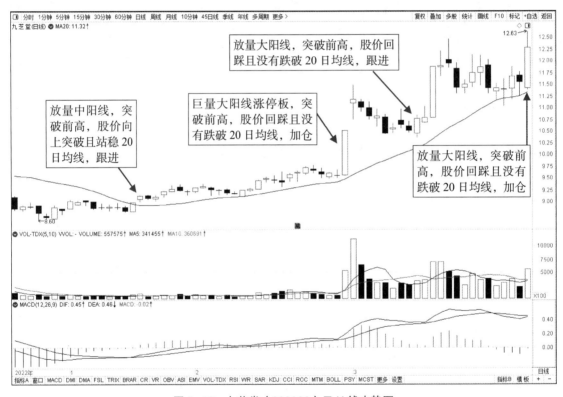

图 5-42　九芝堂（000989）日 K 线走势图

2022 年 12 月 28 日，该股低开，收出一颗阴十字星，股价探至当日最低价 8.62 元止跌企稳，回调洗盘结束，主力机构继续向上推升股价，K 线走势呈红多绿少态势，成交量呈温和放大状态。

2023 年 1 月 16 日，该股高开，收出一根中阳线，突破前高，成交量较前一交易日明显放大。此时，股价向上突破且站稳 20 日均线，均量线、MACD、KDJ、RSI 等技术指标开始走强，股价的强势特征开始显现，后市上涨的概率大。像这种情况，投资者可以在当日或次日跟庄进场逢低买入筹码。之后，主力机构继续向上推升股价。

2023 年 2 月 28 日，该股跳空高开，收出一个大阳线涨停板，突破前高，成交量较前一交易日放大八倍以上，形成大阳线涨停 K 线形态。此时，股价回踩且没有跌破 20 日均线，均量线、MACD、KDJ、RSI 等技术指标走强，股价的强势特征相当明显，后市上涨的概率大。像这种情况，投资者可以在当日跟庄抢板或在次日跟庄进场买入筹码，持股待涨。之后，主力机构继续向上推升股价。

2023 年 3 月 13 日，该股低开，收出一根中阳线，突破前高，成交量较前一交易日明显放大。此时，股价回踩且没有跌破 20 日均线，投资者可以在当日或次日跟庄进场逢低买入筹码，持股待涨。之后，主力机构继续向上推升股价。

2023 年 3 月 31 日截图当日，该股低开，收出一根大阳线，突破前高，成交量较前一交易日放大两倍以上。此时，股价回踩且没有跌破 20 日均线，MACD、KDJ、RSI 等技术指标走强，股价的强势特征已经显现，后市上涨的概率大。像这种情况，投资者可以在当日或次日跟庄进场买入筹码。持股待涨，待股价出现明显见顶信号时再卖出。

### 2. 60 日均线支撑买入

60 日均线也称季线、决策线，虽然代表的是个股的中长期趋势，但在股价突破 60 日均线或回调至 60 日均线且不跌破支撑时，买点出现，预示一波较大级别的上涨行情已经开启，此时投资者应以积极做多为主。

（1）股价反弹突破 60 日均线时买入。

个股经过长期大幅下跌后止跌回升，股价在上涨的过程中，通常会受到来自 60 日均线的压力，如果此时股价继续上涨，放量突破 60 日均线，后市则可能有一波较大幅度的上涨行情。股价在有效突破 60 日均线时，中线买点出现，投资者可以跟庄进场逢低买入筹码。

图 5-43 是中兴通讯（000063）2022 年 11 月 11 日星期五下午收盘时的 K 线走势图。在软件上将该股整个 K 线走势图缩小后可以看出，此时该股整体走势处于上升趋势中。股价从前期相对高位，即 2021 年 8 月 3 日的最高价 41.68 元，一路振荡下跌，至 2022 年 10 月 11 日的最低价 20.30 元止跌企稳，下跌时间长，跌幅大。

2022 年 10 月 11 日股价止跌企稳后，主力机构快速推升股价，收集筹码，K 线走势呈红多绿少态势，成交量呈温和放大状态。

2022 年 11 月 11 日截图当日，该股跳空高开，收出一根大阳线，突破前高，留下向上突破缺口，成交量较前一交易日放大近三倍，形成向上突破缺口 K 线形态。此时，股价向上突破且站稳 60 日均线，均量线、MACD、KDJ、RSI 等技术指标走强，股价的强势特征已经相当明显，后市快速上涨的概率大。像这种情况，投资者可以在当日或次日跟庄进场逢低买入筹码，持股待涨，待股价出现明显见顶信号时再卖出。

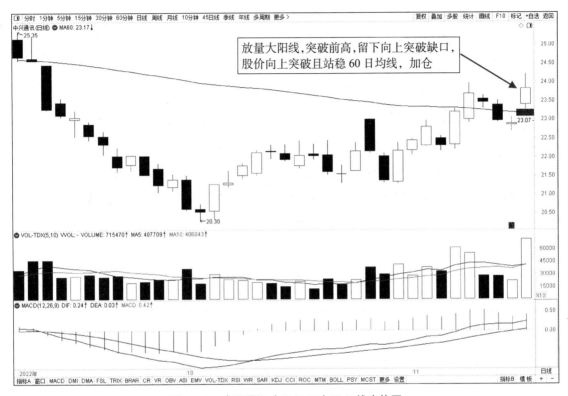

图 5-43　中兴通讯（000063）日 K 线走势图

（2）处于上升趋势中的个股，股价回调或平台整理至 60 日均线获得支撑时买入。

对于已经处于上涨途中的个股，股价回调至 60 日均线获得支撑时，或者股价回踩 60 日均线且不跌破支撑时，都是买点，投资者可以跟庄进场逢低买入筹码。

图 5-44 是皖新传媒（601801）2023 年 1 月 19 日星期四下午收盘时的 K 线走势图。在软件上将该股整个 K 线走势图缩小后可以看出，此时该股走势处于上涨趋势中。股价从前期相对高位，即 2022 年 4 月 6 日的最高价 5.56 元，振荡下跌，至 2022 年 10 月 11 日的最低价 4.42 元止跌企稳，下跌期间有过两次较大幅度的反弹。

2022 年 10 月 11 日股价止跌企稳后，主力机构快速推升股价，收集筹码，K 线走势呈红多绿少态势，成交量呈温和放大状态。

2022 年 11 月 10 日，该股低开，收出一根小阳线，突破前高，成交量较前一交易日明显放大。此时，股价向上突破且收在 60 日均线上方，均量线、MACD、KDJ、RSI 等技术指标已经走强，股价的强势特征已经显现，后市上涨的概率大。像这种情况，投资者可以在当日或次日跟庄进场逢低买入筹码。之后，主力机构继续向上推升股价。

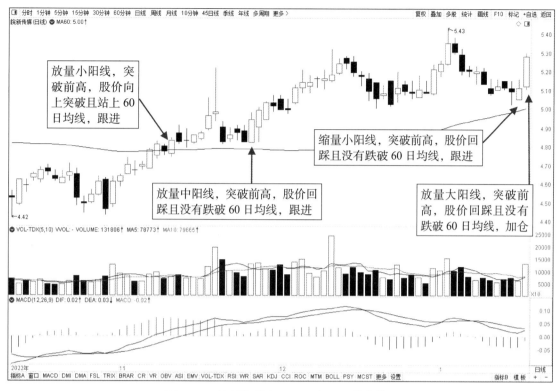

图 5-44 皖新传媒（601801）日 K 线走势图

2022 年 11 月 25 日，该股平开，收出一根中阳线，突破前高，成交量较前一交易日明显放大。此时，股价回踩且没有跌破 60 日均线，均量线、MACD、KDJ、RSI 等技术指标走强，股价的强势特征相当明显，后市上涨的概率大。像这种情况，投资者可以在当日或次日跟庄进场逢低买入筹码，持股待涨。之后，主力机构继续向上推升股价。

2023 年 1 月 18 日，该股低开，收出一根小阳线，突破前高，成交量较前一交易日萎缩。此时，股价回踩且没有跌破 60 日均线，投资者可以在当日或次日跟庄进场逢低买入筹码，持股待涨。

2023 年 1 月 19 日截图当日，该股高开，收出一根大阳线，突破前高，成交量较前一交易日放大两倍以上。此时，股价回踩且没有跌破 60 日均线，均线量、MACD、KDJ、RSI 等技术指标走强，股价的强势特征已经相当明显，后市上涨的概率大。像这种情况，投资者可以在当日或次日跟庄进场加仓买入筹码，持股待涨，待股价出现明显见顶信号时再卖出。

图 5-45 是深桑达 A（000032）2022 年 10 月 25 日星期二下午收盘时的 K 线走势图。在软件上将该股整个 K 线走势图缩小后可以看出，此时该股走势处于上涨趋势中。股价从前期相对高位，即 2020 年 8 月 3 日的最高价 32.20 元振荡下跌，至 2022 年 10 月 11 日的最低价 12.06 元止跌企稳，下跌时间长，跌幅大，其间有过两次较大幅度的反弹。

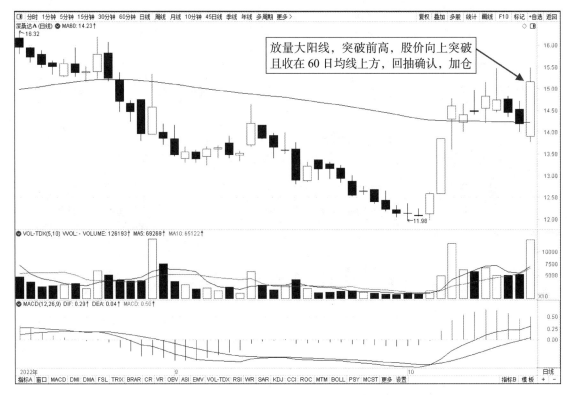

放量大阳线，突破前高，股价向上突破
且收在 60 日均线上方，回抽确认，加仓

图 5-45　深桑达 A（000032）日 K 线走势图

2022 年 10 月 11 日股价止跌企稳后，主力机构快速推升股价，收集筹码，成交量呈温和放大状态。

2022 年 10 月 19 日，该股高开，收出一根螺旋桨阳 K 线，主力机构展开回调洗盘走势，成交量呈逐渐萎缩状态。

2022 年 10 月 25 日截图当日，该股低开，收出一根大阳线（收盘涨幅 6.84%），突破前高（吞没了回调洗盘期间的四根阴阳 K 线），成交量较前一交易日放大两倍以上。此时，股价向上突破且收在 60 日均线上方，均量线、MACD、KDJ、RSI 等技术指标走强，股价的强势特征已经相当明显，后市快速上涨的概率大。像这种情况，投资者可以在当日或次日跟庄进场买入筹码，持股待涨，待股价出现明显见顶信号时再卖出。

### 3.短期均线黏合向上发散时买入

个股经过较长时间的下跌至底部区域筑底过程中，或是个股初期上涨之后的横盘振荡整理洗盘吸筹末期，5 日、10 日和 30 日均线逐渐收敛，相互缠绕，形成均线黏合形态，某一交易日股价向上突破均线黏合形态，各均线逐渐向上发散，成交量同步放大，买点出现，投资者可以在股价向上突破均线黏合发散形态当日或次日跟庄进场逢低买入筹码。

图 5-46 是中央商场（600280）2023 年 2 月 23 日星期四下午收盘时的 K 线走势图。

在软件上将该股整个 K 线走势图缩小后可以看出，此时该股走势处于上升趋势中。股价从前期相对高位，即 2022 年 11 月 17 日的最高价 3.79 元回调洗盘，至 2023 年 1 月 12 日的最低价 2.80 元洗盘结束，主力机构开始向上推升股价，收集筹码，短期均线由下行逐渐拐头交叉上行。

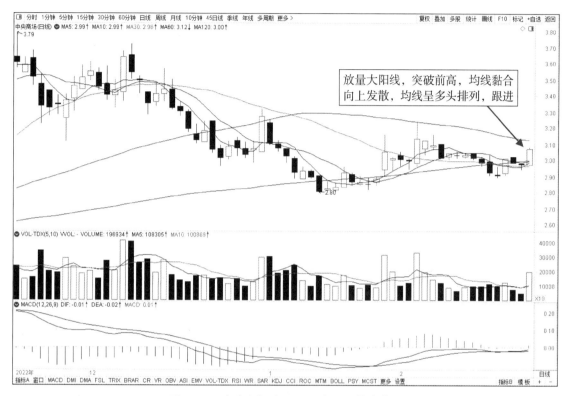

图 5-46　中央商场（600280）日 K 线走势图

2023 年 2 月 6 日，该股低开，股价回落，收出一根假阳真阴小锤头 K 线，主力机构展开振荡整理行情，成交量呈逐步萎缩状态，短中期均线逐渐走平且交叉黏合。

2023 年 2 月 21 日，该股高开，收出一根小阴线，成交量较前一交易日萎缩，此时 5 日、10 日、30 日和 120 均线逐渐收敛，相互缠绕，形成均线黏合形态。

2023 年 2 月 23 日截图当日，该股平开，收出一根大阳线，突破前高，成交量较前一交易日放大近四倍，当日股价向上突破由 5 日、10 日、30 日和 120 均线形成的均线黏合形态。此时，均线（除 60 日均线外）呈多头排列，均量线、MACD、KDJ、RSI 等各项技术指标走强，股价的强势特征已经显现，后市快速上涨的概率大。像这种情况，投资者可以在当日或次日跟庄进场买入筹码，持股待涨，待股价出现明显见顶信号时再撤出。

### 4. 一阳穿多线形态（均线蛟龙出海形态）买入

股价在底部区域或相对低位经过一段时间的振荡整理走势，多条均线处于交叉黏合状态时，某一交易日突然收出一根放量中、大阳线向上穿过三条以上均线，且收盘价站稳在三条均线之上，买点出现。一是投资者可以在中、大阳线向上穿过三条以上均线当日收盘前买入筹码，二是可以在股价回踩均线时买入筹码。

一阳穿多线时买入的理由，一是之前的振荡整理走势反映了主力机构建仓或建仓后振荡洗盘的行为，主力机构筹码趋于集中，控盘比较到位；二是收出中、大阳线当日，多方已经累积了足够的动能，多方强势已经确定，股价上涨信号相当明确。

当中、大阳线向上同时穿过 5 日、10 日和 30 日均线后，投资者可以将止损位设定在 10 日均线位置，如果股价跌破这个位置，应该先出局观望或换作其他强势个股。

图 5-47 是上海能源（600508）2022 年 4 月 13 日星期三下午收盘时的 K 线走势图。在软件上将该股整个 K 线走势图缩小后可以看出，此时该股走势处于上升趋势中。股价从前期相对高位，即 2021 年 10 月 12 日的最高价 14.91 元回调洗盘，至 2021 年 11 月 15 日最低价 9.97 元止跌企稳，主力机构开始展开横盘振荡整理洗盘（挖坑）吸筹行情，成交量呈间断性放缩量状态，短中期均线逐渐走平且交叉黏合。

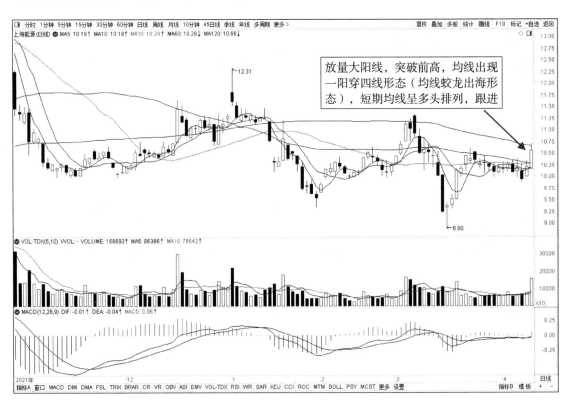

图 5-47　上海能源（600508）日 K 线走势图

2022 年 4 月 13 日截图当日，该股低开，收出一根大阳线，突破前高，成交量较前一交易日放大两倍，当日股价向上突破 5 日、10 日、30 日和 60 日均线，形成一阳穿四线形态（均线蛟龙出海形态）。此时，短期均线（5日、10日和30日均线）呈多头排列，均量线、MACD、KDJ、RSI等各项技术指标走强,股价的强势特征已经显现,后市快速上涨的概率大。像这种情况，投资者可以在当日收盘前或在次日跟庄进场逢低买入筹码，持股待涨，待股价出现明显见顶信号时再撤出。

图5-48是康恩贝（600572）2022年10月26日星期三下午收盘时的K线走势图。在软件上将该股整个K线走势图缩小后可以看出，此时该股走势处于上升趋势中。股价从前期相对高位，即2022年5月16日的最高价5.15元振荡下跌,至2022年9月26日最低价3.83元止跌企稳，下跌时间虽然不长，但跌幅较大。

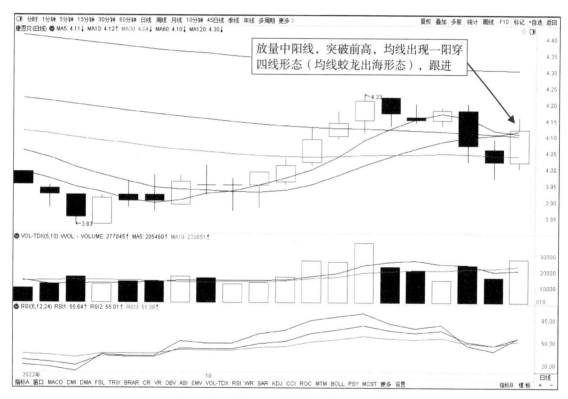

图5-48　康恩贝（600572）日K线走势图

2022年9月26日股价止跌企稳后，主力机构快速推升股价，收集筹码，K线走势呈红多绿少态势，成交量呈温和放大状态。

2022年10月19日，该股高开，股价回落，收出一根小锤头阴K线，主力机构展开回调洗盘走势，成交量呈逐渐缩量状态。

2022年10月26日截图当日，该股平开，收出一根中阳线，突破前高，成交量较前一交易日大幅放大，当日股价向上突破5日、10日、30日和60均线，形成一阳穿四线形态（均线蛟龙出海形态）。此时，均线系统较弱（只有10日均线上行），但均量线、RSI

等部分技术指标开始走强，股价的强势特征开始显现，后市上涨的概率大。像这种情况，投资者可以在当日收盘前或在次日跟庄进场逢低买入筹码，持股待涨，待股价出现明显见顶信号时再撤出。

### 5. 均线形成银山谷和金山谷形态时买入

短期均线在形成黄金交叉形态之后，短中期均线向上穿过中长期均线所形成的一个尖头朝上的不规则三角形，即为均线银山谷形态。均线银山谷形态的形成，表明多方已经积蓄了足够大的上攻能量，这既是一个股价见底之后上涨的信号，也是一个后市看多做多，可以跟庄进场买进筹码的信号。均线银山谷形态之后再形成一个尖头朝上的不规则三角形，为均线金山谷形态。均线银山谷（金山谷）形态形成的当日，即为买点，投资者可以在当日或次日跟庄进场逢低买入筹码。

图 5-49 是广东鸿图（002101）2022 年 5 月 23 日星期一下午收盘时的 K 线走势图。在软件上将该股整个 K 线走势图缩小后可以看出，此时该股走势处于上升趋势中。股价从前期相对高位，即 2022 年 1 月 18 日的最高价 16.84 元回调洗盘，至 2022 年 4 月 27 日的最低价 7.76 元洗盘结束，止跌回升，股价回调洗盘时间不长，但跌幅大，此时均线（除 120 日均线外）呈空头排列形态。

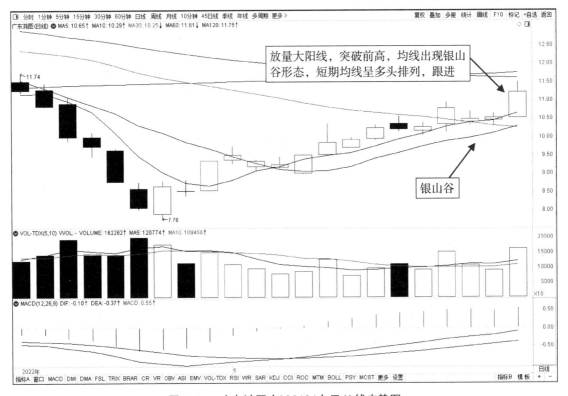

图 5-49　广东鸿图（002101）日 K 线走势图

2022 年 4 月 27 日股价回调止跌后，主力机构快速向上推升股价，K 线走势呈红多绿少态势，成交量呈逐步放大状态。

2022 年 5 月 9 日，该股低开，收出一颗假阳真阴十字星，成交量较前一交易日萎缩，当日 5 日均线向上穿过 10 日均线形成金叉。此时，均线系统较弱（只有 5 日、120 日均线上行），但 MACD、KDJ、RSI 等技术指标开始走强，股价的强势特征开始显现，后市上涨的概率大。像这种情况，投资者可以在当日或次日跟庄进场逢低分批买进筹码。

2022 年 5 月 23 日截图当日，该股平开，收出一根大阳线，突破前高，成交量较前一交易日大幅放大，当日 10 日均线向上穿过 30 日均线形成金叉，均线银山谷形态形成。此时，短期均线呈多头排列，均量线、MACD、KDJ、RSI 等技术指标已经走强，股价的强势特征较为明显，后市上涨的概率大。像这种情况，投资者可以在当日或次日跟庄进场逢低买入筹码，持股待涨，待股价出现明显见顶信号时再撤出。

图 5-50 是超讯通信（603322）2022 年 5 月 25 日星期三下午收盘时的 K 线走势图。在软件上将该股整个 K 线走势图缩小后可以看出，此时该股走势处于长期下跌之后的反弹趋势中。股价从前期相对高位，即 2020 年 12 月 11 日的最高价 20.96 元振荡下跌，至 2022 年 4 月 27 日的最低价 7.71 元止跌企稳，下跌时间长，跌幅大，此时均线呈空头排列

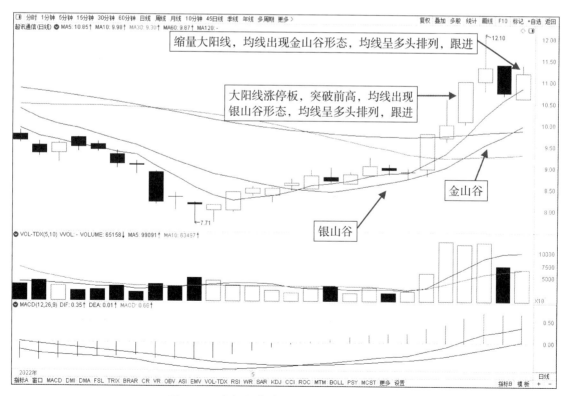

图 5-50　超讯通信（603322）日 K 线走势图

形态。下跌后期，主力机构借助当时大盘下跌之势，加速杀跌洗盘，收集了不少筹码建仓。

2022年4月27日股价止跌企稳后，主力机构快速向上推升股价，收集筹码，K线走势呈红多绿少态势，成交量呈逐步放大状态。

2022年5月9日，该股高开，收出一颗阳十字星，突破前高，成交量较前一交易日萎缩，当日5日均线向上穿过10日均线形成金叉。此时，均线系统较弱（只有5日均线上行），但MACD、KDJ、RSI等技术指标开始走强，股价的强势特征开始显现，后市上涨的概率大。像这种情况，投资者可以在次日视情况跟庄进场逢低分批买进筹码。

2022年5月20日，该股高开，收出一个大阳线涨停板，突破前高，形成大阳线涨停K线形态，成交量较前一交易日萎缩（涨停缩量的原因）。当日10日均线向上穿过30日均线形成金叉，均线银山谷形态形成。此时，均线（除120日均线外）呈多头排列，均量线、MACD、KDJ、RSI等技术指标已经走强，股价的强势特征已经相当明显，后市快速上涨的概率大。像这种情况，投资者可以在当日跟庄抢板或在次日择机跟庄进场买入筹码。

2022年5月25日截图当日，该股低开，收出一根大阳线，成交量较前一交易日萎缩，当日10日均线向上穿过60日均线形成金叉，均线金山谷形态形成。此时，均线（除120日均线外）呈多头排列，MACD、KDJ、RSI等技术指标走强，股价的强势特征已经相当明显，后市持续快速上涨的概率大。像这种情况，投资者可以在当日或次日跟庄进场逢低买入筹码，持股待涨，待股价出现明显见顶信号时再撤出。

## 6. 短期均线呈多头排列时买入

短期均线呈多头排列是指5日、10日和30日均线由上自下排列（即短期均线在上、长期均线在下），同时各均线的方向全部向上，此时即为买点，投资者可以在当日或次日跟庄进场逢低买入筹码。短期均线多头排列时买入的理由，是因为此时个股行情正处于上涨阶段，赚钱效应放大，会吸引更多的场外资金入场。

图5-51是杭州热电（605011）2023年5月12日星期五下午收盘时的K线走势图。在软件上将该股整个K线走势图缩小后可以看出，此时该股走势处于反弹趋势中。股价从前期相对高，即2022年11月29日的最高价18.55元，一路振荡下跌，至2023年4月25日的最低价13.88元止跌企稳，此时短中期均线呈空头排列形态。股价下跌时间虽然不是很长，但跌幅较大，下跌后期，主力机构借助当时大盘下跌之势，加速杀跌洗盘，收集了不少筹码建仓。

2023年4月25日股价止跌企稳后，主力机构开始向上推升股价，继续收集筹码，K线走势呈红多绿少态势，成交量呈逐步放大状态。

2023年5月5日，该股高开，收出一颗阳十字星，突破前高，成交量较前一交易日萎缩，当日5日均线向上穿过10日均线形成金叉。此时，均线系统较弱（只有5日、120日均线上行），但MACD、KDJ、RSI等技术指标开始走强，股价的强势特征开始显现，后市上涨的概率大。像这种情况，投资者可以在次日视情况跟庄进场逢低分批买入筹码。

2023年5月12日截图当日，该股平开，收出一个大阳线涨停板，突破前高，形成大阳线涨停K线形态，成交量较前一交易日放大六倍以上。当日10日均线向上穿过30日均线形成金叉，均线银山谷形态形成，均线呈多头排列。此时，均量线、MACD、KDJ、RSI等技术指标已经走强，股价的强势特征已经相当明显，后市快速上涨的概率大。像这种情况，投资者可以在当日跟庄抢板或在次日择机跟庄进场买入筹码，持股待涨，待股价出现明显见顶信号时再撤出。

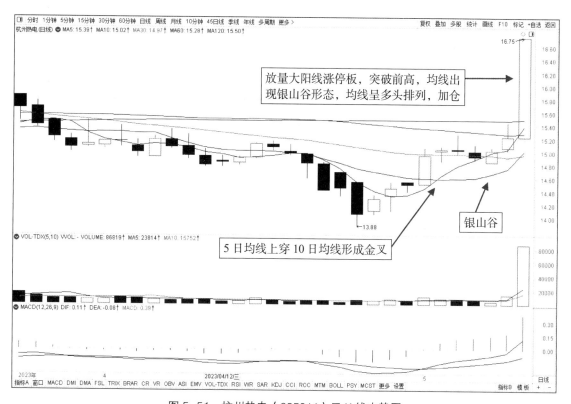

图5-51　杭州热电（605011）日K线走势图

## 7. 三金叉形态买入

三金叉形态，是指5日均线上穿10日均线形成金叉、5日均量线上穿10日均量线形成金叉，以及MACD指标DIF线上穿DEA线即白线上穿黄线形成金叉。实战操盘中，三金叉形态不是必须在同一时间出现，在短期内前后出现即成立。三金叉形态形成，即为买点，投资者可以在当日或次日跟庄进场逢低买入筹码。

三金叉形态买入理由，一是5日均线上穿10日均线形成金叉，反映出市场平均持仓成本已朝有利于多头的方向发展，多头赚钱效应放大，将会吸引更多的场外资金进场；二是 5 日均量线上穿 10 日均量线形成金叉，表明场外新增资金在不断进场，市场人气进一步恢复；三是 MACD 金叉，表明多空双方力量争夺时，多方力量占据优势。

图 5-52 是翠微股份（603123）2022 年 1 月 4 日星期二下午收盘时的 K 线走势图。在软件上将该股整个 K 线走势图缩小后可以看出，此时该股走势处于上升趋势中。股价从前期相对高位，即 2021 年 5 月 24 日的最高价 8.87 元回调洗盘，至 2021 年 10 月 29 日的最低价 6.11 元洗盘结束，止跌回升，股价回调洗盘时间不长，但跌幅较大，此时均线呈空头排列形态。

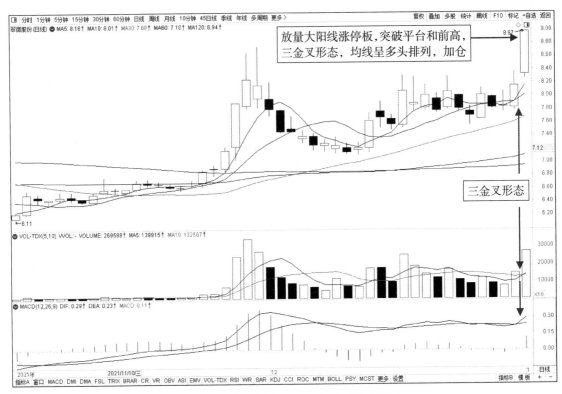

图 5-52　翠微股份（603123）日 K 线走势图

2021 年 10 月 29 日股价回调止跌后，主力机构向上推升股价，继续收集筹码，K 线走势呈红多绿少态势，成交量呈间断性放缩量状态。

2022 年 1 月 4 日截图当日，该股跳空高开，收出一个大阳线涨停板，突破平台和前高，形成大阳线涨停 K 线形态，成交量较前一交易日放大近两倍。此时，三金叉形态形成（前一交易日 5 日均线上穿 10 日均线形成金叉，当日 5 日均量线上穿 10 日均量线形成金叉，前一交易日 MACD 指标 DIF 线上穿 DEA 线即白线上穿黄线形成金叉），均线呈多头排列，均量线、MACD、KDJ、RSI 等技术指标已经走强，股价的强势特征已经十分明显，后市快速上涨的概率大。像这种情况，投资者可以在当日跟庄抢板，或在次日择机跟庄进场买入筹码，持股待涨，待股价出现明显见顶信号时再撤出。

## 四、依据成交量把握买点

前面章节对成交量的组成要素、成交量变化的表现形式、依据成交量选股等，进行过一些分析。实战操盘中，成交量是判断股票走势的重要因素，对分析主力机构操盘行为提供了重要的依据。通过成交量来判断买点也是投资者的常用方法。一般情况下，成交量大且价格上涨的股票，趋势向好；成交量持续低迷的股票，其走势一般处于下跌或横盘振荡整理之中。一些主力机构筹码锁定好、控盘到位的个股，快速上涨过程中也会出现缩量的现象，但持续时间不会太长。这里简要分析六种依据成交量把握买点的方法技巧。

### 1. 底部突放巨量时买入

当个股经过较大幅度下跌或回调，至底部区域或较低位置止跌企稳后，主力机构展开振荡整理或振荡盘升走势，继续吸筹建仓。某一交易日突然放巨量（可能是对倒或对敲做量）拉升，买点出现，投资者可以及时寻机跟庄进场买进筹码。

图 5-53 是中央商场（600280）2022 年 10 月 14 日星期五下午收盘时的 K 线走势图。在软件上将该股整个 K 线走势图缩小后可以看出，此时该股走势处于上升趋势中。股价从前期相对高位，即 2021 年 4 月 15 日的最高价 4.44 元，开始回调洗盘，至 2022 年 10 月 11 日的最低价 2.23 元止跌企稳，然后主力机构展开整理行情，成交量呈萎缩状态。

2022 年 10 月 14 日截图当日，该股平开，收出一个大阳线涨停板，突破前高，形成大阳线涨停 K 线形态，成交量较前一交易日放大四倍以上（属于巨量涨停）。当日股价向上突破 5 日、10 日、30 日、60 日和 120 日均线（一阳穿五线），均线蛟龙出海形态形成。此时，短中期均线呈多头排列，均量线、KDJ、RSI 等各项技术指标走强，股价的强势特征已经显现，后市快速上涨的概率大。像这种情况，投资者可以在当日跟庄抢板或在次日跟庄进场择机买入筹码，持股待涨，待股价出现明显见顶信号时再撤出。

### 2. 低位量价齐升时逢低买入

当股价经过一段较长时间的下跌调整，止跌企稳后，随着成交量的持续放大，股价出现稳步上升的走势，成交量柱的排列和 K 线走势同时呈现出红多绿少、价量齐升的做多态势，投资者可以及时跟庄进场逢低买入筹码。

图 5-54 是深南电 A（000037）2023 年 6 月 2 日星期五下午收盘时的 K 线走势图。在软件上将该股整个 K 线走势图缩小后可以看出，此时该股走势处于上升趋势中。股价从前期相对高位，即 2022 年 12 月 14 日的最高价 9.85 元，开始回调洗盘，至 2023 年 4 月 25

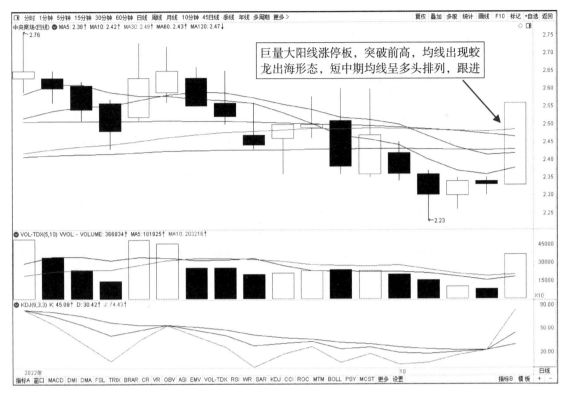

图 5-53　中央商场（600280）日 K 线走势图

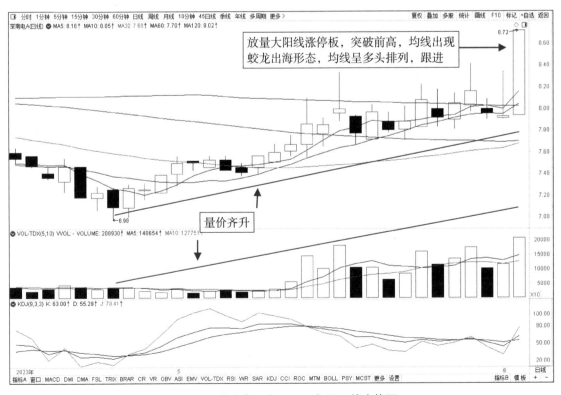

图 5-54　深南电 A（000037）日 K 线走势图

日的最低价 6.98 元止跌企稳，随后主力机构快速向上推升股价，收集筹码，成交量同步放大，成交量柱的排列和 K 线走势同时呈现出红多绿少、价量齐升的做多态势。

2023 年 5 月 4 日，该股高开，收出一根小阳线，突破前高，成交量较前一交易日大幅放大，当日 5 日均线向上穿过 10 日均线形成金叉。此时，均线系统较弱（只有 5 日、120 日均线上行），但 KDJ、RSI 等部分技术指标开始走强，股价的强势特征开始显现，后市上涨的概率大，像这种情况，投资者可以在次日视情况跟庄进场逢低分批买进筹码。

2023 年 5 月 12 日，该股低开，收出一根小阳线，突破前高，成交量较前一交易日放大。当日 10 日均线向上穿过 30 日均线形成金叉，均线银山谷形态形成。此时，均线系统仍比较弱（只有 5 日、10 日均线上行），但均量线、MACD、KDJ、RSI 等技术指标开始走强，股价的强势特征较为明显，后市上涨的概率大。像这种情况，投资者可以在当日或次日跟庄进场逢低买入筹码。

2023 年 5 月 22 日，该股低开，收出一根中阳线，突破前高，成交量较前一交易日放大，当日 10 日均线向上穿过 60 日均线形成金叉，均线金山谷形态形成。此时，短期均线呈多头排列，均量线、MACD、KDJ、RSI 等技术指标走强，股价的强势特征已经相当明显，后市上涨的概率大。像这种情况，投资者可以在当日或次日跟庄进场逢低买入筹码。

2023 年 6 月 2 日截图当日，该股高开，收出一个大阳线涨停板，突破前高，形成大阳线涨停 K 线形态，成交量较前一交易日大幅放大。当日股价向上突破 5 日、10 日和 120 日均线（一阳穿三线），30 日和 60 日均线在股价下方上行，均线蛟龙出海形态形成。此时，均线呈多头排列，均量线、MACD、KDJ、RSI 等各项技术指标走强，股价的强势特征已经非常明显，后市持续上涨的概率大。像这种情况，投资者可以在当日跟庄抢板或在次日跟庄进场择机买入筹码，持股待涨，待股价出现明显见顶信号时再撤出。

### 3. 股价放量盘升过程中收出第一根放量大阳线买入

股价经过较长时间的下跌调整，止跌企稳后，主力机构开始向上推升股价，成交量同步放大。股价放量盘升过程中，某一交易日收出第一根放量大阳线，买点出现，投资者可以及时跟庄进场逢低买进筹码。

图 5-55 是许继电气（000400）2021 年 7 月 23 日星期五下午收盘时的 K 线走势图。在软件上将该股整个 K 线走势图缩小后可以看出，此时该股走势处于上升趋势中。股价从前期相对高位，即 2020 年 11 月 25 日的最高价 18.10 元，开始回调洗盘，至 2021 年 6 月 18 日的最低价 12.31 洗盘结束，止跌企稳，回调时间较长，跌幅较大。

2021 年 6 月 18 日股价止跌企稳后，主力机构开始向上推升股价，收集筹码，成交量同步放大。股价振荡盘升过程中，均量线、MACD、KDJ、RSI 等各项技术指标逐步走强。

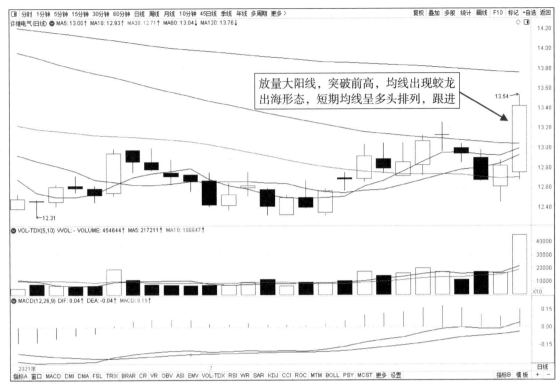

放量大阳线，突破前高，均线出现蛟龙出海形态，短期均线呈多头排列，跟进

图 5-55　许继电气（000400）日 K 线走势图

2021 年 7 月 23 日截图当日，该股低开，收出一根大阳线，突破前高，成交量较前一交易日放大近三倍，为股价放量盘升过程中的第一根放量大阳线。当日股价向上突破 5 日、10 日、30 日和 60 日均线（一阳穿四线），120 日均线在股价上方下行，均线蛟龙出海形态形成。此时，短期均线（5 日、10 日和 30 日均线）呈多头排列，均量线、MACD、KDJ、RSI 等各项技术指标走强，股价的强势特征已经非常明显，后市持续上涨的概率大。像这种情况，投资者可以在当日或次日跟庄进场逢低买入筹码，持股待涨，待股价出现明显见顶信号时再撤出。

### 4. 股价回调缩量时买入

一般情况下，个股放量上涨达到一定高度后，主力机构就会展开回调洗盘走势，清洗短线浮筹和获利盘，拉高市场平均持股成本，减轻后期拉升压力。主力机构缩量回调至重要的支撑点位止跌企稳，此时盘面浮筹稀少，大部分筹码已经锁定，主力机构再次拉升股价的条件已经具备。如果成交量再次放大，股价同步上涨，就是投资者买入筹码的好时机。投资者在买入筹码后，可以将止跌时的支撑位设置为止损位。

（1）个股初期上涨后回调缩量止跌企稳时买入。股价从底部或相对低位开始上涨，在达到一定涨幅（10% 左右）后，主力机构会视成交量情况，决定是否继续拉升股价。若短线浮筹多、获利盘重、拉升压力大，就会开始回调洗盘甚至打压洗盘，股价回到前期低点附近止跌企稳，此时成交量明显萎缩。此后若出现成交量重新放大，底部逐渐抬高，预示一波上涨行情即将启动，投资者可及时跟庄进场买入筹码。

图5-56是中航产融（600705）2023年1月13日星期五下午收盘时的K线走势图。在软件上将该股整个K线走势图缩小后可以看出，此时该股走势处于上升趋势中。股价从前期相对高位，即2022年4月6日的最高价4.26元振荡下跌，至2022年9月29日的最低价2.99元止跌企稳，下跌时间较长，跌幅较大。

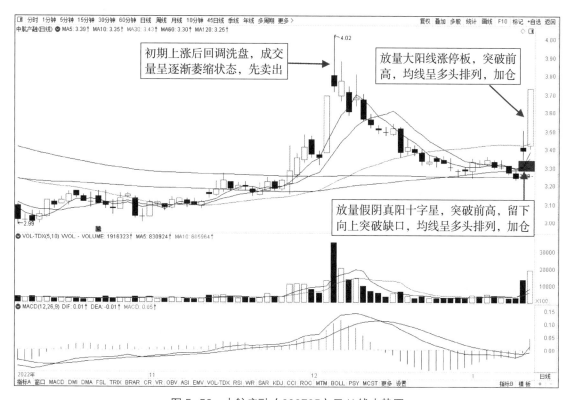

图5-56　中航产融（600705）日K线走势图

2022年9月29日股价止跌企稳后，主力机构开始向上推升股价，收集筹码，展开初期上涨行情，其间收出过一个大阳线涨停板，为吸筹建仓型涨停板。

2022年12月6日，该股大幅高开，股价冲高至当日最高价4.02元回落，收出一根假阴真阳倒锤头K线，成交量较前一交易日大幅放大。从12月7日起，主力机构展开初期上涨之后的缩量回调洗盘吸筹行情，此时投资者可以先卖出手中筹码，待股价回调洗盘到位后再将筹码接回来。股价回调至60日均线附近时，主力机构展开横盘振荡整理洗盘吸筹（补仓）行情，成交量呈萎缩状态。

2023年1月11日，该股平开，收出一根阴十字星，当日换手率只有0.32%，成交量极度萎缩，盘面浮筹稀少。

2023年1月12日，该股大幅高开（向上跳空5.25%开盘），收出一根假阴真阳十字星，留下向上突破缺口，成交量较前一交易日放大四倍以上，形成向上突破缺口K线形态。此时，均线（除30日均线外）呈多头排列，均量线、MACD、KDJ、RSI等技术指标开始走强，股价的强势特征已经显现，后市上涨的概率大。像这种情况，投资者可以在当日或次日择机跟庄进场逢低买入筹码。

2023年1月13日截图当日，该股高开，收出一个大阳线涨停板，突破前高，成交量较前一交易日明显放大，形成大阳线涨停K线形态。此时，均线呈多头排列，均量线、MACD、KDJ、RSI等技术指标走强，股价的强势特征已经非常明显，后市持续快速上涨的概率大。像这种情况，投资者可以在当日跟庄抢板或在次日择机跟庄进场买入筹码。

（2）个股上涨中途整理盘整或回调洗盘缩量时买入。股价在上涨中途创出新高后，主力机构一般会通过盘整或回调或打压振仓，展开洗盘吸筹行为，进一步清洗浮筹和获利盘，拉高市场平均持股成本，减轻后期拉升压力，同时补充部分仓位。盘整缩量或回调洗盘缩量后，股价再次放量上涨时，就是投资者跟庄进场买入筹码的好时机。

图5-57是郑州煤电（600121）2020年12月18日星期五下午收盘时的K线走势图。在软件上将该股整个K线走势图缩小后可以看出，此时该股走势处于上升趋势中。股价从

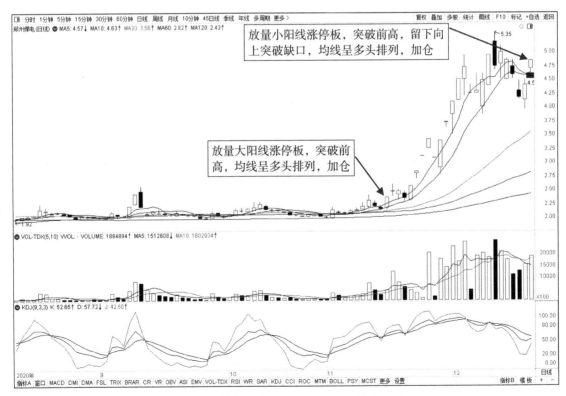

图5-57 郑州煤电（600121）日K线走势图

前期相对高位，即 2018 年 1 月 29 日的最高价 6.65 元，一路振荡下跌，至 2020 年 5 月 25 日的最低价 1.71 元止跌企稳，下跌时间长，跌幅大，下跌期间有过多次较大幅度的反弹。

2020 年 5 月 25 日股价止跌企稳后，主力机构展开大幅振荡盘升行情，高抛低吸赚取差价与洗盘吸筹并举，成交量呈间断性放缩量状态，其间收出过三个大阳线涨停板，为吸筹建仓型涨停板。

2020 年 11 月 16 日，该股高开，收出一个大阳线涨停板，成交量较前一交易日大幅放大，形成大阳线涨停 K 线形态。此时，均线呈多头排列，均量线、MACD、KDJ、RSI 等技术指标开始走强，股价的强势特征已经相当明显，后市快速上涨的概率大。像这种情况，投资者可以在当日跟庄抢板或在次日择机跟庄进场买入筹码。此后，主力机构快速向上拉升股价。

2020 年 12 月 10 日，该股大幅高开（向上跳空 4.86% 开盘），股价冲高回落，收出一根大阴线，成交量较前一交易日放大。主力机构展开上涨中途回调洗盘行情，成交量呈逐渐萎缩状态，此时普通投资者可以在当日先卖出手中筹码，待股价回调洗盘到位后再将筹码接回来。

2020 年 12 月 16 日，该股大幅低开（向下跳空 6.33% 开盘），收出一根倒锤头阴 K 线，股价跌破 10 日均线，成交量较前一交易日略有放大。

2020 年 12 月 17 日，该股低开，收出一根大阳线（收盘涨幅 5.77%），成交量较前一交易日大幅放大，股价止跌回升迹象明显，投资者可以在当日跟庄进场试探性逢低买入部分筹码。

2020 年 12 月 18 日截图当日，该股大幅高开（向上跳空 6.82% 开盘），收出一个小阳线涨停板，突破前高，留下向上突破缺口，成交量较前一交易日大幅放大，形成向上突破缺口和小阳线涨停 K 线形态。此时，均线（除 5 日均线外）呈多头排列，均量线、KDJ、RSI 等技术指标开始走强，股价的强势特征已经非常明显，后市持续快速上涨的概率大。像这种情况，投资者可以在当日跟庄抢板或在次日择机跟庄进场买入筹码。

### 5. 放量突破前高或平台时买入

个股止跌企稳后的上涨是缓慢曲折的，股价在前期上涨过程中形成的每一个高点或振荡整理平台，都会成为股价回调后再次上涨时的阻力位。如果股价能够突破这些前期高点或平台（包括均线、前期下跌密集成交区、黄金分割位、趋势线等关键点位），则这些前期高点或平台等就会成为股价再次上涨之后的支撑点。尤其是放量涨停突破前高或平台等关键点位，显示出市场多头力量的强大，预示股价后市继续上涨的可能性极大。

（1）放量突破前期高点时买入。在股价放量突破前期高点时，最好是以大阳线或涨停板的方式突破，且价量齐超，即不仅要在价格上突破，同时成交量也要超过前期的成交量水平。

值得注意的是，突破前高之后，大多数个股会回调洗盘或回踩突破位置，如出现这种情况，突破前高时跟庄进场的投资者，可以先卖出手中筹码，待股价回调到位，再次放量上涨时跟进，或在股价回踩突破位置时跟进。

图 5-58 是中际旭创（300308）2023 年 3 月 22 日星期三下午收盘时的 K 线走势图。在软件上将该股整个 K 线走势图缩小后可以看出，此时该股走势处于上升趋势中。股价从前期相对高位，即 2020 年 7 月 14 日的最高价 72.81 元，一路振荡下跌，至 2022 年 10 月 10日的最低价 25.36 元止跌企稳，下跌时间长，跌幅大，下跌期间有过多次较大幅度的反弹。

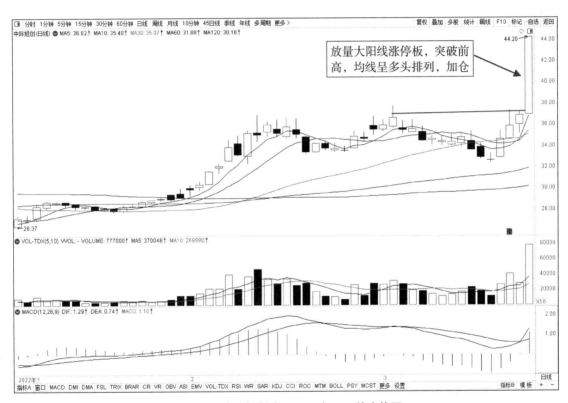

图 5-58　中际旭创（300308）日 K 线走势图

2022 年 10 月 10 日股价止跌企稳后，主力机构展开大幅振荡盘升行情，高抛低吸赚取差价与洗盘吸筹并举，成交量呈间断性放缩量状态。

2023 年 3 月 2 日，该股低开，股价冲高至当日最高价 37.77 元回落，收出一根长上影线小阳线，成交量较前一交易日放大。主力机构展开回调洗盘吸筹行情，成交量呈逐渐萎缩状态，此时投资者可以在当日先卖出手中筹码，待股价回调洗盘到位后再将筹码接回来。

2023 年 3 月 16 日，该股低开，收出一颗阴十字星，股价跌破 30 日均线，当日成交量较前一交易日大幅萎缩（换手率 1.59%），股价有止跌企稳的迹象。

2023 年 3 月 17 日，该股高开，收出一根中阳线，成交量较前一交易日放大两倍以上。当日股价向上突破 5 日、10 日和 30 日均线（一阳穿三线），60 日和 120 日均线在股价下方上行，均线蛟龙出海形态形成。此时，均线（除 10 日均线外）呈多头排列，均量线、MACD、KDJ、RSI 等各项技术指标开始走强，股价的强势特征开始显现，后市上涨的概率大。像这种情况，投资者可以在当日或次日跟庄进场逢低分批买入筹码。

2023 年 3 月 22 日截图当日，该股高开，收出一个大阳线涨停板（20% 的涨幅），突破前高，成交量较前一交易日放大近三倍，形成大阳线涨停 K 线形态。此时，均线呈多头排列，均量线、MACD、KDJ、RSI 等技术指标已经走强，股价的强势特征已经相当明显，后市持续快速上涨的概率大。像这种情况，投资者可以在当日跟庄抢板或在次日择机跟庄进场买入筹码。

（2）放量突破平台时买入。股价上涨至一定高度后，主力机构也可能展开横盘振荡整理行情，构筑整理平台。股价在横盘振荡整理期间，成交量呈萎缩状态，K 线走势呈现出小阴小阳排列态势，某一交易日收出一根大阳线或涨停板，突破平台且价量齐超，买点出现，投资者可以在当日跟庄进场逢低买入筹码。投资者买入筹码后，可以将平台上方阻力线作为止损位。

图 5-59 是蓝英装备（300293）2023 年 9 月 6 日星期三下午收盘时的 K 线走势图。在软件上将该股整个 K 线走势图缩小后可以看出，此时该股走势处于上升趋势中。股价从前期相对高位，即 2021 年 8 月 2 日的最高价 20.60 元，一路振荡下跌，至 2022 年 4 月 27 日的最低价 7.45 元止跌企稳，下跌时间较长，跌幅大。

2022 年 4 月 27 日股价止跌企稳后，主力机构展开大幅振荡盘升行情，高抛低吸赚取差价与洗盘吸筹并举，成交量呈间断性放缩量状态。投资者也可以利用高抛低吸，短线操盘。

2023 年 4 月 7 日，该股低开，股价冲高至当日最高价 13.06 元回落，收出一根螺旋桨阳 K 线，成交量较前一交易日萎缩。主力机构展开缩量回调洗盘吸筹行情，此时投资者可以在当日先卖出手中筹码，待股价回调洗盘到位后再将筹码接回来。

2023 年 8 月 28 日，该股高开，收出一根假阴真阳小 K 线，成交量较前一交易日放大，股价有止跌企稳的迹象。

2023 年 8 月 29 日，该股高开，收出一根中阳线，成交量较前一交易日放大近两倍。当日股价向上突破 5 日和 10 日均线（一阳穿两线）。此时，均线系统很弱（只有 10 日均线上行），但均量线、MACD、KDJ、RSI 等各项技术指标开始走强，股价的强势特征开始显现，后市上涨的概率大。像这种情况，投资者可以在当日或次日跟庄进场逢低分批买入筹码。

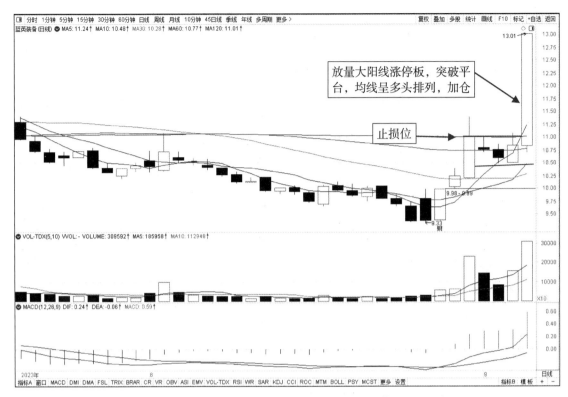

图 5-59　蓝英装备（300293）日 K 线走势图

2023 年 8 月 31 日，该股低开，收出一根大阳线，成交量较前一交易日放大三倍以上，主力机构展开横盘整理洗盘吸筹行情，构筑平台，成交量呈逐渐萎缩状态。

2023 年 9 月 6 日截图当日，该股低开，收出一个大阳线涨停板（20% 涨幅），突破平台，成交量较前一交易日放大近两倍，形成大阳线涨停 K 线形态。此时，均线呈多头排列，均量线、MACD、KDJ、RSI 等技术指标已经走强，股价的强势特征也已相当明显，后市持续快速上涨的概率大。像这种情况，投资者可以在当日跟庄抢板或在次日择机跟庄进场买入筹码。

### 6. 缩量上涨时买入或继续持有

股市有俗语"缩量上涨天天涨"的说法，指的是主力机构在快速拉升过程中，成交量呈萎缩状态。如在实战操盘过程中，发现此类缩量上涨的个股（一般为一字涨停板上涨个股或高开小阳线涨停板上涨个股），可以择机跟庄进场买入筹码（之前已经买入的要拿住），在股价没有出现放量（见顶）的情况以前，可以一直持有。

图 5-60 是格力地产（600185）2022 年 12 月 15 日星期四下午收盘时的 K 线走势图。在软件上将该股整个 K 线走势图缩小后可以看出，此时该股走势处于上升趋势中（该股在 2020 年 7 月上旬前有过一波大涨）。股价从前期相对高位，即 2022 年 6 月 20 日的最高价 7.59

元，一路振荡下跌，至 2022 年 10 月 11 日的最低价 4.89 元止跌企稳。

2022 年 10 月 11 日股价止跌企稳后，主力机构开始向上推升股价，收集筹码，K 线走势呈红多绿少态势，成交量呈放大状态。股价振荡盘升过程中，投资者可以逐步逢低买入筹码。

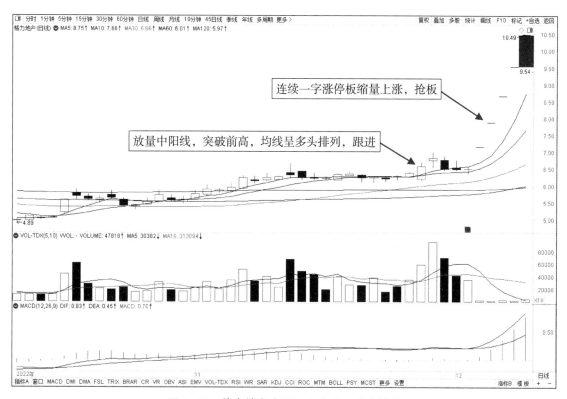

图 5-60　格力地产（600185）日 K 线走势图

2022 年 11 月 28 日，该股低开，收出一根中阳线，突破前高，成交量较前一交易日大幅放大。当日股价向上突破 5 日和 10 日均线（一阳穿两线）。此时，均线呈多头排列，均量线、MACD、KDJ、RSI 等各项技术指标已经走强，股价的强势特征相当明显，后市上涨的概率大。像这种情况，投资者可以在当日或次日跟庄进场逢低买入筹码。从 2022 年 12 月 9 日起，主力机构以一字涨停板缩量上涨的方式，展开最后的拉升行情，投资者可以跟庄进场抢板买入筹码（之前已经买入的一定要拿住），在股价没有出现放量（见顶）的情况以前，可以一直持有。

2022 年 12 月 15 日截图当日，该股已经拉出了五个缩量一字涨停板，虽然此时各项技术指标非常强势，但由于股价涨幅大，投资者还是要小心操盘，关注成交量的变化，一旦成交量放大或出现标志性见顶 K 线，要立马出局，落袋为安。

# 第六章 实战卖点分析

股市俗语有"会买的是徒弟，会卖的是师傅"的说法，说明股市投资经验（教训）的必要性，以及投资盈利、择时、风险控制的相互联系及其重要性。

一般情况下，具有一定实战经验的投资者，在跟庄进场买入股票时，就已经在心中确定了卖出点位（时机），而不是等股价到了高位后再选择卖点。其实在实战操盘中，许多投资者在买入股票之后都曾获利过，但是盈利之后由于贪心或者说期望值太高，不能及时卖出筹码落袋为安，导致后期又严重亏损。所以，认真分析研究实战卖点（时机）非常重要，也非常有必要。

把握个股的反转（转势）卖出点位（时机），是以股价已处于相对高位（或突破前高后）即将回调洗盘，或是股价已处于高位即将形成头部为前提，以个股标志性K线（形态）、均线、成交量和其他技术指标已经显现出反转（转势）的端倪为依据，来确定（可依据当日的分时走势）卖出时机。和实战买点一样，这里主要从分时、标志性K线、K线形态、均线和成交量四个方面来分析研究实战卖点。

## 一、利用分时及分时形态把握卖点

分时盘口的卖出点位（时机），是以股价（K线走势）已处于上升趋势的相对高位或突破前高后即将回调洗盘，或是股价已处于上升趋势的高位即将形成头部为前提，利用当天的分时走势（分时形态）来选择和确定逢高卖出的点位（时机）。

### 1.涨停打开或多次打开时卖出

一般情况下，对大多数个股来说，股价已经处于高位或相对高位的涨停板，被巨大卖单或者连续涌出的大卖单打开后，往往是场内大资金出逃的信号，这种涨停板是主力机构为高位出货，采取对倒或对敲操盘手法拉出的诱多出货型涨停板。实战操盘中，目标股票涨停被打开后，投资者要结合此时股价在K线走势中所处的位置、成交量等情况，迅速判断，以实现盈利最大化。

图6-1是南威软件（603636）2022年3月18日星期五下午收盘时的分时走势图。该股前五个交易日拉出了一个大阳线涨停板和四个缩量一字涨停板。当日早盘该股大幅高开（向上跳空7.11%开盘），9:31触及涨停板后瞬间打开，之后反复涨停，打开多次，分

时价格线上留下多个大小不一的坑，9:52封回涨停板至收盘，成交量较前一交易日大幅放大。从盘口看，股价触及涨停板瞬间打开后，大卖单连续涌出，至9:52封回涨停板，时间长达21分钟，场内主力机构大资金出逃信号明显，这其实就是主力机构通过大幅高开拉出的一个诱多出货型涨停板。像这种情况，手中有筹码的投资者，应该在当日收盘前或在次日逢高卖出手中筹码。

图6-1　南威软件（603636）分时走势图

图6-2是南威软件（603636）2022年3月18日星期五下午收盘时的K线走势图。在软件上将该股整个K线走势图缩小后可以看出，此时该股走势处于上升趋势中。股价从前期相对高位，即2020年8月6日的最高价15.29元，一路振荡下跌，至2021年11月1日的最低价7.82元止跌企稳，下跌时间长，跌幅大，下跌期间有过多次较大幅度的反弹。

2021年11月1日股价止跌企稳后，主力机构开始向上推升股价，收集筹码，成交量呈逐步放大状态。股价振荡盘升过程中，投资者可以逐步逢低买入筹码。

2022年1月17日，该股高开，收出一个大阳线涨停板，突破前高，成交量较前一交易日放大近四倍，形成大阳线涨停K线形态。此时，均线呈多头排列，均量线、MACD、KDJ、RSI等各项技术指标已经走强，股价的强势特征相当明显，后市上涨的概率大。像这种情况，投资者可以在当日或次日跟庄进场逢低买入筹码。之后，主力机构继续向上推升股价。

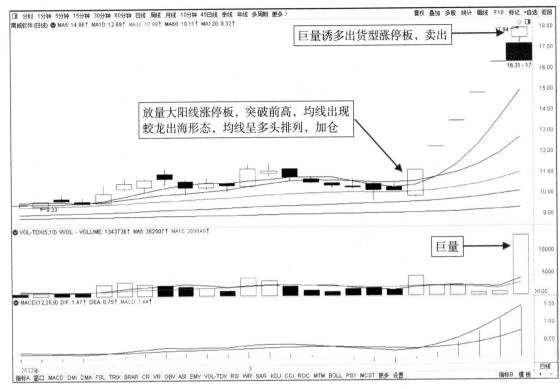

图 6-2　南威软件（603636）日 K 线走势图

2022 年 3 月 11 日，该股低开，收出一个大阳线涨停板，突破前高（一阳吞没了前面五根阴线），成交量较前一交易日放大两倍以上，形成大阳线涨停 K 线形态。当日股价向上突破 5 日、10 日和 30 日均线（一阳穿三线），60 日和 120 日均线在股价下方上行，均线蛟龙出海形态形成。此时，均线呈多头排列，均量线、MACD、KDJ、RSI 等技术指标已经走强，股价的强势特征已经相当明显，后市持续快速上涨的概率大。像这种情况，投资者可以在当日跟庄抢板或在次日择机跟庄进场买入筹码。之后，主力机构展开快速拉升行情。

2022 年 3 月 18 日截图当日，该股大幅高开（向上跳空 7.11% 开盘），收出一个小阳线涨停板，突破前高，留下向上缺口（此缺口应定性为衰竭缺口），成交量较前一交易日放大，形成小阳线涨停 K 线形态。此时，虽然均线呈多头排列，留下了向上缺口，且均量线、MACD 等技术指标强势，但从当日分时走势看，涨停板被反复打开，成交量大幅放大，这个涨停板应该是主力机构通过大幅高开，然后对倒做量拉出的诱多出货型涨停板，当日大幅高开，留下向上缺口，也是主力机构的一种诱多操盘手法。像这种情况，投资者如果手中还有筹码当天没有出完的，次日要逢高卖出。

## 2. 分时价格线跌破分时均价线时卖出

分时价格线跌破分时均价线时卖出，也称下破线卖出，是指目标股票开盘后分时价格线迅速上行，然后拐头快速向下穿破分时均价线，且下破幅度较深，或者回抽后再次向下穿破分时均价线，一顶比一顶低，成交量同步放大。投资者应该在分时价格线向上穿破分时均价线即将勾头向下时卖出。如果个股 K 线走势处于上涨初期或处于上升趋势的中期，出现这种分时走势，也应该先撤出来，跟踪观察，待股价调整洗盘到位后再将筹码接回来。

图 6-3 是佛山照明（000541）2022 年 8 月 16 日星期二下午收盘时的分时走势图。从当日分时走势看，该股早盘高开，股价振荡盘升，10:20 开始拐头振荡回落，此时投资者可以及时卖出或部分卖出手中筹码；10:53 分时价格线向下穿破分时均价线，此时投资者应该卖出手中筹码；11:29 分时价格线回抽分时均价线，投资者应该及时清仓。之后分时价格线一直在分时均价线下方运行，在分时均价线的压迫下，股价一路振荡走低，尾盘股价有所反弹，虽然当日收红（收盘涨幅 2.37%），但分时盘口弱势特征已经显现，当日还有筹码没有出完的投资者，次日要逢高清仓。

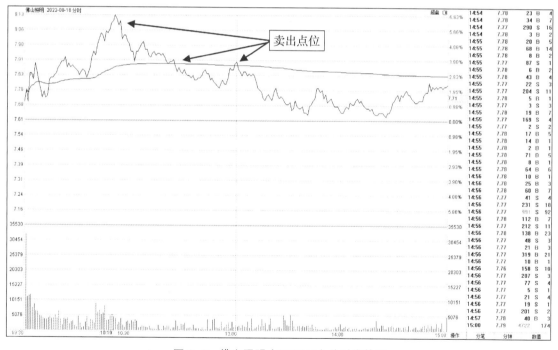

图 6-3　佛山照明（000541）分时走势图

图 6-4 是佛山照明（000541）2022 年 8 月 16 日星期二下午收盘时的 K 线走势图。在软件上将该股整个 K 线走势图缩小后可以看出，此时该股走势处于上升趋势中。股价从前期相对高位，即 2021 年 9 月 7 日的最高价 6.29 元，一路振荡下跌，至 2022 年 4 月 27 日

的最低价 4.40 元止跌企稳，股价回升，下跌时间较长，跌幅较大。

2022 年 4 月 27 日股价止跌企稳后，主力机构开始向上推升股价，收集筹码，成交量呈逐步放大状态。股价振荡盘升过程中，投资者可以逐步逢低买入筹码。

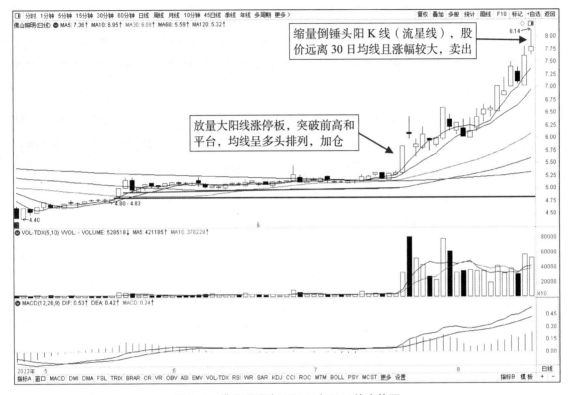

图 6-4　佛山照明（000541）日 K 线走势图

2022 年 7 月 20 日，该股平开，收出一个大阳线涨停板，突破前高和平台，成交量较前一交易日放大，形成大阳线涨停 K 线形态。此时，均线呈多头排列，均量线、MACD、KDJ、RSI 等技术指标已经走强，股价的强势特征已经相当明显，后市持续快速上涨的概率大。像这种情况，投资者可以在当日跟庄抢板或在次日择机跟庄进场买入筹码。之后，主力机构展开快速拉升行情。

2022 年 8 月 16 日截图当日，该股高开，股价冲高回落，收出一根倒锤头阳 K 线（高位倒锤头 K 线又称为射击之星或流星线），成交量较前一交易日萎缩。此时，虽然均线呈多头排列，MACD、RSI 等部分技术指标仍相当强势，但从当日分时走势看，明显是主力机构利用盘中拉高吸引跟风盘振荡出货，加上股价远离 30 日均线且涨幅较大，均量线、KDJ 等部分技术指标开始走弱，盘口的弱势特征已经开始显现。像这种情况，投资者如果手中还有筹码当天没有出完的，次日要逢高卖出。

### 3. 分时均价线压迫分时价格线时卖出

分时均价线压迫分时价格线时卖出，也称压迫卖出，是指目标股票开盘冲高后不久，股价拐头振荡回落，分时价格线开始受到分时均价线的压制，投资者在分时价格线勾头向下时卖出。此后分时价格线一直受到分时均价线的压制几乎没有抬头的机会。当然，个别点位允许分时价格线向上突破或缠绕分时均价线，每次向上突破或缠绕分时均价线时都是当天的卖出时机。

图 6-5 是湖南发展（000722）2022 年 5 月 12 日星期四下午收盘时的分时走势图。从当日分时走势看，该股早盘平开后，股价振荡回落，9:42、10:26、13:00 分时价格线回抽分时均价线，展开短暂反弹，投资者应该趁机及时卖出手中筹码。从盘口看，当日分时价格线一直在分时均价线下方运行，在分时均价线的压迫下，股价一路振荡走低，盘中一度跌停，尾盘股价有所反弹，分时盘口弱势特征已经相当明显，当日还有筹码没有出完的投资者，次日应该逢高卖出。

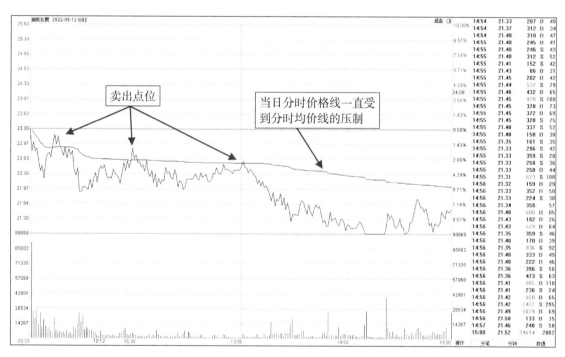

图 6-5 湖南发展（000722）分时走势图

图 6-6 是湖南发展（000722）2022 年 5 月 12 日星期四下午收盘时的 K 线走势图。在软件上将该股整个 K 线走势图缩小后可以看出，此时该股走势处于上升趋势中。股价从前期相对高位，即 2017 年 2 月 21 日的最高价 17.38 元，一路振荡下跌，至 2018 年 10 月 19 日的最低价 4.71 元止跌企稳，下跌时间长，跌幅大。

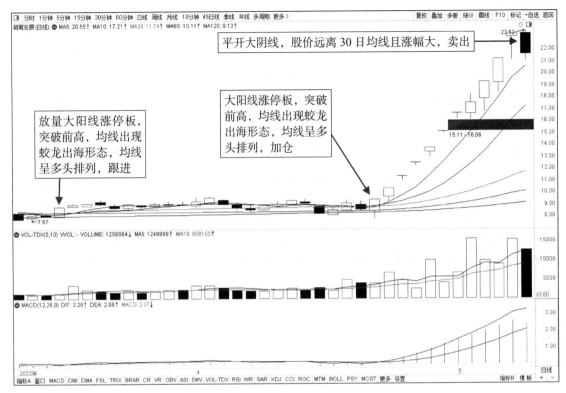

图 6-6　湖南发展（000722）日 K 线走势图

2018 年 10 月 19 日股价止跌企稳后，主力机构快速推升股价，收集筹码，随后展开大幅振荡盘升行情，高抛低吸赚取差价与洗盘吸筹并举，振荡盘升期间成交量呈间断性放缩量状态。投资者也可以利用高抛低吸，短线操盘。

2022 年 3 月 18 日（大幅振荡盘升 3 年 3 个月后），该股低开，收出一个大阳线涨停板，突破前高，成交量较前一交易日大幅放大，形成大阳线涨停 K 线形态。当日股价向上突破 5 日、10 日、30 日、60 日和 120 日均线（一阳穿五线），均线蛟龙出海形态形成。此时，均线呈多头排列，均量线、MACD、KDJ、RSI 等技术指标已经走强，股价的强势特征已经相当明显，后市持续上涨的概率大。像这种情况，投资者可以在当日跟庄抢板或在次日跟庄进场择机买入筹码。之后，主力机构继续向上推升股价。

2022 年 4 月 22 日，该股低开，收出一个大阳线涨停板，突破前高，成交量较前一交易日萎缩（涨停的原因），形成大阳线涨停 K 线形态。当日股价向上突破 5 日、10 日、30 日、60 日和 120 日均线（一阳穿五线），上涨中期均线蛟龙出海形态形成。此时，均线呈多头排列，均量线、MACD、KDJ、RSI 等技术指标强势，股价的强势特征非常明显，后市持续快速上涨的概率大。像这种情况，投资者可以在当日跟庄抢板或在次日跟庄进场择机买入筹码。之后，主力机构展开快速拉升行情。

2022 年 5 月 12 日截图当日，该股平开，股价回落，收出一根大阴线（当日涨幅 −7.64%），成交量较前一交易日萎缩。此时，虽然均线呈多头排列，但从当日的分时走势看，分时价格线在分时均价线的压迫下，股价一路振荡走低，盘中一度跌停，加上股价远离 30 日均线且涨幅大，均量线、MACD、KDJ、RSI 等技术指标开始走弱，盘口的弱势特征已经开始显现。像这种情况，投资者如果手中还有筹码当天没有出完的，次日要逢高卖出。

### 4. 跌破前高时卖出

跌破前高时卖出，是指目标股票开盘后分时价格线快速上行，之后拐头振荡下行，当分时价格线向下穿破此前上涨高点时卖出。分时价格线表现为向下穿破分时均价线、前一交易日收盘价、当日开盘价，然后振荡下行；也可能表现为一波比一波低，或一个台阶比一个台阶低的波段式下跌走势。

图 6-7 是三超新材（300554）2022 年 8 月 9 日星期二下午收盘时的分时走势图。从当日分时走势看，该股早盘低开后，股价快速上冲，突破前一交易日收盘价后，振荡上行，9：44 股价冲至当日最高价 35.48 元振荡回落，跌破此前高点，投资者应该在股价即将跌破此前高点时卖出手中筹码，当然也可以在股价冲高拐头向下时，及时卖出筹码。之后股价向下跌破前一交易日收盘价，展开了两次小反弹，此前没有卖出筹码的投资者，也可以趁股价反弹之机及时卖出。随后股价再次振荡下行，穿破分时均价线，跌破前一交易日收盘

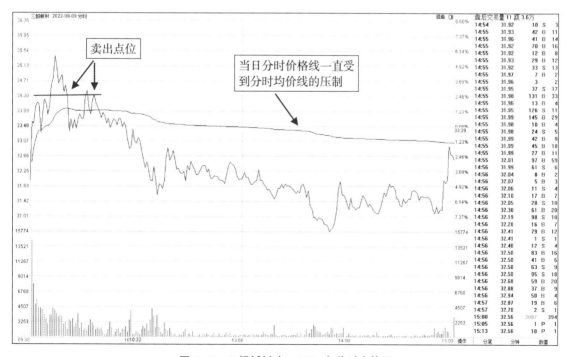

图 6-7 三超新材（300554）分时走势图

价和当日开盘价，呈现出一底比一底低的下跌走势。从盘口看，除早盘低开股价上冲以及小幅反弹外，股价一直在前一交易日收盘价下方运行。同时，分时价格线在分时均价线的压迫下，股价一路振荡走低，尾盘有所拉高，分时盘口弱势特征比较明显，当日手中还有筹码没有出完的投资者，次日应该逢高卖出。

图 6-8 是三超新材（300554）2022 年 8 月 9 日星期二下午收盘时的 K 线走势图。在软件上将该股整个 K 线走势图缩小后可以看出，此时该股走势处于上升趋势中。股价从前期相对高位，即 2020 年 11 月 5 日的最高价 31.42 元，一路振荡下跌，至 2022 年 4 月 27 日的最低价 11.70 元止跌企稳，下跌时间长，跌幅大，下跌期间有过多次较大幅度的反弹。

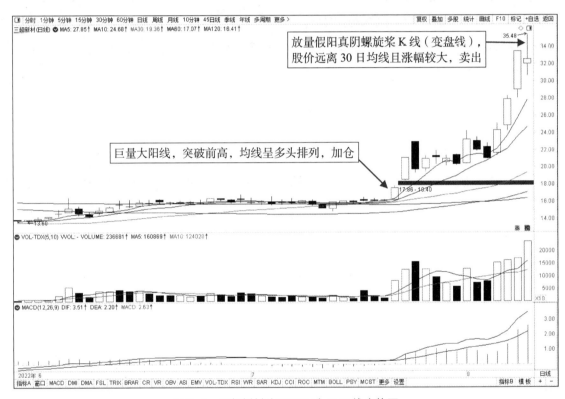

图 6-8　三超新材（300554）日 K 线走势图

2022 年 4 月 27 日股价止跌企稳后，主力机构快速推升股价，收集筹码，成交量呈逐步放大状态。股价振荡盘升过程中，投资者可以逐步逢低买入筹码。

2022 年 7 月 21 日，该股高开，收出一根大阳线，突破前高和平台，成交量较前一交易日放大。此时，均线（除 120 日均线外）呈多头排列，均量线、MACD、KDJ、RSI 等技术指标已经走强，股价的强势特征已经相当明显，后市持续快速上涨的概率大。像这种情况，投资者可以在当日或次日跟庄进场买入筹码。之后，主力机构快速向上推升股价。

2022 年 8 月 9 日截图当日，该股大幅低开（向下跳空 4.42% 开盘），股价冲高回落，收出一根假阳真阴螺旋桨K线（高位或相对高位的螺旋桨K线又称为变盘线或转势线），成交量较前一交易日大幅放大。此时，虽然均线呈多头排列，均量线、MACD等部分技术指标仍较为强势，但从当日的分时走势看，分时价格线在分时均价线的压迫下，股价一路振荡走低，盘中一度跌停，加上股价远离30日均线且涨幅较大，KDJ、RSI等部分技术指标开始走弱，盘口的弱势特征已经开始显现。像这种情况，投资者如果手中还有筹码当天没有出完的，次日要逢高卖出。

### 5.向下跌破分时平台时卖出

向下跌破分时平台时卖出，是指目标股票开盘后股价展开横盘整理行情，或者是开盘后股价有所上涨，然后开始横盘整理，或者是开盘后股价有所回落，之后开始横盘整理，分时价格线围绕或缠绕分时均价线展开较长时间的平台整理后，股价突然向下跌破分时整理平台，成交量同步放大，投资者应该在股价跌破分时整理平台时及时卖出手中筹码，或在股价跌破分时整理平台后第一次反弹时卖出筹码。

其实目标股票在展开分时横盘整理时，如果股价在K线走势中所处位置相对较高的话，应该不是什么好事情，手中有筹码的投资者应该在分时平台整理时及时逢高卖出手中筹码。

图6-9是昆仑万雄（300418）2023年4月27日星期四下午收盘时的分时走势图。从当日分时走势看，该股早盘低开后，股价展开横盘振荡整理走势，10:27股价跌破振荡整理平台，投资者应该在股价即将跌破分时整理平台时及时卖出手中筹码。从盘口看，当日

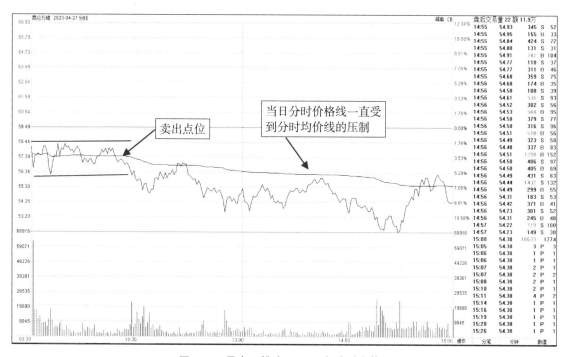

图6-9 昆仑万雄（300418）分时走势图

股价一直在前一交易日收盘价下方运行，分时价格线在分时均价线的压迫下，股价一路振荡走低，呈现出一底比一底低的下跌走势，尾盘有所拉高，分时盘口弱势特征比较明显，当日手中还有筹码没有出完的投资者，次日应该逢高卖出。

图 6-10 是昆仑万雄（300418）2023 年 4 月 27 日星期四下午收盘时的 K 线走势图。在软件上将该股整个 K 线走势图缩小后可以看出，此时该股走势处于上升趋势中。股价从前期相对高位，即 2020 年 9 月 14 日的最高价 30.85 元，一路振荡下跌，至 2022 年 10 月 11 日的最低价 11.94 元止跌企稳，下跌时间长，跌幅大，下跌期间有过多次较大幅度的反弹。

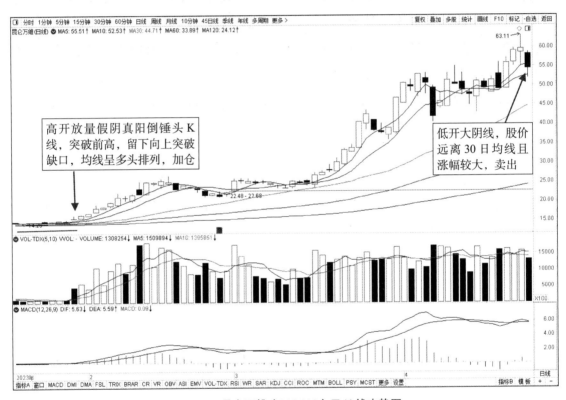

图 6-10　昆仑万雄（300418）日 K 线走势图

2022 年 10 月 11 日股价止跌企稳后，主力机构快速推升股价，收集筹码，成交量呈逐步放大状态。股价振荡盘升过程中，投资者可以逢低分批买入筹码。

2023 年 1 月 30 日，该股大幅高开（向上跳空 4.38% 开盘），收出一根假阴真阳倒锤头 K 线，突破前高和平台，留下向上突破缺口，成交量较前一交易日放大，形成向上突破缺口 K 线形态。此时，均线呈多头排列，均量线、MACD、KDJ、RSI 等技术指标已经走强，股价的强势特征已经相当明显，后市持续快速上涨的概率大。像这种情况，投资者可以在当日或次日跟庄进场买入筹码。之后，主力机构快速向上推升股价。

2023 年 4 月 27 日截图当日，该股大幅低开（向下跳空 2.35% 开盘），股价回落，收出一根大阴线（收盘涨幅 −8.72%），成交量较前一交易日萎缩。此时，虽然均线呈多头排列，但从当日的分时走势看，股价一直在前一交易日收盘价下方运行，分时价格线在分时均价线的压迫下，股价一路振荡走低，加上前一交易日收出的一颗高位阳十字星，股价远离 30 日均线且涨幅较大，均量线、MACD、KDJ、RSI 等技术指标开始走弱，盘口的弱势特征已经显现。像这种情况，投资者如果手中还有筹码当天没有出完的，次日要逢高卖出。

### 6. 形成小双顶分时形态时卖出

形成小双顶分时形态时卖出，是指目标股票股价开盘上攻后出现回落，然后再度上攻又出现回落，且第二次上攻的高点要低于第一次上攻的高点（两次高点也可以基本相同），此时分时价格线在盘口形成一个小双顶形态，成交量同步放大。投资者可以在分时价格线形成小双顶形态后卖出手中筹码。

小双顶分时形态也称为 M 字分时形态，是一种主力机构调整洗盘或出货形态。实战操盘中，每个交易日上午开盘后不久，投资者在查看个股分时走势时，经常会发现这种分时走势的个股。如果目标股票股价在 K 线走势上的位置相对较高，或股价已处于高位时，开盘后分时走势出现小双顶分时形态，且分时价格线很快跌破分时均价线，说明下跌趋势已经形成，预示股价将出现一波下跌或回调洗盘行情。

图 6-11 是科恒股份（300340）2023 年 2 月 16 日星期四下午收盘时的分时走势图。从当日分时走势看，该股早盘高开后，股价略回落即上攻，至 21.50 元后拐头回落，回落至前一交易日收盘价时再度上攻，即将达到此前上攻高点时再一次回落，且第二次上攻的高点低于第一次上攻的高点，此时分时价格线在盘口形成一个小双顶形态，成交量同步放大，投资者可在分时价格线即将形成小双顶形态时撤出。一般情况下，小双顶形态形成时，是当日的第一个卖点，分时价格线回抽分时均价线时，是第二个卖点。从盘口看，小双顶形态形成后，分时价格线在分时均价线的压迫下，股价有一次回抽，然后一路振荡走低，尾盘有所拉高，分时盘口弱势特征比较明显，当日手中还有筹码没有出完的投资者，次日应该逢高卖出。

图 6-12 是科恒股份（300340）2023 年 2 月 16 日星期四下午收盘时的 K 线走势图。在软件上将该股整个 K 线走势图缩小后可以看出，此时该股走势处于上升趋势中。股价从前期相对高位，即 2022 年 8 月 24 日的最高价 17.88 元振荡下跌，至 2023 年 1 月 3 日的最低价 10.18 元止跌企稳，下跌时间虽然不长，但跌幅较大，下跌期间有过一次较大幅度的反弹。

2023 年 1 月 3 日股价止跌企稳后，主力机构快速推升股价，收集筹码，成交量同步放大。

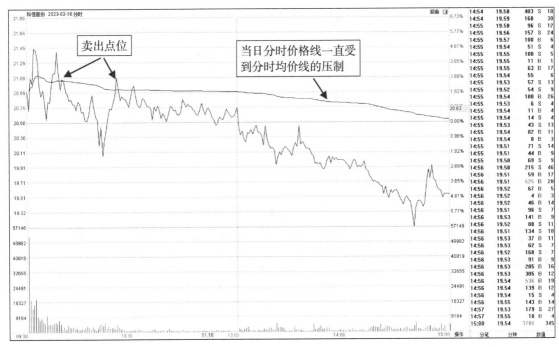

图 6-11　科恒股份（300340）分时走势图

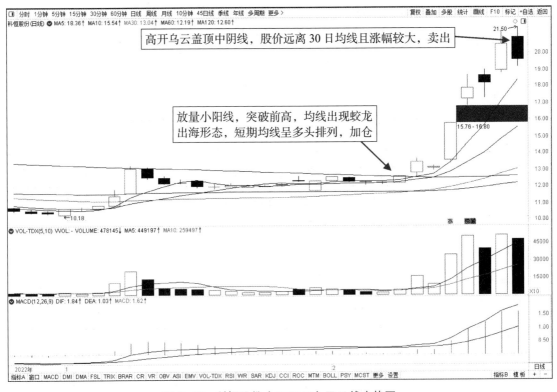

图 6-12　科恒股份（300340）日 K 线走势图

2023 年 1 月 10 日，该股低开，股价回落，收出一根小阴线，主力机构展开回调洗盘吸筹行情，成交量呈萎缩状态。

2023 年 2 月 7 日，该股低开，收出一根小阳线（收盘涨幅 2.95%），突破前高，成交量较前一交易日放大两倍以上。当日股价向上突破 5 日、10 日和 30 日均线（一阳穿三线），60 日和 120 日均线在股价下方即将走平，均线蛟龙出海形态形成。此时，短期均线（5 日、10 日和 30 日均线）呈多头排列，MACD、KDJ、RSI 等技术指标开始走强，股价的强势特征已经显现，后市快速上涨的概率大。像这种情况，投资者可以在当日或次日跟庄进场买入筹码。之后，主力机构快速向上推升股价。

2023 年 2 月 16 日截图当日，该股高开，股价冲高回落，收出一根乌云盖顶中阴线（乌云盖顶阴线是常见的看跌反转信号），成交量较前一交易日萎缩。此时，虽然均线呈多头排列，均量线、MACD 等部分技术指标仍较为强势，但从当日分时走势看，小双顶分时形态形成后，分时价格线在分时均价线的压迫下，股价一路振荡走低，加上股价远离 30 日均线且涨幅较大，KDJ、RSI 等部分技术指标已经走弱，盘口的弱势特征已经显现。像这种情况，投资者如果手中还有筹码当天没有出完的，次日要逢高卖出。

### 7.形成倒 N 字分时形态时卖出

形成倒 N 字分时形态时卖出，是指目标股票股价开盘后回落，在回落的过程中有一次回抽，回抽的高度一般不会超过开始回落的二分之一，而后股价再次迅速回落，此时分时价格线在盘口形成一个倒 N 字形态，成交量同步放大。投资者可以在股价回抽时卖出手中筹码。

倒 N 字分时形态的第二次高点要比第一次高点低，是一种主力机构调整洗盘或出货的分时形态。实战操盘中，每个交易日上午开盘后不久，投资者在查看个股分时走势时，经常会发现这种分时走势的个股。若目标股票股价在 K 线走势上的位置相对较高或已经处于高位时，分时盘口出现倒 N 字分时形态，投资者就要足够重视，有可能是股价下跌或回调洗盘行情即将展开，或已经展开。

图 6-13 是黑猫股份（002068）2023 年 8 月 9 日星期三下午收盘时的分时走势图。从当日分时走势看，该股早盘平开后，股价直接回落，回落过程中有一次回抽，然后再度回落，此时分时价格线在盘口形成一个倒 N 字形态，且回抽的高点低于第一次回落时的高点（没有超过开始回落的二分之一），成交量同步放大，投资者可在分时价格线即将形成倒 N 字分时形态时卖出，也可以在之后股价回抽时卖出。从盘口看，倒 N 字分时形态形成后，分时价格线在分时均价线的压迫下，股价一路振荡走低，尾盘有所拉高，分时盘口弱势特征比较明显，当日手中还有筹码没有出完的投资者，次日应该逢高卖出。

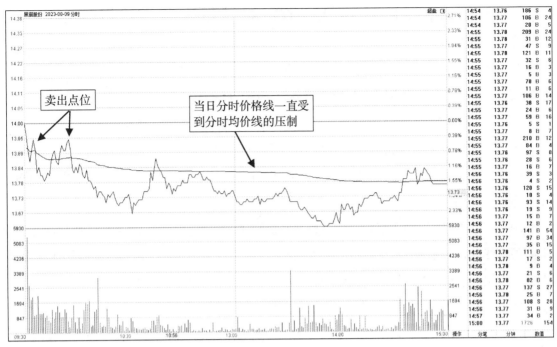

图 6-13　黑猫股份（002068）分时走势图

图 6-14 是黑猫股份（002068）2023 年 8 月 9 日星期三下午收盘时的 K 线走势图。在软件上将该股整个 K 线走势图缩小后可以看出，此时该股的整体走势处于高位下跌之后的反弹趋势中。股价从前期相对高位，即 2023 年 2 月 13 日的最高价 17.51 元振荡下跌，至 2023 年 5 月 30 日的最低价 8.80 元止跌企稳，下跌时间虽然不长，但跌幅大。

2023 年 5 月 30 日股价止跌企稳后，主力机构展开反弹行情，成交量同步放大。

2023 年 6 月 13 日，该股平开，收出一根大阳线（收盘涨幅 4.71%），突破前高，成交量较前一交易日大幅放大。当日股价向上突破 5 日、10 日和 30 日均线（一阳穿三线），60 日和 120 日均线在股价上方下行，均线蛟龙出海形态形成。此时，均线系统较弱（只有 5 日和 10 日均线上行），但均量线、MACD、KDJ、RSI 等技术指标开始走强，股价的强势特征已经显现，后市上涨的概率大。像这种情况，投资者可以在当日或次日跟庄进场买入筹码。之后，股价继续振荡上行。

2023 年 8 月 9 日截图当日，该股平开，股价回落，收出一根中阴线，成交量较前一交易日萎缩。此时，虽然短中期均线呈多头排列，但从当日分时走势看，倒 N 字分时形态形成后，分时价格线在分时均价线的压迫下，股价一路振荡走低，加上前一交易日收出一颗阴十字星，且股价远离 30 日均线涨幅较大，均量线、MACD、KDJ、RSI 等技术指标已经走弱，盘口的弱势特征已经显现。像这种情况，投资者如果手中还有筹码当天没有出完的，次日要逢高卖出。

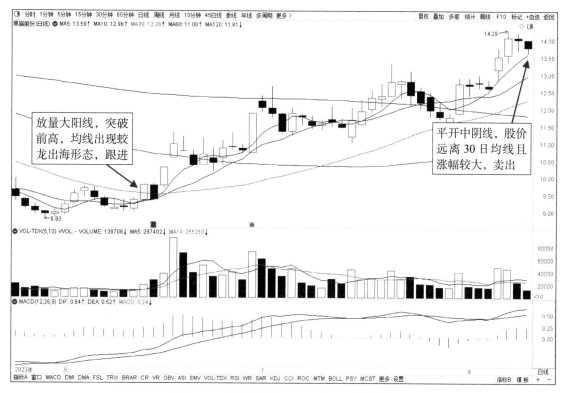

放量大阳线，突破前高，均线出现蛟龙出海形态，跟进

平开中阴线，股价远离 30 日均线且涨幅较大，卖出

图 6-14　黑猫股份（002068）日 K 线走势图

## 8. 形成倒 V 字分时形态时卖出

形成倒 V 字分时形态时卖出，是指目标股票股价开盘后快速冲高，然后拐头急速回落，或是股价开盘后展开横盘振荡整理行情，横盘振荡整理过程中股价突然快速冲高，然后拐头急速回落，分时价格线在盘口形成倒 V 字形态，成交量同步放大，此后股价回抽再也没有突破此前倒 V 字形态的高点（头部），倒 V 字分时形态头部为尖顶。投资者在分时价格线快速上冲时或在分时价格线到达一定高度上冲乏力拐头回落初期卖出手中筹码。

倒 V 字分时形态，是主力机构出货或回调洗盘时的一种分时形态，是实战操盘中比较常见的分时形态。若目标股票股价在 K 线走势上的位置相对较高或已处于高位时，出现这种分时盘口形态，投资者要高度重视，有可能是股价下跌或回调洗盘行情已经展开。

图 6-15 是紫天科技（300280）2023 年 6 月 15 日星期四下午收盘时的分时走势图。从当日分时走势看，该股早盘高开后，股价冲高至当日最高价 63.66 元，然后急速回落，分时价格线在盘口形成倒 V 字形态，成交量同步放大。投资者在股价急速上冲时或分时价格线即将勾头向下时及时卖出手中筹码。从盘口看，倒 V 字分时形态形成后，分时价格线在分时均价线的压迫下，股价一路振荡走低，分时盘口弱势特征比较明显，当日手中还有筹码没有出完的投资者，次日应该逢高卖出。

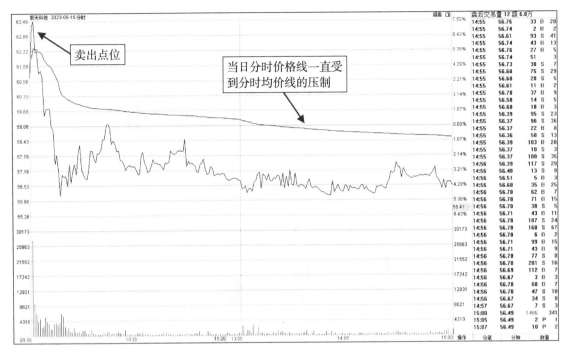

图 6-15　紫天科技（300280）分时走势图

图 6-16 是紫天科技（300280）2023 年 6 月 15 日星期四下午收盘时的 K 线走势图。在软件上将该股整个 K 线走势图缩小后可以看出，此时该股走势处于上升趋势中。股价从前期相对高位，即 2022 年 1 月 17 日的最高价 43.99 元振荡下跌，至 2022 年 12 月 23 日的最低价 15.55 元止跌企稳，股价回升，下跌时间长，跌幅大，下跌期间有过多次较大幅度的反弹。

2022 年 12 月 23 日股价止跌企稳后，主力机构快速推升股价，收集筹码，K 线走势呈红多绿少态势，成交量呈逐步放大状态。股价振荡盘升过程中，投资者可以逐步逢低买入筹码。

2023 年 3 月 17 日，该股高开，收出一根大阳线（收盘涨幅 15.17%），突破前高，成交量较前一交易日放大。当日股价向上突破 5 日、10 日和 30 日均线（一阳穿三线），60 日和 120 日均线在股价下方上行，均线蛟龙出海形态形成。此时，均线呈多头排列，均量线、MACD、KDJ、RSI 等技术指标已经走强，股价的强势特征已经相当明显，后市持续上涨的概率大。像这种情况，投资者可以在当日或次日跟庄进场买入筹码。之后，主力机构继续向上推升股价。

2023 年 6 月 15 日截图当日，该股高开，股价冲高回落，收出一根乌云盖顶中阴线（乌云盖顶阴线是常见的看跌反转信号），成交量较前一交易日大幅放大。此时，虽然均线呈多头排列，但从当日分时走势看，倒 V 字分时形态形成后，分时价格线在分时均价线的压

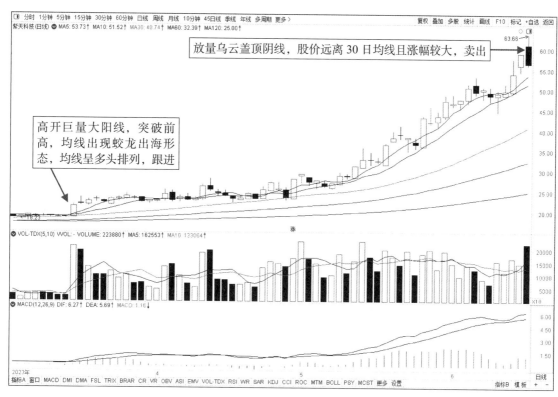

图 6-16 紫天科技（300280）日 K 线走势图

迫下，股价一路振荡走低，加上股价远离 30 日均线且涨幅较大，MACD、KDJ、RSI 等技术指标已经走弱，盘口的弱势特征已经显现。像这种情况，投资者如果手中还有筹码当天没有出完的，次日要逢高卖出。

## 二、利用标志性 K 线及 K 线形态把握卖点

当股价上涨至高位（相对高位），会出现一些显示主力机构已经开始出货的标志性 K 线或 K 线组合形态，预示个股走势即将反转或回调，这些标志性 K 线或 K 线组合形态即为卖点，投资者要快速分析研判，及时把握卖出时机，落袋为安。这里简要分析八种标志性 K 线或 K 线组合形态卖点。

### 1. 高位出现看跌吞没大阴线时卖出

高位出现看跌吞没大阴线时卖出，是指股价经过一波上涨之后，涨幅较大，某一交易日出现一根大阴线吞没（包含）前一交易日阳 K 线（十字线、小阳线、小阴线均可），意味着多方力量衰竭，空方力量开始占据主导地位，股价即将下跌调整，顶部反转信号已经明确，卖点出现。

实战操盘过程中，当目标股票出现看跌吞没大阴线时，投资者应卖出手中筹码。当然，

这根看跌吞没大阴线也可能是主力机构利用手中筹码优势，做出的 K 线骗线形态，以引起市场恐慌，达到洗盘吸筹的目的，洗盘吸筹结束后，主力机构还将再次向上拉升股价。对于这根看跌吞没大阴线的把握，投资者还是应该以股价是否处于高位或相对高位为原则，只要股价已处于较高位置且涨幅较大，及时盈利卖出、落袋为安就是正确的选择。

图 6-17 是众生药业（002317）2022 年 11 月 11 日星期五下午收盘时的 K 线走势图。在软件上将该股整个 K 线走势图缩小后可以看出，此时该股走势处于上升趋势中。股价从前期相对高位，即 2020 年 7 月 1 日的最高价 18.58 元，一路振荡下跌，至 2021 年 2 月 5 日的最低价 7.88 元止跌企稳，下跌时间长，跌幅大。

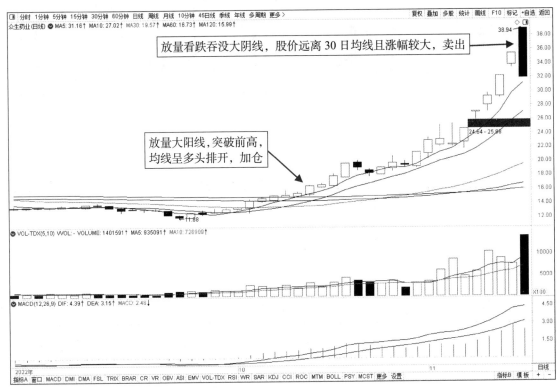

图 6-17 众生药业（002317）日 K 线走势图

2021 年 2 月 5 日股价止跌企稳后，主力机构快速推升股价，收集筹码，随后展开大幅振荡盘升行情，高抛低吸赚取差价与洗盘吸筹并举，振荡盘升期间成交量呈间断性放缩量状态。投资者也可以展开高抛低吸，短线操盘。

2022 年 10 月 18 日（大幅振荡盘升 1 年 8 个月后），当日该股低开，收出一根大阳线（收盘涨幅 7.00%），突破前高，成交量较前一交易日大幅放大。此时，均线呈多头排列，均量线、MACD、KDJ、RSI 等技术指标已经走强，股价的强势特征已经相当明显，后市持续上涨的概率大。像这种情况，投资者可以在当日或次日跟庄进场买入筹码。之后，主力机构快速向上拉升股价。

2022 年 11 月 11 日截图当日，该股以涨停开盘，跌停收盘（从当日分时走势看，14：03 涨停板被连续巨大卖单砸开，股价急速回落跌停），收出一根看跌吞没大阴线，吞没（包含）了前一交易日的大阳线涨停板，成交量较前一交易日放大近两倍。此时，虽然均线呈多头排列，但从当日的分时走势看，尾盘砸开涨停板，跌停收盘，成交量大幅放大，一定是主力机构所为，加上股价远离 30 日均线且涨幅较大，MACD、KDJ、RSI 等部分技术指标已经走弱，盘口的弱势特征已经显现。像这种情况，投资者如果手中还有筹码当天没有出完的，次日要逢高卖出。

## 2. 高位出现乌云盖顶大阴线时卖出

高位出现乌云盖顶大阴线时卖出，是指股价经过一波上涨之后，涨幅较大，某一交易日出现一根高开低走的阴线，并且阴线的收盘价盖过前一交易日阳线实体的 1/2 以下，但并没有将阳线实体全部吞没，预示股价即将下跌调整，顶部反转信号已经明确，卖点出现。这根乌云盖顶大阴线，收盘价处于前一交易日阳线的 1/2 以下，将前一交易日跟进的投资者全部套牢，且抛盘较大，一定是主力机构所为，标志着趋势的反转和波段上涨行情的结束，市场即将反转向下，投资者要在当日或次日及时出局，落袋为安。

图 6-18 是三维化学（002469）2022 年 8 月 24 日星期三下午收盘时的 K 线走势图。在软件上将该股整个 K 线走势图缩小后可以看出，此时该股走势处于上升趋势中。股价从前期相对高位，即 2022 年 1 月 4 日的最高价 7.10 元回调洗盘，至 2022 年 4 月 28 日的最低价 4.74 元止跌企稳，回调时间虽然不长，但跌幅较大。

2022 年 1 月 4 日股价止跌企稳后，主力机构开始向上推升股价，股价振荡盘升，成交量呈间断性放大状态。

2022 年 6 月 17 日，该股低开，收出一个大阳线涨停板，突破前高，成交量较前一交易日放大四倍以上，形成大阳线涨停 K 线形态。当日股价向上突破 5 日、10 日、60 日和 120 日均线（一阳穿四线），30 日均线在股价下方上行，均线蛟龙出海形态形成。此时，均线（除 120 日均线外）呈多头排列，均量线、MACD、KDJ、RSI 等技术指标已经走强，股价的强势特征已经比较明显，后市持续上涨的概率大。像这种情况，投资者可以在当日或次日跟庄进场逢低分批买入筹码。之后，主力机构继续向上推升股价。

2022 年 7 月 14 日，该股跳空高开，收出一根大阳线，突破前高，留下向上突破缺口，成交量较前一交易日放大三倍以上，形成向上突破缺口 K 线形态。当日股价向上突破 5 日、10 日和 120 日均线（一阳穿三线），30 日和 60 日均线在股价下方上行，上涨中期均线蛟龙出海形态形成。此时，均线（除 120 日均线外）呈多头排列，均量线、MACD、KDJ、

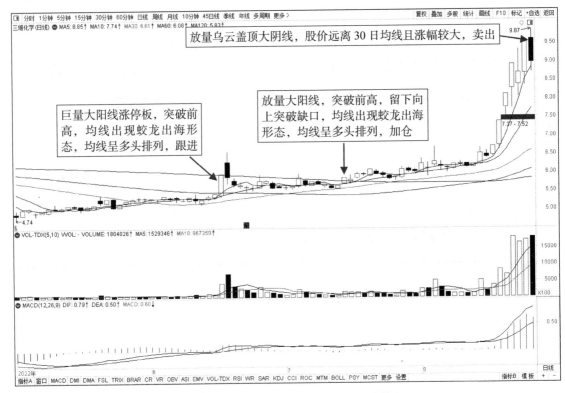

图 6-18　三维化学（002469）日 K 线走势图

RSI 等技术指标走强，股价的强势特征已经相当明显，后市持续上涨的概率大。像这种情况，投资者可以在当日或次日跟庄进场逢低买入筹码。之后，主力机构继续向上推升股价。

2022 年 8 月 24 日截图当日，该股高开，股价冲高回落，收出一根乌云盖顶大阴线（收盘涨幅 −6.28%），成交量较前一交易日明显放大。此时，虽然均线呈多头排列，但 MACD、KDJ、RSI 等部分技术指标已经走弱，加上股价远离 30 日均线且涨幅较大，盘口的弱势特征已经显现。像这种情况，投资者如果手中还有筹码当天没有出完的，次日应该逢高卖出。

### 3. 高位出现吊颈线时卖出

高位出现吊颈线时卖出，是指股价经过一轮上涨之后，涨幅较大，某一交易日出现一根高开的长下影线实体较小的 K 线（没有上影线或上影线极短的阴、阳 K 线），意味着多方力量已经转弱，空方力量开始集中反攻，股价即将下跌调整，顶部反转信号已经明确，卖点出现。这根长下影线吊颈线，一定是主力机构所为，标志着趋势的反转和个股上涨行情的结束，市场即将反转向下，是一种比较强烈的看空信号，投资者要在当日或次日及时卖出手中筹码，落袋为安。

图 6-19 是信达地产（600657）2022 年 4 月 1 日星期五下午收盘时的 K 线走势图。在

软件上将该股整个 K 线走势图缩小后可以看出，此时该股走势处于上升趋势中。股价从前期相对高位，即 2020 年 7 月 7 日的最高价 5.93 元回调洗盘，至 2021 年 11 月 2 日的最低价 3.10 元止跌企稳，回调时间较长，跌幅较大。

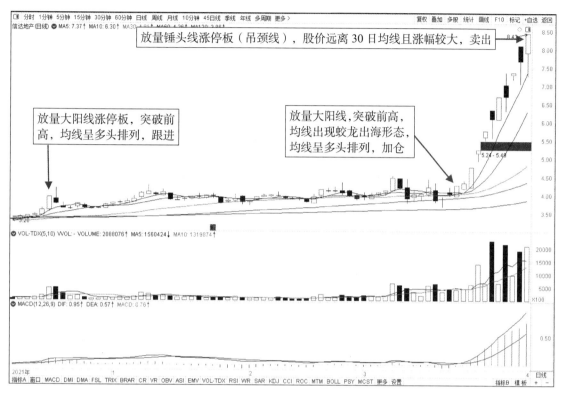

图 6-19　信达地产（600657）日 K 线走势图

2021 年 11 月 2 日股价止跌企稳后，主力机构开始向上推升股价，股价振荡盘升，成交量呈逐步放大状态。

2021 年 12 月 21 日，该股平开，收出一个大阳线涨停板，突破前高，成交量较前一交易日放大两倍以上，形成大阳线涨停 K 线形态。此时，均线呈多头排列，均量线、MACD、KDJ、RSI 等技术指标已经走强，股价的强势特征比较明显，后市持续上涨的概率大。像这种情况，投资者可以在当日或次日跟庄进场逢低分批买入筹码。之后，主力机构继续向上推升股价。

2022 年 3 月 18 日，该股低开，收出一根大阳线，突破前高，成交量较前一交易日萎缩。当日股价向上突破 5 日、10 日和 30 日均线（一阳穿三线），60 日和 120 日均线在股价下方上行，均线蛟龙出海形态形成。此时，均线呈多头排列，均量线、MACD、KDJ、RSI 等技术指标走强，股价的强势特征已经相当明显，后市持续上涨的概率大。像这种情况，投资者可以在当日或次日跟庄进场逢低买入筹码。之后，主力机构展开快速拉升行情。

2022 年 4 月 1 日截图当日，该股大幅高开（向上跳空 3.13% 开盘），收出一个锤头线涨停板（吊颈线），成交量较前一交易日明显放大。此时，虽然均线呈多头排列，MACD、KDJ、RSI 等技术指标仍较为强势，但从当日分时走势看，封板时间较晚且成交量呈放大状态，加上前一交易日也收出了一根假阴真阳锤头线（吊颈线），股价远离 30 日均线且涨幅较大，盘口的弱势特征已经显现。像这种情况，投资者如果手中还有筹码当天没有出完的，次日应该逢高卖出。

### 4. 高位出现射击之星（流星线）时卖出

高位出现射击之星（流星线）时卖出，是指股价经过一轮上涨之后，涨幅较大，某一交易日出现一根长上影线实体较小且上影线是实体两倍以上的 K 线（没有下影线或下影线极短的阴、阳 K 线），意味着多方力量已经转弱，空方力量正在加强，股价即将下跌调整，顶部反转信号准确性较高，卖点出现。这根长上影线射击之星（流星线），是主力机构所为，标志着趋势的反转和个股上涨行情的结束，市场即将反转向下，是一种比较强烈的顶部警告信号，投资者要在当日或次日及时卖出手中筹码，落袋为安。

图 6-20 是康强电子（002119）2021 年 7 月 23 日星期五下午收盘时的 K 线走势图。在软件上将该股整个 K 线走势图缩小后可以看出，此时该股走势处于上升趋势中。股价从

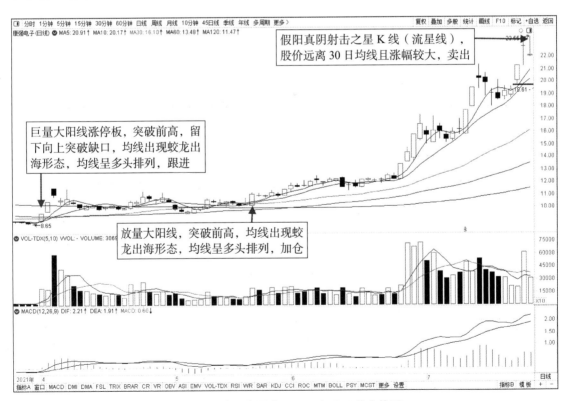

图 6-20　康强电子（002119）日 K 线走势图

前期相对高位，即 2020 年 2 月 24 日的最高价 17.40 元，一路振荡下跌，至 2021 年 2 月 8 日的最低价 8.53 元止跌企稳，下跌时间较长，跌幅大。

2021 年 2 月 8 日股价止跌企稳后，主力机构向上推升股价，股价振荡盘升，成交量呈间断性放大状态。

2021 年 4 月 1 日，该股大幅高开（向上跳空 3.46% 开盘），收出一个大阳线涨停板，突破前高，留下向上突破缺口，成交量较前一交易日放大，形成向上突破缺口和大阳线涨停 K 线形态。当日股价向上突破 5 日、10 日、30 日和 60 日均线（一阳穿四线），120 日均线在股价下方上行，均线蛟龙出海形态形成。此时，短期均线（5 日、10 日和 30 日均线）呈多头排列，均量线、MACD、KDJ、RSI 等技术指标开始走强，股价的强势特征已经显现，后市上涨的概率大。像这种情况，投资者可以在当日或次日跟庄进场逢低分批买入筹码。之后，主力机构继续向上推升股价。

2021 年 5 月 24 日，该股低开，收出一根大阳线（收盘涨幅 6.68%），突破前高，成交量较前一交易日放大近两倍。当日股价向上突破 5 日、10 日和 30 日均线（一阳穿三线），60 日均线在股价下方上行，120 日均线在股价下方即将走平，上涨中期均线蛟龙出海形态形成。此时，均线（除 120 日均线外）呈多头排列，均量线、MACD、KDJ、RSI 等技术指标走强，股价的强势特征已经相当明显，后市持续上涨的概率大。像这种情况，投资者可以在当日或次日跟庄进场逢低买入筹码。之后，主力机构快速向上拉升股价。

2021 年 7 月 23 日截图当日，该股大幅低开（向下跳空 3.38% 开盘），股价冲高回落，收出一根假阳真阴射击之星 K 线（流星线），成交量较前一交易日大幅萎缩。此时，虽然均线呈多头排列，但均量线、MACD、KDJ、RSI 等技术指标已经走弱，加上前一交易日收出一颗大幅放量高位阳十字星，股价远离 30 日均线且涨幅较大，盘口的弱势特征已经显现。像这种情况，投资者如果手中还有筹码当天没有出完的，次日应该逢高卖出。

## 5.高位出现十字星（线）时卖出

高位出现十字星（线）时卖出，是指股价经过持续上涨之后，涨幅较大，某一交易日出现一颗没有实体或者实体较小，具有较长的上、下影线的 K 线（阴、阳 K 线均可），意味着多方力量出现疲软，空方力量正在加强，股价即将下跌调整，顶部反转信号准确性较高，卖点出现。这根没有实体或者实体较小，具有较长的上、下影线的 K 线，也称为"黄昏之星"，是主力机构所为，标志着趋势的反转和个股上涨行情的结束，市场即将反转向下，是一种比较强烈的见顶转势的信号，投资者要在当日或次日及时逢高卖出手中筹码，落袋为安。

图 6-21 是京运通（601908）2021 年 1 月 7 日星期四下午收盘时的 K 线走势图，在软

件上将该股整个 K 线走势图缩小后可以看出，此时该股走势处于上升趋势中。股价从前期
相对高位，即 2017 年 11 月 22 日的最高价 6.50 元，一路振荡下跌，至 2020 年 2 月 4 日的
最低价 2.58 元止跌企稳，股价回升，下跌时间长，跌幅大，下跌期间有过多次较大幅度的
反弹。

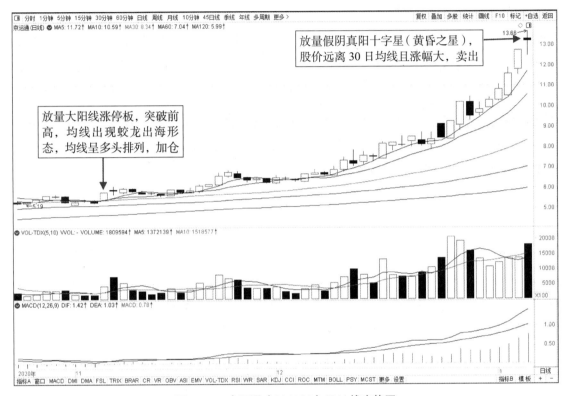

图 6-21　京运通（601908）日 K 线走势图

2020 年 2 月 4 日股价止跌企稳后，主力机构快速向上推升股价，股价振荡盘升，成交
量呈间断性放大状态。

2020 年 5 月 28 日，该股低开，收出一个大阳线涨停板，突破前高，成交量较前一
交易日放大四倍以上，形成大阳线涨停 K 线形态。此时，均线呈多头排列，均量线、
MACD、KDJ、RSI 等技术指标已经走强，股价的强势特征比较明显，后市继续上涨的
概率大。像这种情况，投资者可以在次日跟庄进场逢低买入筹码。之后，主力机构继续向
上推升股价。

2020 年 11 月 5 日，该股高开，收出一个大阳线涨停板，突破前高，成交量较前一交
易日放大三倍以上，形成大阳线涨停 K 线形态。当日股价向上突破 5 日、10 日和 30 日均
线（一阳穿三线），60 日和 120 日均线在股价下方上行，上涨中期均线蛟龙出海形态形成。
此时，均线呈多头排列，均量线、MACD、KDJ、RSI 等技术指标走强，股价的强势特征

已经相当明显，后市持续快速上涨的概率大。像这种情况，投资者可以在次日跟庄进场逢低买入筹码。之后，主力机构快速向上拉升股价。

2021 年 1 月 7 日截图当日，该股大幅高开（向上跳空 4.40% 开盘），股价冲高回落，收出一颗假阴真阳十字星（黄昏之星），成交量较前一交易日大幅放大。此时，虽然均线呈多头排列，均量线、MACD 等部分技术指标仍较为强势，但从当日分时走势看，股价冲高回落，盘中大幅振荡，明显是主力机构利用大幅高开、冲高等操盘手法出货，加上 KDJ、RSI 等部分技术指标开始走弱，股价远离 30 日均线且涨幅大，盘口的弱势特征已经显现。像这种情况，投资者如果手中还有筹码当天没有出完的，次日应该逢高卖出。

## 6. 高位出现螺旋桨 K 线时卖出

高位出现螺旋桨 K 线时卖出，是指股价经过上涨之后，涨幅较大，某一交易日出现一根上下影线较长实体较小的 K 线（阴、阳 K 线均可），意味着多方力量出现衰竭，空方力量正在加强，股价见顶反转信号明确，卖点出现。这根上下影线较长实体较小的 K 线，因其形状像飞机的螺旋桨而得名，也称为"转势线或变盘线"，其转势变盘信号比十字星（线）更为强烈一些，股市俗语有"顶部螺旋桨，落地把你绑"的说法，标志着趋势的反转和个股上涨行情的结束，市场即将反转向下，是一种比较强烈的见顶转势的信号（若是中长期 K 线，如月 K 线，收出螺旋桨 K 线，转势信号会更加明确），投资者要在当日或次日及时逢高卖出手中筹码，落袋为安。

图 6-22 是华建集团（600629）2023 年 5 月 8 日星期一下午收盘时的 K 线走势图，在软件上将该股整个 K 线走势图缩小后可以看出，此时该股走势处于上升趋势中。股价从前期相对高位，即 2022 年 4 月 12 日的最高价 9.35 元，一路振荡下跌，至 2022 年 10 月 28 日的最低价 4.17 元止跌企稳，下跌时间不是很长，但跌幅大，下跌期间有过一次较大幅度的反弹。

2022 年 10 月 28 日股价止跌企稳后，主力机构开始向上推升股价，股价振荡盘升，成交量呈间断性放大状态。

2023 年 4 月 3 日，该股低开，收出一根大阳线（收盘涨幅 4.41%），突破前高，成交量较前一交易日大幅放大。当日股价向上突破 5 日、10 日和 30 日均线（一阳穿三线），60 日和 120 日均线在股价下方上行，均线蛟龙出海形态形成。此时，均线呈多头排列，均量线、MACD、KDJ、RSI 等技术指标已经走强，股价的强势特征比较明显，后市继续上涨的概率大。像这种情况，投资者可以在次日跟庄进场逢低买入筹码。之后，主力机构继续向上推升股价。

2023 年 4 月 14 日，该股高开，收出一个大阳线涨停板，突破前高，成交量较前一交易日放大两倍以上，形成大阳线涨停 K 线形态。此时，均线呈多头排列，均量线、MACD、KDJ、RSI 等技术指标走强，股价的强势特征已经相当明显，后市持续快速上涨的概率大。像这种情况，投资者可以在当日跟庄抢板或在次日跟庄进场买入筹码。之后，主力机构快速向上拉升股价。

2023 年 5 月 8 日截图当日，该股高开，股价冲高回落，收出一根螺旋桨阳 K 线，成交量较前一交易日萎缩。此时，虽然均线呈多头排列，MACD、RSI 等部分技术指标仍较为强势，但从当日分时走势看，股价冲高回落，振荡幅度大，明显是主力机构利用高开、冲高等操盘手法展开出货，加上均量线、KDJ 等部分技术指标已经走弱，股价远离 30 日均线且涨幅大，盘口的弱势特征已经显现。像这种情况，投资者如果手中还有筹码当天没有出完的，次日应该逢高卖出。

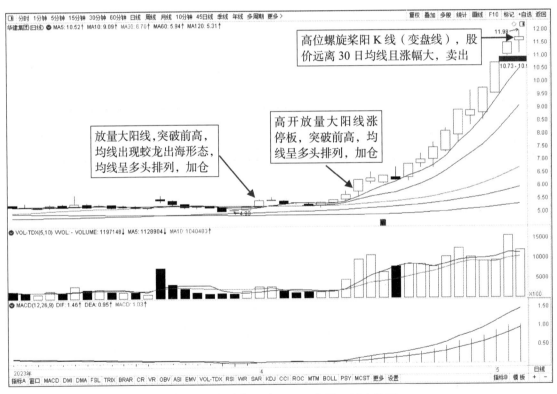

图 6-22　华建集团（600629）日 K 线走势图

## 7. 高位出现倒 V 形顶（头尖顶）和 M 顶（头）时卖出

当个股在高位出现倒 V 形顶（头尖顶）、M 顶（头）、圆弧顶、头肩顶、箱体顶（高位振荡盘整出货）、岛形顶、下降三角形、空方炮、三只乌鸦、下降三法等顶部 K 线组合形态时，是一种明确的见顶信号（当然也要结合均线、成交量、MACD 等指标进行综合分析），个股将结束上涨走势，开启下跌行情，投资者要及时卖出手中筹码，落袋为安。由于篇幅所限，这里主要分析倒 V 形顶（头尖顶）和 M 顶（头）两种顶部卖出 K 线形态。

（1）高位出现倒 V 形顶（头尖顶）时卖出。

高位出现倒 V 形顶（头尖顶）时卖出，是指股价经过一段时间的快速上涨，涨幅较大之后出现反转直下走势，成交量先大后小呈缩量状态，倒 V 形顶形态基本确定，卖点出现。倒 V 形顶出现在股价上涨走势之末，下跌行情之初，头部为尖顶，像倒置的英文字母 V。倒 V 形顶形成急速且形态尖锐，几个交易日内就形成反转下跌走势，顶部转势点往往有较大的成交量，倒 V 形顶形成后，股价往往会有较大跌幅。当目标股票 K 线走势出现倒 V 形顶形态时（最好在顶部出现标志性 K 线时），投资者要及时逢高卖出手中筹码，落袋为安。

图 6-23 是华峰化学（002064）2021 年 3 月 10 日星期三下午收盘时的 K 线走势图，在软件上将该股整个 K 线走势图缩小后可以看出，此时该股走势处于高位筑顶过程中。股价从前期相对高位，即 2017 年 8 月 8 日的最高价 6.19 元，一路振荡下跌，至 2018 年 7 月 11 日的最低价 3.72 元止跌企稳，下跌时间较长，跌幅较大，下跌期间有过多次较大幅度的反弹。

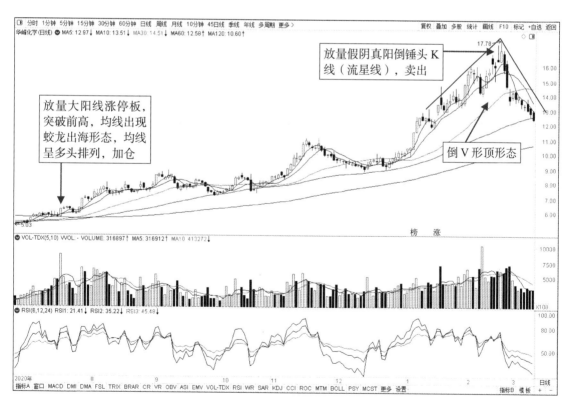

图 6-23 华峰化学（002064）日 K 线走势图

2018 年 7 月 11 日股价止跌企稳后，主力机构开始向上推升股价，收集筹码，随后展开大幅振荡盘升行情，高抛低吸赚取差价与洗盘吸筹并举，振荡盘升期间成交量呈间断性放大状态。投资者同样可以展开高抛低吸波段操作。

2020年7月20日（大幅振荡盘升2年后），该股高开，收出一个大阳线涨停板，突破前高，成交量较前一交易日放大近两倍，形成大阳线涨停K线形态。当日股价向上突破5日、10日和30日均线（一阳穿三线），60日均线在股价下方上行，120日均线即将走平，均线蛟龙出海形态形成。此时，均线（除120日均线外）呈多头排列，均量线、MACD、KDJ、RSI等技术指标已经走强，股价的强势特征相当明显，后市持续上涨的概率大。像这种情况，投资者可以在次日跟庄进场逢低买入筹码。之后，主力机构继续向上推升股价。

2021年2月22日，该股大幅高开，股价冲高回落，收出一根假阴真阳倒锤头K线（流星线），成交量较前一交易日明显放大。此时，虽然均线呈多头排列，MACD、RSI等部分技术指标仍较为强势，但从当日分时走势看，股价冲高回落，一路振荡走低，明显是主力机构利用大幅高开、冲高等操盘手法展开出货，加上前一交易日收出一根锤头阴K线（吊颈线），均量线、KDJ等部分技术指标已经走弱，盘口的弱势特征已经显现。像这种情况，投资者如果手中还有筹码当天没有出完的，次日应该逢高卖出。

2021年2月23日，该股平开，股价冲高至当日最高价17.78元回落，收出一根长上影线阳K线，成交量较前一交易日萎缩，股价见顶。2月24日、2月25日和2月26日，股价连续下跌，成交量呈放大状态，显示获利盘正在大量卖出，后市看跌。此时，倒V形顶形态基本形成，投资者如果手中还有筹码当天没有出完，次日一定要逢高清仓。

2021年3月10日截图当日，该股高开，收出一根中阴线，跌破且收在60日均线下方，成交量较前一交易日放大。此时，短期均线呈空头排列，均量线、MACD、KDJ、RSI等技术指标走弱，盘口的弱势特征已经十分明显，后市继续看跌。

（2）高位出现M顶（头）时卖出。

高位出现M顶（头）时卖出，是指股价经过一段时间的快速上涨，涨幅较大之后反转下跌，下跌一定幅度后出现反弹，反弹至前期高点附近时，再次反转下跌且跌破颈线，M顶（头）形态形成，卖点出现。M顶（头）又称为"双头"，形态像大写的英文字母"M"。M顶（头）是一定时间内股价连续两次上涨到相近高点时而形成的反转形态，是一种股价在高位振荡筑顶走势，通常出现在长期性上升趋势的头部，预示股价上涨告一段落，是一种比较明确的下跌信号。当目标股票K线走势出现M顶（头）形态（最好在顶部出现标志性K线）时，投资者要及时逢高卖出手中筹码，落袋为安。

图6-24是厦门钨业（600549）2021年9月27日星期一下午收盘时的K线走势图，在软件上将该股整个K线走势图缩小后可以看出，此时该股走势处于高位筑顶过程中。股价从前期相对高位，即2019年6月12日的最高价16.93元，一路振荡下跌，至2020年2

月 4 日的最低价 10.8 元止跌企稳，下跌时间较长，跌幅较大。

2020 年 2 月 4 日股价止跌企稳后，主力机构快速向上推升股价，收集筹码，随后展开大幅振荡盘升行情，高抛低吸赚取差价与洗盘吸筹并举，振荡盘升期间成交量呈间断性放大状态。投资者同样可以展开高抛低吸波段操作。

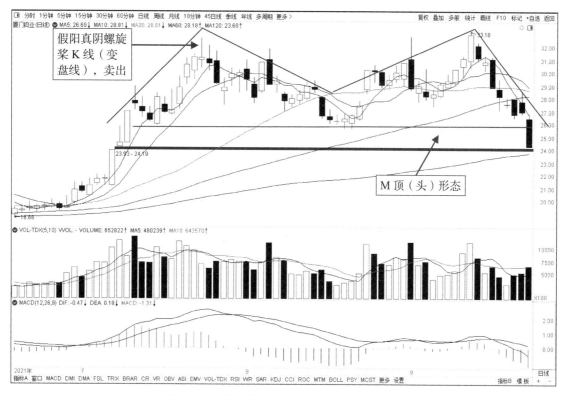

图 6-24　厦门钨业（600549）日 K 线走势图

2021 年 7 月 23 日，该股低开，股价冲高至当日最高价 32.66 元回落，收出一根长上影线假阳真阴螺旋桨 K 线（变盘线），成交量较前一交易日萎缩，股价见顶，投资者如果手中还有筹码当天没有出完，次日一定要逢高卖出。从 7 月 26 日起，股价振荡下跌，成交量呈萎缩状态。8 月 18 日，该股低开，收出一颗假阳真阴十字星，成交量较前一交易日大幅萎缩，股价止跌企稳，随后展开反弹行情。9 月 13 日，该股低开，股价冲高至当日最高价 33.18 元回落，收出一根大阳线，成交量较前一交易日放大，股价二次见顶，投资者如果手中还有筹码当天没有出完，次日一定要逢高清仓。从 9 月 14 日起，股价急速下跌，成交量呈萎缩状态。

2021 年 9 月 27 日截图当日，该股低开，跌停收盘，收出一根大阴线，跌破颈线，成交量较前一交易日放大，M 顶（头）形态形成。此时，短期均线呈空头排列，均量线、MACD、KDJ、RSI 等技术指标走弱，盘口的弱势特征已经十分明显，后市继续看跌。

## 8. 高位出现衰竭缺口时卖出

高位出现衰竭缺口时卖出，是指股价经过一段时间的快速上涨，涨幅较大之后K线走势出现向上跳空高开缺口，即衰竭缺口，卖点出现。跳空高开缺口中，衰竭缺口也是股价即将见顶的一个象征，如果加上成交量放大的配合，股价见顶信号将更加强烈。一般情况下，衰竭缺口之后，成交量呈缩量状态，投资者应该在衰竭缺口出现后，尽快逢高卖出手中筹码。

图6-25是众生药业（002317）2022年11月10日星期四下午收盘时的K线走势图。在软件上将该股整个K线走势图缩小后可以看出，此时该股走势处于上升趋势中。股价从前期相对高位，即2020年7月1日的最高价18.58元，一路振荡下跌，至2021年2月5日的最低价7.88元止跌企稳，下跌时间长，跌幅大。

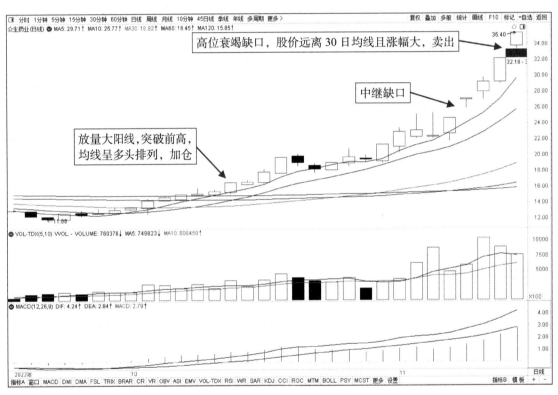

图6-25 众生药业（002317）日K线走势图

2021年2月5日股价止跌企稳后，主力机构快速推升股价，收集筹码，随后展开大幅振荡盘升行情，高抛低吸赚取差价与洗盘吸筹并举，振荡盘升期间成交量呈间断性放大状态。投资者同样可以展开高抛低吸波段操作。

2022年10月18日（大幅振荡盘升1年8个月后），该股低开，收出一根大阳线（收盘涨幅7.00%），突破前高，成交量较前一交易日大幅放大。此时，均线呈多头排列，均量线、MACD、KDJ、RSI 等技术指标已经走强，股价的强势特征已经相当明显，后市持续上涨的概率大。像这种情况，投资者可以在当日或次日跟庄进场买入筹码。之后，主力机构快速向上拉升股价。

2022 年 11 月 10 日截图当日，该股大幅高开（向上跳空 4.97% 开盘），收出一个大阳线涨停板，突破前高，留下向上缺口即衰竭缺口，成交量较前一交易日萎缩。此时，虽然均线呈多头排列，MACD、KDJ、RSI 等技术指标仍相当强势，但从当日分时走势看，早盘大幅高开后，股价在高位大幅振荡，成交量呈放大状态，当日上午 10∶31 封上涨停板，10∶32 涨停板被连续两笔巨大卖单砸开，同一分钟内再次封回，明显是主力机构利用高开高位大幅振荡，砸开涨停板再封回等操盘手法大量出货，加上股价远离 30 日均线且涨幅大，股价变盘的可能性很大。像这种情况，投资者如果手中还有筹码当天没有出完的，次日要逢高卖出。

## 三、利用均线及均线形态把握卖点

股价的上涨是极其复杂的，上涨过程中的回调洗盘，股价可能会跌破 5 日、10 日或 30 日等均线，此时投资者应该综合分析研判后，再决定是否先卖出手中筹码。股价上涨至高位或相对高位时，均线会拐头下行或出现死叉、空头排列等均线形态，考虑到均线的滞后性特征，投资者应该结合股价在 K 线走势中所处的位置、成交量、MACD、KDJ、RSI 等技术指标进行综合分析后（主要以标志性 K 线为参考），及时把握卖出时机，落袋为安。这里简要分析八种均线形态及其卖点。

### 1. 上升过程中股价回调洗盘跌破 10 日均线时先卖出

作为操盘线的 10 日均线，是波段操作的重要参考指标。上升趋势中，股价经过先期的上涨之后，短期获利盘较重，获利回吐可能导致股价出现回调，如果股价回调不破 10 日均线且 10 日均线仍继续上行，则是正常的短线强势调整，上升行情继续，此时仍是逢低买入的时机，但如果股价跌破 10 日均线，则说明主力机构可能展开较深幅度的调整，投资者应先卖出手中筹码，待股价调整到位，重回 10 日均线之上时，再将筹码接回来。

图 6-26 是新易盛（300502）2022 年 11 月 23 日星期三下午收盘时的 K 线走势图，在软件上将该股整个 K 线走势图缩小后可以看出，此时该股走势处于上升趋势中。股价从前期相对高位，即 2021 年 8 月 3 日的最高价 49.69 元，一路振荡下跌，至 2022 年 10 月 11 日的最低价 20.02 元止跌企稳，下跌时间长，跌幅大，下跌期间有过多次较大幅度的反弹。

2022 年 10 月 11 日股价止跌企稳后，主力机构开始向上推升股价，股价振荡盘升，成交量呈间断性放大状态。

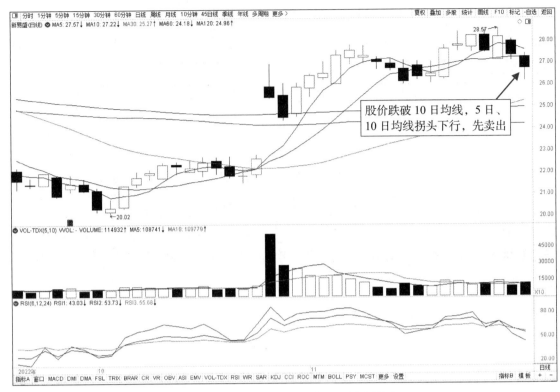

图 6-26　新易盛（300502）日 K 线走势图

2022 年 11 月 23 日截图当日，该股低开，收出一根小阴线，股价跌破且收在 10 日均线下方，成交量较前一交易日放大。此时，5 日、10 日均线已经拐头下行，MACD、KDJ、RSI 等技术指标走弱，盘口的弱势特征已经显现，回调将继续。像这种情况，投资者应该先卖出手中筹码，待股价回调到位，重回 10 日均线之上时，再将筹码接回来。

### 2. 上升过程中 5 日与 10 日均线形成死叉时先卖出

作为攻击线的 5 日均线，向下穿过 10 日均线（操盘线），也是波段操作的重要参考指标。上升趋势中，如果股价涨幅较大，当 5 日均线向下击穿 10 日均线形成死叉，且 10 日均线走平或向下，预示股价短期已经走弱，短线看空，投资者应该先卖出手中筹码，待股价调整到位，重回 10 日均线之上时，再将筹码接回来。

图 6-27 是圣龙股份（603178）2023 年 7 月 12 日星期三下午收盘时的 K 线走势图，在软件上将该股整个 K 线走势图缩小后可以看出，此时该股走势处于初期上涨之后的回调洗盘中。股价从前期相对高位，即 2022 年 8 月 24 日的最高价 15.12 元回调洗盘，至 2023 年 4 月 26 日的最低价 8.60 元止跌企稳，回调时间较长，跌幅大。

2023 年 4 月 26 日股价止跌企稳后，主力机构开始向上推升股价，股价振荡盘升，K 线走势呈红多绿少态势，成交量呈放大状态。

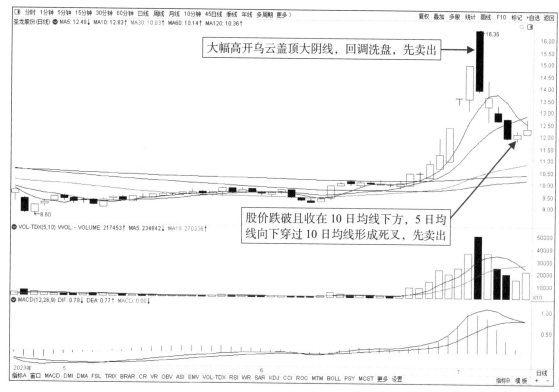

**图 6-27　圣龙股份（603178）日K线走势图**

2023 年 7 月 5 日，该股大幅高开（向上跳空 9.73% 开盘），股价回落，收出一根乌云盖顶大阴线，成交量较前一交易日大幅放大，主力机构展开回调洗盘行情。像这种情况，投资者应在当日或次日逢高先卖出手中筹码。

2023 年 7 月 12 日截图当日，该股平开，收出一根小阳线，成交量较前一交易日放大。此时，股价跌破且收在 10 日均线下方，5 日均线向下穿过 10 日均线形成死叉，均量线、MACD、KDJ 等技术指标走弱，盘口的弱势特征已经显现，回调洗盘行情将继续。像这种情况，投资者应该先卖出手中筹码，然后跟踪观察，待股价调整到位，重回 10 日均线之上时，再将筹码接回来。

### 3. 股价跌破 10 日均线后跌破 30 日和 60 日均线时清仓

股价上涨至高位后，跌破 10 日均线再顺次跌破作为生命线的 30 日均线和中期指标 60 日均线，预示中期下跌行情已经展开，此时投资者手中如果还有筹码没有出完的话，即使已经被套也应该果断清仓，止损出局。

图 6-28 是中科三环（000970）2022 年 8 月 24 日星期三下午收盘时的 K 线走势图，在软件上将该股整个 K 线走势图缩小后可以看出，此时该股走势处于高位反转下跌趋势中。股价从前期相对高位，即 2017 年 9 月 14 日的最高价 21.10 元，一路振荡下跌，至 2018

年 10 月 19 日的最低价 6.72 元止跌企稳，下跌时间长，跌幅大。

2018 年 10 月 19 日股价止跌企稳后，主力机构开始向上推升股价，收集筹码，随后展开大幅振荡盘升行情，高抛低吸赚取差价与洗盘吸筹并举，振荡盘升期间成交量呈间断性放大状态。投资者同样可以展开高抛低吸波段操作。

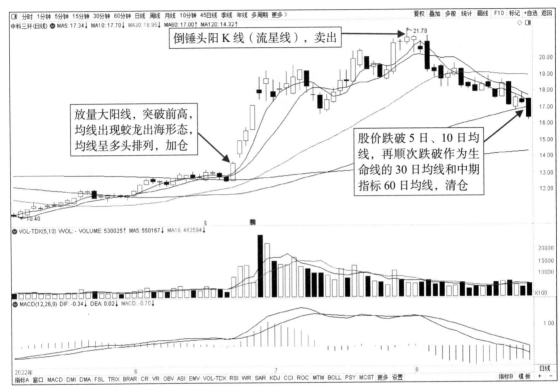

图 6-28　中科三环（000970）日 K 线走势图

2022 年 6 月 23 日（大幅振荡盘升 3 年 8 个多月后），该股高开，收出一根大阳线（当日股价盘中一度触及涨停，收盘涨幅 9.03%），突破前高，成交量较前一交易日放大三倍以上。当日股价向上突破 5 日、10 日和 120 日均线（一阳穿三线），30 日和 60 日均线在股价下方上行，均线蛟龙出海形态形成。此时，均线（除 120 日均线外）呈多头排列，均量线、MACD、KDJ、RSI 等技术指标已经走强，股价的强势特征相当明显，后市持续快速上涨的概率大。像这种情况，投资者可以在当日或次日买入筹码。之后，主力机构展开快速拉升行情。

2022 年 7 月 29 日，该股平开，股价冲高至当日最高价 21.78 元回落，收出一根倒锤头阳 K 线（流星线），成交量较前一交易日萎缩，加上前一交易日收出的假阴真阳十字线，显示股价上涨乏力。此时，虽然均线呈多头排列，但均量线、KDJ 等部分技术指标已经走弱，盘口的弱势特征也已显现。像这种情况，投资者应该在当日或次日逢高卖出手中筹码。

2022 年 8 月 24 日截图当日，该股高开，收出一根大阴线（收盘涨幅 -5.17%），股价跌破且收在 60 日均线下方，成交量较前一交易日放大。此时，股价已经跌破 5 日、10 日均线，再顺次跌破作为生命线的 30 日均线和中期指标 60 日均线，预示中期下跌行情已经展开，且短期均线已经呈空头排列，60 日均线即将走平，均量线、MACD、KDJ、RSI 等技术指标已经走弱，盘口的弱势特征相当明显。像这种情况，投资者此时手中如果还有筹码没有卖出的，即使已经被套也应该果断清仓，出局止损。

### 4. 60 日均线走平或拐头向下运行时清仓

60 日均线作为决策线，是中期以上大级别行情的操盘依据，无论是大盘还是个股，一旦有效跌穿 60 日均线，就意味着大级别行情的下跌调整已经展开。当 60 日均线由上升趋势开始走平或拐头下行时，便是卖出时机。如果股价放量跌穿 60 日均线，说明主力机构此时已经放弃护盘，后市继续看跌；如果股价缩量跌穿 60 日均线，股价短期内可能出现弱势反弹，短暂反弹之后股价将再次放量下跌。所以，60 日均线一旦拐头下行，就预示后市将有一波中级以上的下跌行情，此时投资者手中如果还有筹码没有出完的话，应该果断清仓离场。

图 6-29 是广汇能源（600256）2022 年 10 月 19 日星期三下午收盘时的 K 线走势图，在软件上将该股整个 K 线走势图缩小后可以看出，此时该股走势处于高位反转下跌趋势中。股价从前期相对高位，即 2015 年 6 月 18 日的最高价 13.28 元，一路振荡下跌，至 2020 年 4 月 28 日的最低价 2.40 元止跌企稳，下跌时间长，跌幅大，下跌期间有过多次较大幅度的反弹。

2020 年 4 月 28 日股价止跌企稳后，主力机构开始向上推升股价，收集筹码，随后展开大幅振荡盘升行情，高抛低吸赚取差价与洗盘吸筹并举，振荡盘升期间成交量呈间断性放大状态。投资者同样可以展开高抛低吸波段操作。

2022 年 8 月 26 日，该股低开，股价冲高至当日最高价 15.03 元回落，收出一根螺旋桨阴 K 线（变盘线），成交量较前一交易日萎缩。此时，虽然均线呈多头排列，但均量线、MACD、KDJ、RSI 等多数技术指标开始走弱，盘口的弱势特征开始显现。像这种情况，投资者应该在当日或次日逢高卖出手中筹码。

2022 年 10 月 19 日截图当日，该股低开，收出一根大阴线（收盘涨幅 -3.58%），股价跌破且收在 60 日均线下方，成交量较前一交易日放大。此时，短期均线已经呈空头排列，60 日均线即将走平，均量线、MACD、KDJ、RSI 等技术指标已经走弱，盘口的弱势特征相当明显。像这种情况，投资者此时手中如果还有筹码没有卖出的，应该果断清仓离场。

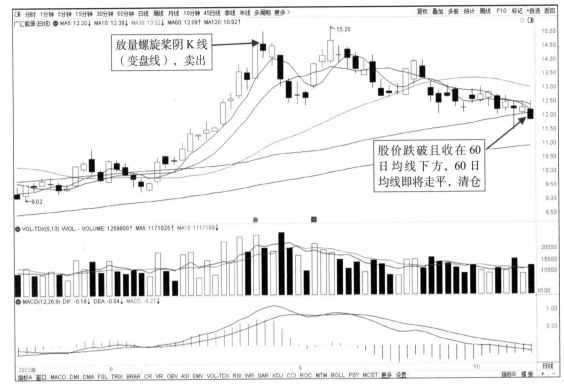

图 6-29　广汇能源（600256）日 K 线走势图

### 5. 一阴穿多线时卖出

一阴穿多线时卖出，是指股价上涨到高位或股价在高位盘整期间，某一交易日突然收出一根大阴线，同时跌破三条以上均线时，卖点出现。当股价（K 线）跌破均线时，是看跌卖出信号，如果一条大阴线同时跌破了三条以上均线，则说明下跌行情非常严峻，是强烈的看跌卖出信号；如果 K 线是跳空低开的阴线或是一字跌停板，在股价跳空开盘时就跌破了多条均线，则说明空方力量十分强大，是非常强烈的看跌卖出信号；如果跌破多条均线的阴线带有较长的下影线，只要股价是处在高位，则说明是主力机构在做盘骗线，投资者也应该尽快逢高卖出手中筹码。

图 6-30 是康恩贝（600572）2023 年 5 月 11 日星期四下午收盘时的 K 线走势图，在软件上将该股整个 K 线走势图缩小后可以看出，此时该股走势处于高位反转下跌趋势中。股价从前期相对高位，即 2022 年 1 月 7 日的最高价 5.32 元，一路振荡下跌，至 2022 年 9 月 27 日的最低价 3.83 元止跌企稳，下跌时间较长，跌幅较大。

2022 年 9 月 27 日股价止跌企稳后，主力机构开始向上推升股价，股价振荡盘升，成交量呈间断性放大状态。

2022 年 12 月 29 日，该股低开，收出一个大阳线涨停板，突破前高，成交量较前一交易日放大，形成大阳线涨停 K 线形态。当日股价向上突破 5 日、10 日、30 日和 60 日均线（一阳穿四线），120 日均线在股价下方上行，均线蛟龙出海形态形成。此时，均线呈多头排列，均量线、MACD、KDJ、RSI 等技术指标开始走强，股价的强势特征开始显现，后市持续振荡上行的概率大。像这种情况，投资者可以在当日或次日跟庄进场逢低买入筹码。之后，主力机构展开波浪（段）式振荡盘升行情。

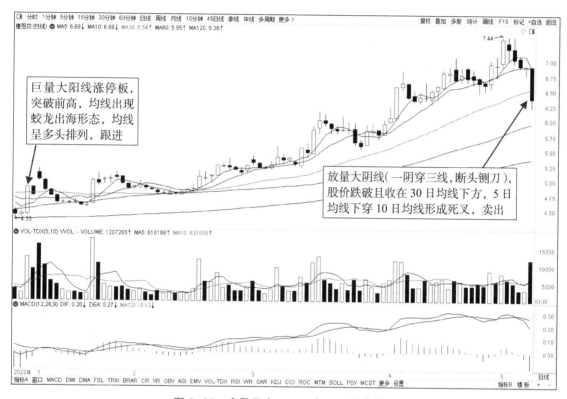

图 6-30 康恩贝（600572）日 K 线走势图

2023 年 5 月 11 日截图当日，该股平开，收出一根略带下影线的大阴线（收盘涨幅 -7.96%），股价跌破且收在 30 日均线下方（此前波浪式上涨模式被打破，前一交易日即 5 月 10 日进场的投资者均被套），成交量较前一交易日放大三倍以上，当日股价（K 线）向下穿过 5 日、10 日和 30 日均线（一阴穿三线，又称断头铡刀）。此时，5 日均线下穿 10 日均线形成死叉，MACD、KDJ、RSI 等技术指标已经走弱，盘口的弱势特征相当明显。像这种情况，投资者此时手中如果还有筹码没有卖出的，次日应该逢高卖出。

### 6. 均线形成死亡谷形态时清仓

均线形成死亡谷形态时清仓，是指股价快速上涨至高位后，上攻动能衰减，头部形成，股价反转下跌，随后短期均线向下穿过中期和长期均线，中期均线向下穿过长期均线，形成一个尖头朝下不规则三角形，即均线死亡谷形态时，清仓离场。均线死亡谷形态，形成于股价下跌初期，表明空方已积聚了相当大的杀跌能量，是典型的股价见顶后市看跌的信号，其卖出信号强于死亡交叉形态，为规避风险，投资者应立即清仓，止损离场。

图 6-31 是特一药业（002728）2022 年 12 月 14 日星期三下午收盘时的 K 线走势图，在软件上将该股整个 K 线走势图缩小后可以看出，此时该股走势处于高位反转下跌趋势中。股价从前期相对高位，即 2022 年 1 月 14 日的最高价 19.58 元回调洗盘，至 2022 年 10 月 11 日的最低价 11.06 元止跌企稳，回调时间较长，跌幅大。

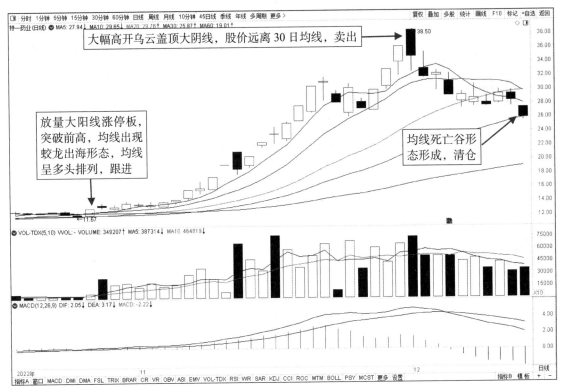

图 6-31　特一药业（002728）日 K 线走势图

2022 年 10 月 11 日股价止跌企稳后，主力机构开始向上推升股价，收集筹码，K 线走势呈红多绿少态势，成交量呈逐渐放大状态。

2022 年 10 月 26 日，该股高开，收出一个大阳线涨停板，突破前高，成交量较前一交易日大幅放大，形成大阳线涨停 K 线形态。当日股价向上突破 5 日、10 日、20 日、30 日和 60 日均线（一阳穿五线），均线蛟龙出海形态形成。此时，均线（除 60 日均线外）呈多头排列，均量线、MACD、KDJ、RSI 等技术指标已经走强，股价的强势特征相当明显，后市持续快速上涨的概率大。像这种情况，投资者可以在当日跟庄抢板或在次日跟庄进场买入筹码。之后，主力机构快速向上推升股价。

2022 年 12 月 1 日，该股大幅高开（向上跳空 6.44% 开盘），股价回落，收出一根带下影线的乌云盖顶大阴线，成交量较前一交易日大幅放大。此时，虽然均线呈多头排列，但股价远离 30 日均线且涨幅较大，MACD、KDJ、RSI 等部分技术指标开始走弱，盘口的弱势特征开始显现。像这种情况，投资者应该在当日或次日逢高卖出手中筹码。

2022 年 12 月 14 日截图当日，该股大幅低开（向下跳空 3.32% 开盘），收出一根大阴线（收盘涨幅 -8.87%），股价跌破且收在 30 日均线下方，成交量较前一交易日放大。此时，5 日均线已经向下穿过 10 日、20 日均线形成死叉，10 日均线已经向下穿过 20 日均线形成死叉，均线死亡谷形态形成，均量线、MACD、KDJ、RSI 等技术指标走弱，盘口的弱势特征已经相当明显。像这种情况，投资者此时手中如果还有筹码没有卖出的，次日应该逢高清仓离场。

## 7. 短期均线形成空头排列时清仓

短期均线形成空头排列时清仓，是指股价快速上涨至高位后，形成头部，股价反转下跌，随后短期均线向下穿过中期和长期均线，中期均线向下穿过长期均线，此时短期均线在中期均线下方，中期均线又在长期均线下方，均线形成空头排列形态时，清仓离场。均线空头排列形态，形成于股价下跌趋势初期，表明短期交易价格已经低于中期交易价格，中期交易价格又低于长期交易价格，意味着股价已经进入空头市场，后期将有一波较大幅度的下跌，其卖出信号强于均线死亡谷形态，为规避风险，投资者应该立即清仓，止损离场。

投资者需要特别注意的是，均线空头排列形态是重要的空仓期，但并不表示投资者一定要等到空头排列形态完全形成时才清仓离场（因为任何卖出形态都有滞后性），只要股价到达高位后出现明确的卖出信号时，就应该果断离场，比如出现标志性 K 线卖出形态。

图 6-32 是苏宁环球（000718）2021 年 6 月 16 日星期三下午收盘时的 K 线走势图，在软件上将该股整个 K 线走势图缩小后可以看出，此时该股走势处于高位反转下跌趋势中。股价从前期相对高位，即 2019 年 4 月 9 日的最高价 4.39 元回调洗盘，至 2020 年 2 月 4 日的最低价 2.87 元止跌企稳，回调洗盘时间较长，跌幅较大。

2020 年 2 月 4 日股价止跌企稳后，主力机构开始向上推升股价，收集筹码，随后展开大幅振荡盘升行情，高抛低吸赚取差价与洗盘吸筹并举，振荡盘升期间成交量呈间断性放大状态。投资者同样可以展开高抛低吸波段操作。

2021 年 4 月 28 日（大幅振荡盘升 2 年 8 个多月后），该股低开，收出一个大阳线涨停板，突破前高，成交量较前一交易日大幅放大，形成大阳线涨停 K 线形态。此时，均线呈多头排列，均量线、MACD、KDJ、RSI 等技术指标已经走强，股价的强势特征相当明显，后市持续快速上涨的概率大。像这种情况，投资者可以在当日跟庄抢板或在次日跟庄进场买入筹码。之后，主力机构快速向上拉升股价。

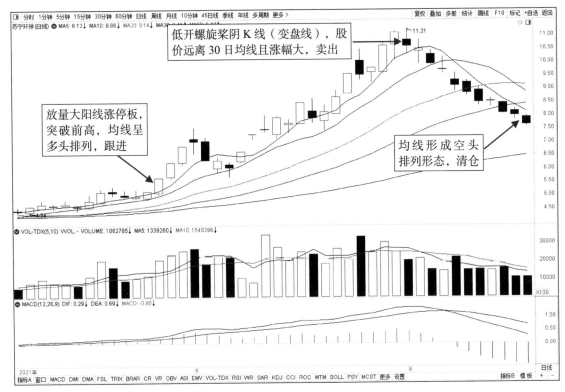

图 6-32　苏宁环球（000718）日 K 线走势图

2021 年 6 月 1 日，该股低开，股价冲高至当日最高价 11.21 元回落，收出一根螺旋桨阴 K 线（变盘线），成交量较前一交易日大幅萎缩，股价远离 30 日均线且涨幅大。此时，虽然均线呈多头排列，但均量线、MACD、KDJ、RSI 等多数技术指标开始走弱，盘口的弱势特征开始显现。像这种情况，投资者应该在当日或次日逢高卖出手中筹码。

2021 年 6 月 16 日截图当日，该股低开，收出一根大阴线（收盘涨幅 -4.28%），股价已经跌破且收在 30 日均线下方，成交量较前一交易日萎缩。此时，5 日均线已经向下穿过 10 日、20 日均线形成死叉，10 日均线已经向下穿过 20 日均线形成死叉，5 日均线在 10 日均线下方，10 日均线在 20 均线下方，短期均线形成空头排列形态，均量线、MACD、KDJ、RSI 等技术指标走弱，盘口的弱势特征已经相当明显。像这种情况，投资者此时手中如果还有筹码没有卖出的，次日应该逢高清仓离场。

### 8. 三死叉形态卖出

三死叉形态卖出，是指股价经过较长时间的上涨之后到达头部，随后反转下跌，此时 5 日均线下穿 10 日均线形成死叉，5 日均量线下穿 10 日均量线形成死叉以及 MACD 指标 DIF 线下穿 DEA 线即白线下穿黄线形成死叉时，卖出筹码。三死叉形态不是必须在同一时间点出现，在短期内前后出现即成立。三死叉形态形成，投资者要在当日或次日坚决卖出手中筹码。

股市俗语有"三金叉见底，三死叉见顶"的说法，主要是依据均线理论、量能理论和指标理论，综合分析判断后得出的结论。实战操盘中，当目标股票出现三死叉时，投资者在顶部出现标志性卖出 K 线时，因各种原因没有卖出手中筹码的话，此时应坚决卖出。当然，如果此时股价已经跌幅较大，也可等股价反弹至 10 日均线附近时逢高卖出。

图 6-33 是中成股份（000151）2022 年 6 月 14 日星期二下午收盘时的 K 线走势图。在软件上将该股整个 K 线走势图缩小后可以看出，此时该股走势已处于高位反转下跌趋势中。股价从前期相对高位，即 2019 年 4 月 12 日的最高价 16.88 元，一路振荡下跌，至 2021 年 2 月 8 日的最低价 6.08 元止跌企稳，下跌时间长，跌幅大。

2021 年 2 月 8 日股价止跌企稳后，主力机构快速向上推升股价，收集筹码，随后展开大幅振荡盘升行情，高抛低吸赚取差价与洗盘吸筹并举，振荡盘升期间成交量呈间断性放大状态。投资者同样可以展开高抛低吸波段操作。

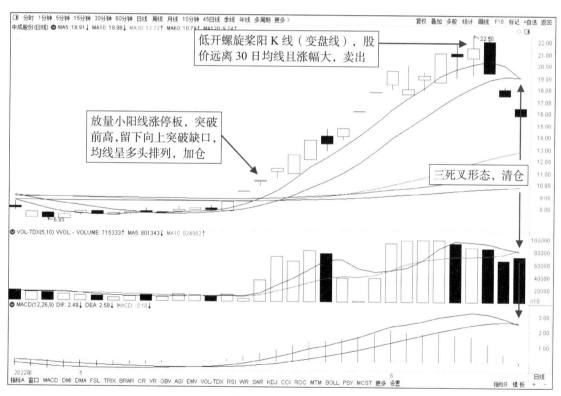

图 6-33　中成股份（000151）日 K 线走势图

2022 年 5 月 20 日（大幅振荡盘升 1 年 3 个多月后），该股大幅高开（向上跳空 9.12% 开盘），收出一个小阳线涨停板，突破前高，留下第二个向上跳空突破缺口（前一交易日收出一个一字涨停板，留下第一个向上跳空突破缺口），成交量较前一交易日放大，形成向上突破缺口和小阳线涨停 K 线形态。此时，均线呈多头排列，均量线、MACD、KDJ、RSI 等技术指标已经走强，股价的强势特征非常明显，后市持续快速上涨的概率大。像这种情况，投资者可以在当日跟庄抢板或在次日跟庄进场买入筹码。之后，主力机构快速向上拉升股价。

2022 年 6 月 9 日，该股低开，股价冲高至当日最高价 22.50 元回落，收出一根螺旋桨阳 K 线（变盘线），成交量较前一交易日萎缩。此时，虽然均线呈多头排列，但均量线、MACD、KDJ 等技术指标开始走弱，加上前一交易日收出一颗高位阴十字星，股价远离 30 日均线且涨幅较大，盘口的弱势特征开始显现。像这种情况，投资者应该在当日或次日逢高卖出手中筹码。

2022 年 6 月 14 日截图当日，该股大幅低开（向下跳空 5.64% 开盘），收出一根大阴线（收盘涨幅 -9.55%），成交量较前一交易日放大。当日 5 日均线下穿 10 日均线形成死叉，5 日均量线下穿 10 日均量线形成死叉，MACD 指标 DIF 线下穿 DEA 线即白线下穿黄线形成死叉，三死叉形态形成。此时，均量线、MACD、KDJ、RSI 等技术指标已经走弱，盘口的弱势特征已经相当明显。像这种情况，投资者此时手中如果还有筹码没有卖出的，次日要逢高清仓离场。

## 四、依据成交量把握卖点

依据成交量来分析判断卖出点位（时机），是以股价已处于上升趋势的相对高位（或突破前高）后即将回调洗盘，或是股价已处于上升趋势的高位即将形成头部为前提，利用当日的成交量与此前成交量的对比来选择和确定逢高卖出的点位（时机）。实战操盘中，投资者依据成交量来把握卖出点位（时机）时，还要根据大盘走势、目标股票 K 线走势（形态）、均线走势（形态）以及其他技术指标，进行综合分析判断后，再做出是否卖出的决策。

### 1. 上升过程中股价放量回调洗盘时先卖出

目标股票上涨初期，主力机构一般都会展开回调洗盘补仓行情，回调洗盘补仓行情开始后，成交量呈逐渐萎缩状态。当目标股票上涨初期有一定涨幅之后，出现放量大（中）阴线、倒锤头 K 线、螺旋桨 K 线等放量标志性 K 线时，就意味着回调洗盘补仓行情正式展开，投资者应该先卖出手中筹码，待股价回调洗盘到位后，再将筹码接回来。

图 6-34 是赛力斯（601127）2023 年 7 月 12 日星期三下午收盘时的 K 线走势图。在软件上将该股整个 K 线走势图缩小后可以看出，该股走势处于上涨走势中。股价从前期高位，即 2022 年 6 月 28 日的最高价 90.50 元振荡下跌（洗盘），至 2023 年 6 月 8 日的最低价 24.75 元止跌企稳，下跌时间长，跌幅大。

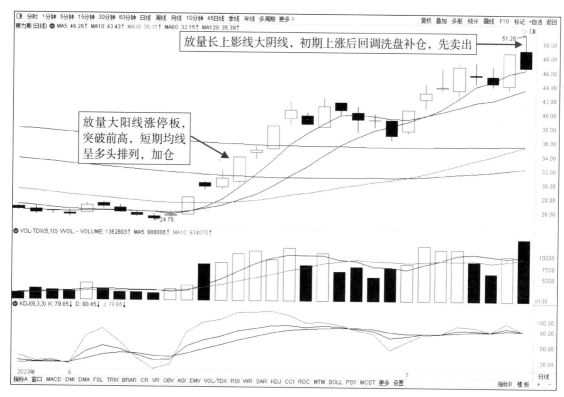

图 6-34　赛力斯（601127）日 K 线走势图

2023 年 6 月 8 日股价止跌企稳后，主力机构快速推升股价，收集筹码，K 线走势呈红多绿少态势，成交量呈逐渐放大状态。

2023 年 6 月 15 日，该股低开，收出一个大阳线涨停板，突破前高，成交量较前一交易日大幅放大，形成大阳线涨停 K 线形态。此时，短期均线呈多头排列，均量线、MACD、KDJ、RSI 等技术指标已经走强，股价的强势特征非常明显，后市持续快速上涨的概率大。像这种情况，投资者可以在当日跟庄抢板或在次日跟庄进场买入筹码。之后，主力机构快速向上推升股价。

2023 年 7 月 12 日截图当日，该股高开，股价冲高至当日最高价 51.28 元回落，收出一根长上影线大阴线（收盘涨幅 -4.44%），成交量较前一交易日大幅放大，主力机构展开回调洗盘补仓行情。此时，虽然均线呈多头排列，但股价离 30 日均线较远且涨幅较大，KDJ、RSI 等部分技术指标开始走弱，盘口的弱势特征开始显现。像这种情况，投资者应该在当日或次日逢高先卖出手中筹码，待股价回调洗盘到位后，再将筹码接回来。

## 2.股价高位放量涨停时卖出

股价高位放量涨停时卖出，是指目标股票股价经过快速上涨之后，涨幅较大，某一交易日收出一个放量或巨量涨停板时，卖点出现。

股价越涨，盈利越大，风险也越大。这时收出一个放量或巨量涨停板，应该是主力机构为了出货，通过对倒（对推）放量的方式做出的诱多操盘策略，目的是吸引投资者的眼球，引诱跟风盘或喜欢追涨打板的投资者接盘。这个放量或巨量涨停板，标志着趋势的反转和个股上涨行情的结束，市场即将反转向下，是一种比较强烈的顶部反转看空信号，投资者要在当日或次日及时卖出手中筹码，落袋为安。当然，投资者在做出卖出决定前，要根据当日分时走势、K线位置、均线及其他技术指标，综合分析研判后再决策。

图6-35是天鹅股份（603029）2022年11月11日星期五下午收盘时的K线走势图。在软件上将该股整个K线走势图缩小后可以看出，此时该股走势处于上升趋势中。股价从前期相对高位（前期有过一波上涨），即2022年2月22日的最高价27.20元，一路振荡下跌，至2022年10月11日的最低价10.36元止跌企稳，下跌时间虽然不是很长，但跌幅大。

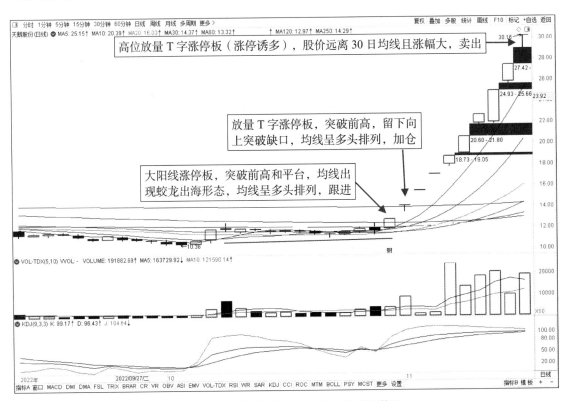

图6-35 天鹅股份（603029）日K线走势图

2022年10月11日股价止跌企稳后，主力机构快速推升股价，收集筹码，K线走势呈上升趋势，其间收出过一个大阳线涨停板，为吸筹建仓型涨停板。

2022年10月31日，该股高开，收出一个大阳线涨停板，突破前高和平台，成交量较前一交易日略有萎缩（涨停的原因），形成大阳线涨停K线形态。当日股价向上突破5日、

60 日和 120 日均线（一阳穿三线），10 日和 30 日均线在股价下方向上移动，均线蛟龙出海形态形成。此时，均线（除 120 日均线外）呈多头排列，MACD、KDJ、RSI 等技术指标走强，股价的强势特征已经显现，后市上涨的概率大。像这种情况，投资者可以在当日跟庄抢板或在次日集合竞价时以涨停价挂买单排队等候买进。

2022 年 11 月 1 日，该股以涨停开盘，收出一个 T 字涨停板，突破前高，留下向上跳空突破缺口，成交量较前一交易日放大两倍以上，形成向上突破缺口和 T 字涨停 K 线形态。此时，均线呈多头排列，均量线、MACD、KDJ、RSI 等技术指标持续强势，股价的强势特征已经十分明显，后市持续快速上涨的概率非常大。像这种情况，投资者如果当日没能跟庄进场买入筹码，可以在次日集合竞价时以涨停价挂买单排队等候买进筹码。之后，主力机构快速向上拉升股价。

2022 年 11 月 11 日截图当日，该股以涨停开盘，收出一个高位 T 字涨停板（高位 T 字涨停板为涨停诱多出货型涨停板），成交量较前一交易日放大近两倍。从当日分时盘口看，分时涨停被打开的次数多、时间长、成交量大，明显是主力机构采取涨停开盘、涨停板反复打开封回的操盘手法，吸引投资者眼球，引诱跟风盘进场而大量派发出货，是一个涨停诱多出货型涨停板。此时，虽然均线呈多头排列，但股价离 30 日均线较远且涨幅大，均量线、KDJ 等部分技术指标开始走弱，盘口的弱势特征开始显现。像这种情况，投资者如果手中还有筹码当天没有出完的，次日应该逢高卖出。

### 3.股价高位放量滞涨时卖出

股价高位放量滞涨时卖出，是指股价经过一段时间的拉升之后，涨幅较大，此时利好持续不断，市场一片看好，但是股价在高位持续放量滞涨，卖点出现。

股价高位放量滞涨意味着多空双方的分歧加大，空方力量加强，股价上攻乏力，头部特征出现。股价高位放量滞涨是主力机构的出货行为，主力机构筹码量大，一时半会出不完，通过高位振荡缓慢盘升，一方面引诱跟风盘接盘，另一方面麻痹手中有筹码的投资者继续持股待涨。如目标股票出现高位放量滞涨的情况，投资者就要注意风险了，虽然不一定要立即卖出筹码，但也要做好卖出准备，待股价出现标志性卖出 K 线（形态）时，及时卖出。

图 6-36 是北大医药（000788）2022 年 3 月 21 日星期一下午收盘时的 K 线走势图。在软件上将该股整个 K 线走势图缩小后可以看出，此时该股走势处于上升趋势中。股价从前期相对高位（前期有过一波上涨），即 2019 年 3 月 22 日的最高价 9.78 元，一路振荡下跌，至 2021 年 1 月 29 日的最低价 5.52 元止跌企稳，下跌时间长，跌幅大，下跌期间有过两次较大幅度的反弹。

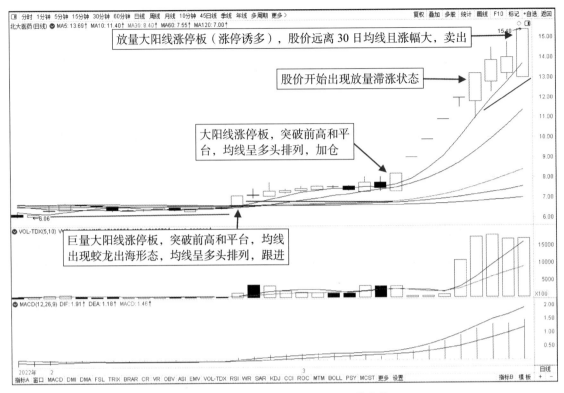

图 6-36　北大医药（000788）日K线走势图

2021 年 1 月 29 日股价止跌企稳后，主力机构快速推升股价，收集筹码，随后展开大幅振荡盘升行情，高抛低吸赚取差价与洗盘吸筹并举，振荡盘升期间成交量呈间断性放大状态。投资者同样可以展开高抛低吸波段操作。

2022 年 2 月 23 日（大幅振荡盘升 1 年 1 个多月后），该股高开，收出一个大阳线涨停板，突破前高和平台，成交量较前一交易日放大，形成大阳线涨停 K 线形态。当日股价向上突破 5 日、30 日、60 日和 120 日均线（一阳穿四线），10 日均线在股价下方向上移动，均线蛟龙出海形态形成。此时，均线呈多头排列，均量线、MACD、KDJ、RSI 等技术指标已经走强，股价的强势特征相当明显，后市上涨的概率大。像这种情况，投资者可以在次日跟庄进场买入筹码。之后，主力机构继续向上推升股价。

2022 年 3 月 9 日，该股低开，收出一个大阳线涨停板，突破前高和平台，成交量较前一交易日萎缩（涨停的原因），形成大阳线涨停 K 线形态。此时，均线呈多头排列，MACD、KDJ、RSI 等技术指标走强，股价的强势特征已经显现，后市持续快速上涨的概率大。像这种情况，投资者可以在当日跟庄抢板或在次日集合竞价时以涨停价挂买单排队等候买进。

2022 年 3 月 10 日、3 月 11 日和 3 月 14 日，主力机构连续拉出三个缩量一字涨停板，3 月 15 日拉出一个放量 T 字涨停板，3 月 16 日拉出一个放量大阳线涨停板。3 月 17 日、

3月18日股价出现高位放量滞涨状态（17日收出一根带上下影线的放量大阳线，18日收出一根带上下影线的放量小阳线），明显是主力机构出货行为所致。此时，投资者要注意风险了，可以逢高卖出部分筹码，并做好清仓的准备。

2022年3月21日截图当日，该股大幅低开（向下跳空7.14%开盘），收出一个大阳线涨停板，成交量较前一交易日放大。从当日分时盘口看，早盘大幅低开后，股价振荡盘升，10:28开始股价在前一交易日收盘价上方展开振荡盘整行情，14:47封上涨停板至收盘，明显是主力机构利用大幅低开对倒盘升，在前一交易日收盘价上方长时间振荡，用尾盘封上涨停板麻痹投资者的操盘手法，引诱跟风盘进场而悄悄派发出货，这是一个涨停诱多出货型涨停板。此时，虽然均线呈多头排列，其他技术指标仍较强势，但此前连续出现多个交易日放量滞涨情况，加上股价远离30日均线且涨幅较大，像这种情况，投资者如果手中还有筹码当天没有出完的，次日应该逢高卖出。

### 4. 股价高位缩量创新高（缩量上涨）时卖出

股价高位缩量创新高（缩量上涨）时卖出，是指股价经过较长时间的上涨之后，涨幅较大，从某一交易日开始，股价持续上涨，而成交量却越来越萎缩，股价萎缩创出新高时，卖点出现。

缩量创新高是一种量价背离关系，多出现在上升行情的末期，当股价继续上涨，成交量逐渐萎缩，股价创出新高之后，下跌的概率极大。缩量创新高，其实是一种做头（顶）方式，迷惑性或欺骗性较强，许多投资者看到股价不断创出新高，容易被骗，跟进买入筹码，但最终是以股价创出新高的假突破完成头部形态，然后反转下跌。所以，在实战操盘中，如目标股票出现缩量创新高的情况，投资者一定要注意风险，最好在缩量上涨时逢高卖出手中筹码。

图6-37是钧达股份（002865）2022年11月9日星期三下午收盘时的K线走势图。在软件上将该股整个K线走势图缩小后可以看出，此时该股走势处于上升趋势中。股价从前期相对高位，即2018年5月25日的最高价30.28元，一路振荡下跌，至2020年2月4日的最低价11.84元止跌企稳，下跌时间长，跌幅大，下跌期间有过多次较大幅度的反弹。

2020年2月4日股价止跌企稳后，主力机构快速推升股价，收集筹码，随后展开大幅振荡盘升行情，高抛低吸赚取差价与洗盘吸筹并举，振荡盘升期间成交量呈间断性放大状态。投资者同样可以展开高抛低吸波段操作。

2021年7月1日（大幅振荡盘升1年4个多月后），该股平开，收出一个大阳线涨停板，突破前高，成交量较前一交易日大幅放大，形成大阳线涨停K线形态。此时，均线呈多头排列，均量线、MACD、KDJ、RSI等技术指标已经走强，股价的强势特征相当明显，后市持续上涨的概率大。像这种情况，投资者可以在次日跟庄进场买入筹码。之后，主力机构继续向上推升股价。

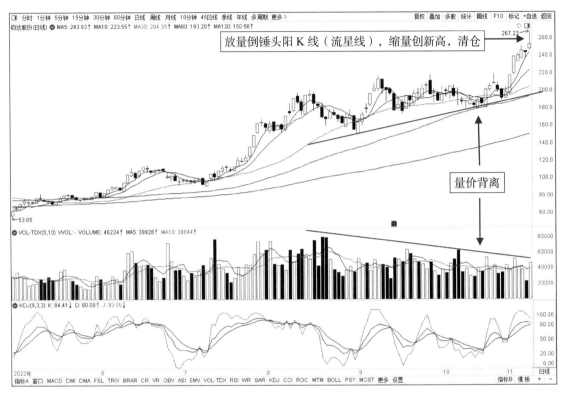

图 6-37　钧达股份（002865）日 K 线走势图

从 2022 年 8 月 17 日开始，该股展开缩量上涨走势，即 K 线（股价）走势一顶（波）比一顶（波）高，而成交量量柱却逐渐走低（缩短），5 日和 10 日均量线也逐步走低。此时，投资者就要注意市场风险了。

2022 年 11 月 9 日截图当日，该股高开，股价冲高至当日最高价 267.23 元回落，收出一根倒锤头阳 K 线（流星线），创出历史新高，成交量较前一交易日放大两倍以上。从当日分时盘口看，早盘高开后，股价振荡盘升，10:34 封上涨停板，10:39 涨停板被大卖单砸开，股价逐步振荡下行至收盘，明显是主力机构利用高开、涨停、涨停板打开、高位振荡的操盘手法引诱跟风盘进场而派发出货。此时，虽然均线呈多头排列，但量价背离、KDJ、RSI 等部分技术指标走弱，盘口的弱势特征开始显现。像这种情况，投资者如果手中还有筹码当天没有出完的，次日应该逢高清仓。

### 5. 股价高位放量跌破整理平台时卖出

股价高位放量跌破整理平台时卖出，是指目标股票经过较长时间的上涨或最后拉升之后，涨幅较大，此时股价出现放量滞涨情况，主力机构开始在高位横盘振荡整理（盘整），某一交易日收出一根放量的标志性卖出 K 线，跌破整理平台，卖点出现。主力机构高位振荡整理的操盘意图和目的，在于通过高位振荡整理，使投资者认为振荡整理之后股价还要上涨，以此麻痹投资者捂股待涨，并引诱跟风盘进场接盘，从而达到以时间换空间，高位高价悄悄出货的目的。高位横盘振荡整理出现的形态，一般为箱体顶、圆弧顶等 K 线形态。实战操盘过程中，投资者如果发现所持个股股价涨幅较大，出现高位横盘振荡整理情况，可以先卖出手中筹码，持币观望或换作其他强势个股。

图 6-38 是华西股份（000936）2023 年 6 月 29 日星期四下午收盘时的 K 线走势图。在软件上将该股整个 K 线走势图缩小后可以看出，此时该股走势处于高位盘整状态中。股价从前期相对高位，即 2020 年 7 月 10 日的最高价 14.15 元，一路振荡下跌，至 2022 年 4 月 27 日的最低价 4.25 元止跌企稳，下跌时间长，跌幅大，下跌期间有过两次较大幅度的反弹。

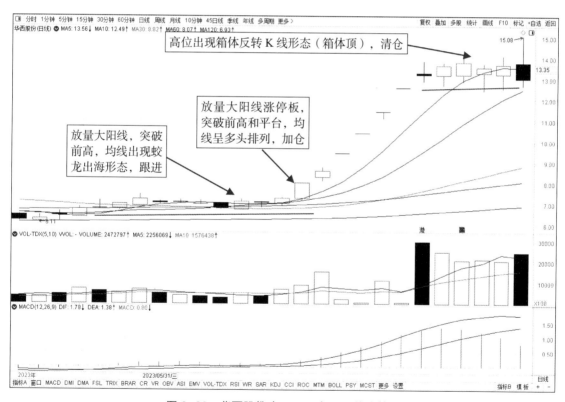

图 6-38　华西股份（000936）日 K 线走势图

2022 年 4 月 27 日股价止跌企稳后，主力机构快速推升股价，收集筹码，随后展开大幅振荡盘升行情，高抛低吸赚取差价与洗盘吸筹并举，振荡盘升期间成交量呈间断性放大状态。投资者同样可以展开高抛低吸波段操作。

2023 年 6 月 7 日（大幅振荡盘升 1 年 1 个月后），该股低开，收出一个大阳线（收盘涨幅 4.99%），突破前高，成交量较前一交易日大幅放大，当日股价向上突破 5 日、10 日、30 日和 60 日均线（一阳穿四线），120 日均线在股价上方上行，均线蛟龙出海形态形成。此时，均线（除 5 日、30 日均线外）呈多头排列，MACD、KDJ、RSI 等各项技术指标走强，股价的强势特征已经较为明显，后市持续上涨的概率大。像这种情况，投资者可以在当日或次日跟庄进场逢低买入筹码。之后，主力机构继续向上推升股价。

2023 年 6 月 12 日，该股低开，收出一个大阳线涨停板，突破前高，成交量较前一交易日大幅放大，形成大阳线涨停 K 线形态。此时，均线呈多头排列，均量线、MACD、KDJ、RSI 等技术指标已经走强，股价的强势特征相当明显，后市持续快速上涨的概率大。像这种情况，投资者可以在次日跟庄进场买入筹码。之后，主力机构快速向上拉升股价。

2023 年 6 月 20 日（此时股价已大幅上涨），该股大幅高开（向上跳空 5.56% 开盘），股价冲高至当日最高价 13.86 元回落，收出一根假阴真阳十字星，成交量较前一交易日放大（前一交易日为一字涨停板），预示顶部信号出现。之后，主力机构展开高位横盘整理，构筑平台（箱体顶）。

2023 年 6 月 29 日截图当日，该股高开，股价冲高至当日最高价 15.08 元回落，收出一根倒锤头阴 K 线（流星线），跌破整理平台，成交量较前一交易日放大，趋势即将反转。此时，5 日均线已经拐头下行，5 日均量线下行，MACD、KDJ、RSI 等技术指标走弱，盘口的弱势特征已经显现。像这种情况，投资者如果手中还有筹码当天没有出完的，次日应该逢高清仓。

### 6. 股价高位放量跌破上升趋势线时卖出

股价高位放量跌破上升趋势线时卖出，是指目标股票经过较长时间的上涨或最后拉升之后，市场追涨情绪逐步下降，盘中获利盘悄悄卖出，造成股价上涨乏力，开始下跌，且在某一交易日跌破上升趋势线，卖点出现。

股价向下有效跌破上升趋势线时，表明空方已经占据优势，上涨行情结束，是一种反转看跌信号，投资者应该及时清仓离场。如果股价向下跌破上升趋势线时，成交量同步放大，且收出中（大）阴线，则看跌信号更强。

图 6-39 是意华股份（002897）2022 年 8 月 22 日星期一下午收盘时的 K 线走势图。在软件上将该股整个 K 线走势图缩小后可以看出，此时该股走势处于高位反转下跌趋势中。股价从前期最高位（上市后的最高价），即 2017 年 9 月 25 日的最高价 63.58 元，一路振荡下跌，至 2018 年 10 月 19 日的最低价 14.65 元止跌企稳，下跌时间长，幅较大。

2018 年 10 月 19 日股价止跌企稳后，主力机构快速推升股价，收集筹码，随后展开大幅振荡盘升行情，高抛低吸赚取差价与洗盘吸筹并举，振荡盘升期间成交量呈间断性放大状态。投资者同样可以展开高抛低吸波段操作。

2022年4月27日（大幅振荡盘升3年6个多月后，也是股价第二次大幅回调止跌回升之日），该股低开，收出一个大阳线（收盘涨幅7.54%），突破前高，成交量较前一交易日大幅放大。此时，虽然均线呈空头排列，但均量线、KDJ、RSI等部分技术指标开始走强，股价的强势特征已经开始显现，股价上涨的概率大。像这种情况，投资者可以在当日或次日跟庄进场逢低分批买入筹码。之后，主力机构向上推升股价。

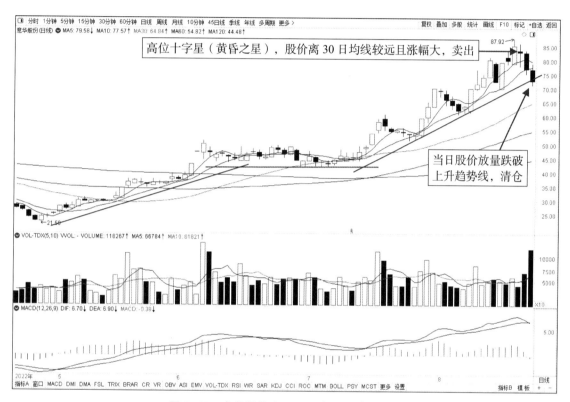

图6-39　意华股份（002897）日K线走势图

2022年6月9日，该股大幅低开（向下跳空5.09%开盘），收出一颗阴十字星，成交量较前一交易日萎缩，主力机构展开横盘整理洗盘行情。像这种情况，投资者可以择机逢高先卖出手中筹码，待股价洗盘调整到位后，再将筹码接回来。

2022年7月13日，该股低开，收出一根大阳线（收盘涨幅4.24%），突破前高，成交量较前一交易日大幅放大。此时，均线呈多头排列，均量线、MACD、KDJ、RSI等技术指标开始走强，股价的强势特征开始显现，后市快速上涨的概率大。像这种情况，投资者可以在当日或次日跟庄进场买入筹码。之后，主力机构快速向上推升股价。

2022年8月18日，该股低开，股价冲高回落，收出一颗阴十字星（黄昏之星），成交量较前一交易日萎缩。此时，虽然均线呈多头排列，但股价离30日均线较远且涨幅大，均量线、MACD、KDJ、RSI 等技术指标走弱，盘口的弱势特征已经显现。像这种情况，投资者如果手中还有筹码当天没有出完的，次日应该逢高卖出。

2022 年 8 月 22 日截图当日，该股高开，股价冲高回落，收出一根大阴线（收盘涨幅 -5.60%），跌破上升趋势线（当日股价跌破且收在 10 日均线下方），成交量较前一交易日放大近两倍，下跌趋势形成。此时，5 日均线拐头下行，10 日均线走平，MACD、KDJ、RSI 等技术指标走弱，盘口的弱势特征已经相当明显。像这种情况，投资者如果手中还有筹码当天没有出完的，次日应该逢高清仓。

# 参考文献

[1] 屠龙刀，龙头战法：龙头股必杀七大战法【M】. 北京：中国宇航出版社，2023.

[2] 麻道明，涨停逻辑：深度解析涨停背后的内在规律【M】. 北京：中国宇航出版社，2022.

[3] 凌波，量价时空 波段操作精解【M】. 天津：天津人民出版社，2021.

[4] 李星飞，股市擒牛 15 式【M】. 北京：中国宇航出版社，2020.

[5] 郭建勇，分时图超短线实战：分时图捕捉买卖点技巧【M】. 北京：中国宇航出版社，2020.

[6] 吴行达，买入强势股【M】. 北京：经济管理出版社，2019.

[7] 毕全红，新盘口语言解密与实战【M】. 成都：四川人民出版社，2019.

[8] 杨金，参透 MACD 指标：短线操盘 盘口分析与 A 股买卖点实战【M】. 北京：人民邮电出版社，2018.

[9] 杨金，分时图实战：解读获利形态 准确定位买卖点 精通短线交易【M】. 北京：人民邮电出版社，2018.

[10] 曹明成，一本书搞懂龙头股战法【M】. 上海：立信会计出版社，2017.

[11] 孟庆宇，短线炒股实战：股票交易策略与操盘心经【M】. 北京：人民邮电出版社，2016.

[12] 王江华，短线：典型股票交易实战技法【M】. 北京：清华大学出版社，2016.

[13] 王江华，成交量：典型股票分析全程图解【M】. 北京：清华大学出版社，2016.

[14] 安佳理财，股票涨停策略与实战【M】. 北京：清华大学出版社，2016.

[15] 无形，一天一个涨停板之寻找强势股【M】. 北京：中国经济出版社，2016.

[16] 邢岩，盘口三剑客 :K 线、量价与分时图操作实战【M】. 北京：清华大学出版社，2015.

[17] 杨明，均线：典型股票盘口分析【M】. 北京：清华大学出版社，2015.

[18] 黑马王子，伏击涨停【M】. 北京：清华大学出版社，2014.

[19] 黑马王子，涨停密码【M】. 北京：清华大学出版社，2014.

[20] 鲁斌，捕捉强势股分时启动点【M】. 北京：中信出版社，2015.

[21] 蒋幸霖，主力操盘手法揭秘【M】.北京：清华大学出版社，2013.

[22] 善强，看透股市：中国股市运行分析【M】.北京：中国财政经济出版社，2009.

[23] 善强，中国股市机构主力操盘思维：市场分析篇【M】.北京：企业管理出版社，2004.

[24] 李克，庄家内幕【M】.成都：四川人民出版社，1999.

# 后 记

长期的股市投资经历，使笔者深刻体会到股市就是一个没有硝烟的战场，缺少战斗经验和技巧（即技术分析），往往会伤痕（亏损）累累。

做股票投资交易，如同打仗一样，首先要了解对手，这个对手就是主力机构，要熟悉主力机构的操盘手法，洞悉主力机构的操盘细节，做到与庄同行。第二是要熟悉目标股票基本面，避免踩雷中招。第三是要学会看盘分析、研判和决策交易，尤其是在短线操盘交易上，要注重关键技术的分析运用，做到快、准、狠，买卖信号就像指挥员的命令，要坚决执行，该冲锋的时候要果敢上，该撤退的时候要坚决撤。第四是要时常关注政策面的变化。以上四条归结到一点，就是要多学习、多研究、多实战、多总结。

在股票投资交易实践中，尤其是短线操盘跟庄过程中，笔者始终感到，注重和把握关键技术的分析运用非常重要，关键技术能够揭示趋势，而趋势决定股票价格的走势，通过股票价格走势的分析，可以预判买卖点，提高盈利成功率。希望本书能使普通投资者学到一些关键技术分析方法和操盘跟庄技巧，在操盘跟庄上少走点弯路、少出点差错、少亏损、多盈利。

在本书创作过程中，笔者查阅、参考了相关作品和资料，从中得到了不少启发和感悟，也参考借鉴了一些非常有价值的观点。但由于阅读参考的文献资料来源广泛，部分资料可能没有注明来源或出处，在此表示感谢和歉意。

本书得以顺利出版，感谢中国宇航出版社有关领导的大力支持，感谢各位编辑的指导帮助和辛勤劳动。感谢叶亲忠、许存权、杨军、颜昌庚等朋友的关心和帮助。感谢谷芬女士的理解、支持、包容和奉献。

本书虽然几易其稿，也经过反复校对，但由于仓促成文，加之笔者水平有限，不当之处，尚祈读者批评指正，不胜感激。

明 发

2024 年 4 月于北京